開発・営業・スタッフの小集団プロセス改善活動

―全員参加による経営革新―

㈳日本品質管理学会
管理・間接職場における小集団改善活動研究会 編

日科技連

まえがき

　QCサークル活動、部課長・スタッフによる部門重点課題への取組み、部門横断チームによる改革などの小集団プロセス改善活動は、経営環境の急速な変化に応じて生じるさまざまな経営課題を迅速に解決し、活力ある企業・組織を築き上げるうえで大きな役割を果たしてきた。しかし、経営のグローバル化が急速に進むなか、開発や営業などの非製造職場の果たす役割が大きくなっており、これらの職場において小集団プロセス改善活動をどのように推進すべきかについては多くの企業が悩んでいる。

　㈳日本品質管理学会の「管理間接職場における小集団改善活動研究会」（第36～37年度公募研究会）では、さまざまな企業における管理間接職場の小集団プロセス改善活動の成功例を深く分析するとともに、e-QCC（進化したQCサークル活動）などの最近の国内での取組み、シックスシグマなどの海外での取組みを研究してきた。また、QCサークル本部主催の第39回QCサークルシンポジウム、㈳日本品質管理学会主催の第123回シンポジウムでその結果を公表し、多くの方々からご意見をいただいた。

　本書は、これらの研究成果を踏まえて、管理間接職場における小集団プロセス改善活動を推進する際の基本とその実践のための具体的なツールをまとめたものである。なお、PDCAサイクルを繰り返すことによって、より効果的・効率的に目標を達成できるプロセスをつくり上げることが大切であること強調するために、あえて「プロセス改善」という言葉を使っている。

　第1章では、小集団プロセス改善活動の目指すべき姿を論じる。また、第2章では、管理間接職場において小集団プロセス改善活動を進める場合の難しさを、具体例を交えながら説明する。難しさを知っていればうまくいくわけではないが、製造などの職場との相違、それらが小集団プロセス改善活動に与える影響を知っておくことは、具体的な進め方やツールを考えるうえでのベースとなる。

● まえがき ●

　第3章では、管理間接職場の小集団プロセス改善活動において実践すべきことを9つの推進の基本に分けて説明する。管理間接職場の多様性を考え、一律の方法論を押しつけることは極力避けた。その意味では、複数の方法が列記されており、どの方法を用いたらよいのかわかりにくいと感じられる場合もあると考える。説明されている内容を理解していただいたうえで、それぞれの職場の特性に応じてこれらの推進の基本およびその中に記されている方法をうまく組み合わせることで、各々の職場に応じた適切なスタイルの小集団プロセス改善活動を生み出していただきたい。

　第4章では、第3章で述べた推進の基本を導くもととなった、管理間接職場における小集団プロセス改善活動の実践例を示す。9つの推進の基本をどのように組み合わせるのがよいのかを理解するうえで役立てていただきたい。また、第5章では、将来への期待を含めて、今後の管理間接職場における小集団プロセス改善活動に関する課題と発展の方向をまとめた。

　各章・節の執筆者は以下のとおりである。「小集団改善活動研究会」のメンバーに加えて、研究会で管理間接職場における小集団プロセス改善活動の実践例を発表いただいた方など、メンバー以外の方々にもご協力をいただいた。

中條　武志（中央大学）	第1章、3.1節、第5章
岩崎　正俊（元 サンデン㈱）	第2章、3.4節
涌田　亮一（富士通㈱）	第2章
尾辻　正則（㈶日本科学技術連盟）	3.2節、4.3節
前田　義人（トヨタ自動車㈱）	3.3節、4.5節
藤川　篤信（アクティバ研究所）	3.4節、4.9節
羽田　源太郎（㈶日本科学技術連盟）	3.5節
村川　賢司（前田建設工業㈱）	3.6節、4.4節
杉浦　忠（マネジメント・クォルテックス）	3.7節
中野　至（マネジメントT＆K）	3.8節

● まえがき ●

須加尾　政一(コニカミノルタビジネスエキスパート㈱)*	3.8 節
大藤　正(玉川大学)	3.9 節
髙木　美作恵(シャープ㈱)	3.10 節、4.1 節
寺澤　壮一郎(㈱職場活性化センター)	3.10 節
中野　寧(コニカミノルタエムジー㈱)*	4.2 節
青野　洋己(住友建機製造㈱)*	4.3 節
青木　寛(トヨタ自動車㈱)*	4.5 節
深澤　行雄(サンデン㈱)*	4.6 節
玉浦　賢二(日産自動車㈱)*	4.7 節
山田　佳明(コマツユーティリティ㈱)*	4.8 節

注）　＊は、小集団改善活動研究会メンバー以外の執筆者

　本書で提示するモデルやツールは、管理間接職場における、小集団による、プロセス改善活動に焦点を当てているところに特徴がある。その適用の場は広く、TQM、TPM、JIT、ISO、シックスシグマなどの全社的活動のより効果的な展開、ひいては企業・組織の持続的発展、経営環境の変化を乗り越えるための取組みに活用できると考える。本書の内容を参考に、管理間接職場の特性に応じた、新しいスタイルの小集団プロセス改善活動が数多く生み出されることを期待したい。

　研究成果をまとめるにあたり、企業・組織において小集団プロセス改善活動を実践・支援されてこられた多くの実務家・研究者の方々から貴重なご意見をいただいた。また、本書を出版するにあたり、㈱日科技連出版社の薗田俊江氏（研究会の一員でもある）、鈴木兄宏氏にたいへんお世話になった。これらの各位に対して深く感謝申し上げる。たいへん有り難うございました。

2009 年 6 月

　　　　　　　　　　　㈳日本品質管理学会
　　　　　　　　　　　管理・間接職場における小集団改善活動研究会
　　　　　　　　　　　　　　　　主査　中條　武志

開発・営業・スタッフの 小集団プロセス改善活動 [全員参加による経営革新]

まえがき　iii

1 小集団プロセス改善活動と全員参加による経営革新　1

1.1 小集団プロセス改善活動と管理間接職場 …………………………… 1
1.2 小集団プロセス改善活動の目指す姿 ………………………………… 3
1.3 小集団プロセス改善活動において各人が果たすべき役割 ………… 11

2 管理間接職場における小集団プロセス改善活動推進の困難さ　15

2.1 管理間接職場の特性 …………………………………………………… 15
2.2 管理間接職場において小集団プロセス改善活動を実践する困難さ … 20

3 管理間接職場における小集団プロセス改善活動の進め方　33

3.1 困難さを克服するには ………………………………………………… 33
3.2 コミュニケーションの基盤をつくる ………………………………… 37
3.3 プロセスを意識し、ノウハウの共有と一体になった活動を進める … 54
3.4 業務プロセスおよびその進捗・質を見える化・数値化する ……… 66
3.5 職場に合った適切なテーマを選ぶ、選び方を示す ………………… 91
3.6 職場・継続型の活動と横断・時限型の活動を同時に進める ……… 101
3.7 管理間接職場に適した改善ステップやツールを活用する ………… 116
3.8 改善能力・運営能力を評価し、その向上を図る …………………… 144
3.9 相互学習により活動を活性化する …………………………………… 162
3.10 全社における小集団プロセス改善活動の位置づけを明確にする … 178

4 管理間接職場における小集団プロセス改善活動の推進事例　191

- 4.1 シャープにおけるR-CATS活動 …………………………………… 191
- 4.2 コニカミノルタエムジーにおけるニューチャレンジ活動 ……… 212
- 4.3 住友建設機械製造における小集団（CSサークル）活動 ………… 219
- 4.4 前田建設工業におけるチーム活動と人材育成 …………………… 231
- 4.5 トヨタ自動車におけるT-PKの展開 ……………………………… 244
- 4.6 サンデンにおけるACTION21活動とMARP活動 ……………… 259
- 4.7 日産自動車におけるV-upプログラム …………………………… 269
- 4.8 進化したQCサークル活動 ………………………………………… 278
- 4.9 Brand-New World …………………………………………………… 303

5 管理間接職場における小集団プロセス改善活動の今後の課題と発展　317

- 5.1 小集団プロセス改善活動の推進の基本 …………………………… 317
- 5.2 自職場の環境を調べ、それに合った推進方法を選ぶ …………… 319
- 5.3 新しい時代の小集団プロセス改善活動への期待 ………………… 321

参考文献 ………………………………………………………………………… 323
索引 ……………………………………………………………………………… 329

第1章　小集団プロセス改善活動と全員参加による経営革新

1.1　小集団プロセス改善活動と管理間接職場

　QCサークル活動、部課長・スタッフによる重点課題への取組み、CFT（Cross Functional Team：部門横断チーム）による改革などの小集団プロセス改善活動は、経営環境の急速な変化によって生じるさまざまな経営課題を迅速に解決し、活力ある企業・組織を築き上げるうえで大きな役割を果たしてきた。しかし、経営のグローバル化が急速に進むなか、開発や営業などの非製造職場の果たす役割が大きくなっており、これらの職場において小集団プロセス改善活動をどのように推進すべきかについては多くの企業が悩んでいる[1]。

　小集団プロセス改善活動については従来からも多くの研究があるが、製造職場におけるものがほとんどであり、管理間接職場を対象としたものは少ない。米国で開発されたシックスシグマは管理間接職場に適した小集団プロセス改善活動のモデルを示しているが、日本の企業風土・組織風土になじむかどうかについては明確になっていない。

　本書では、管理間接職場において小集団プロセス改善活動を推進する場合の基本とその実践のための具体的なツールを示す。これらは、さまざまな企業における管理間接職場の小集団プロセス改善活動の成功例を深く分析するとともに、e-QCC（進化したQCサークル活動）などの最近の国内での取組み、シック

● 第1章　小集団プロセス改善活動と全員参加による経営革新 ●

スシグマなどの海外での取組みを研究して得られたものである。その適用の場は広く、TQM、TPM、JIT、ISO、シックスシグマなどの全社的活動の効果的な展開、ひいては企業・組織の持続的発展、経営環境の変化を乗り越えるための取組みに活用できると考える。

なお、ここでいう「小集団プロセス改善活動(SPK：Syousyudan Process Kaizen)」とは、共通の目的をもった2人以上の異なった知識・技能・考え方をもつ人からなるチームによって行われるプロセス改善活動(PDCAサイクルを繰り返すことによって、より効果的・効率的に目標を達成できるプロセスを作り上げる活動)である。なお、「プロセス」は「プロセス重視」と同じく広い意味で用いている。図1.1に示すように、QCサークル活動、上司の指導の下に行われる担当者による改善活動、部課長・スタッフによる部門重点課題への取組み、CFTによる改革などをすべて含んでいる。

また、ここでいう「管理間接職場」とは、製品・サービスの提供を行っている企業・組織の次のような部門を指す。

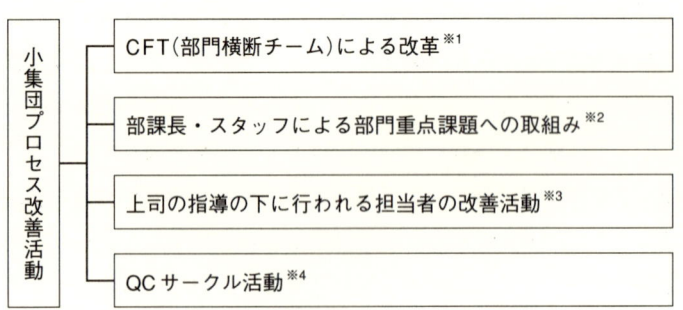

※1　各部門の代表者で構成されたチームによって行われ、個々の部門による取組みではなし得ないような、横断的な視点による業務の改革を目指した活動
※2　一つの部門の部課長・スタッフが中核となって構成されたチームによって行われ、方針管理などで明確にされた部門の重点課題の解決を目指した活動
※3　担当者が、上司と相談しながら、上司の指導を受けながら行う、業務に関する改善活動
※4　職場第一線の従業員がチームを構成し、自分たちが働く職場における問題・課題の解決に取り組む活動

図1.1　小集団プロセス改善活動とは

① 技術系：設計開発、生産技術、保全・設備、研究開発、品質保証、生産管理、環境管理、安全衛生管理
② 営業系：販売、販売支援、マーケティング
③ サポート系：購買、物流、アフターサービス
④ 本社スタッフ系：人事、経理、総務、広報、経営企画

ただし、部門の名称・区分は、企業・組織によって異なるため、**第2章**で述べる「職場特性（業務・人の特性）」によって管理間接職場を定義するのがよい。狭い意味では④を管理間接職場という場合も多いが、本書では管理間接職場を広い意味で用い、①～④のすべてを含める。なお、一つの部門の中にも複数の職種（ルーチン業務担当者、スタッフ、管理者など）が混在している場合が多いため、これらを区分して考える必要がある。

1.2　小集団プロセス改善活動の目指す姿

1.2.1　経営と顧客価値の創造と職場力

　企業・組織が存続するためには利益を上げることが必要である。利益は、売上－コストで決まるため、経営においては、売上を増加させること、コストを低減することが求められる。売上を増加できるかどうかは、顧客のニーズに合った製品・サービスを提供できるかどうかによる。どれだけ素晴らしい宣伝を行っても、製品・サービスが顧客のニーズに合っていなければ、買ってもらえないし、利用してもらえない。他方、競合他社に打ち勝つコストを実現できるかどうかは、自社・自組織のもつ技術・人・資本をどれだけ活用・革新できるかによる。言い換えれば、経営とは、顧客のニーズに合った製品・サービスの提供を目指して、自社・自組織のもつ技術・人・資本を改善・革新し続ける行為、すなわち顧客価値の創造であるといえる[2]。

　顧客価値の創造に取り組む場合、顧客にとっての2種類の価値、すなわち魅力的品質と当たり前品質を区別することが重要となる[3]。魅力的品質とは、良くすると顧客の満足度が大幅に改善するが、悪くなってもさほど不満が増えな

い項目である。他方、当たり前品質とは、今よりも良くしても満足度はそれほど向上しないが、悪くなると満足度が急激に低下する項目である。顧客が製品・サービスに価値を感じるためには、これら両方を同時に満たす必要がある（図1.2）。

　魅力的品質と当たり前品質は、それぞれを特定の職場・職位が担当しているわけではない。一つの職場・職位において、比重は異なるものの、必ずこの両方が求められる。例えば、設計・開発部門では今までにない新しい技術の開発に取り組む一方で(魅力的品質)、デザインレビューなどの活動により過去に起こした失敗を再発させないようにしている(当たり前品質)。また、生産部門の主な役割は、仕様に合致する製品・サービスの安定的な提供であるが(当たり前品質)、新製品を短期間で立ち上げるための生産技術の開発も担っている(魅力的品質)。さらに、営業部門では、ブランド強化のために、ユニークな販売

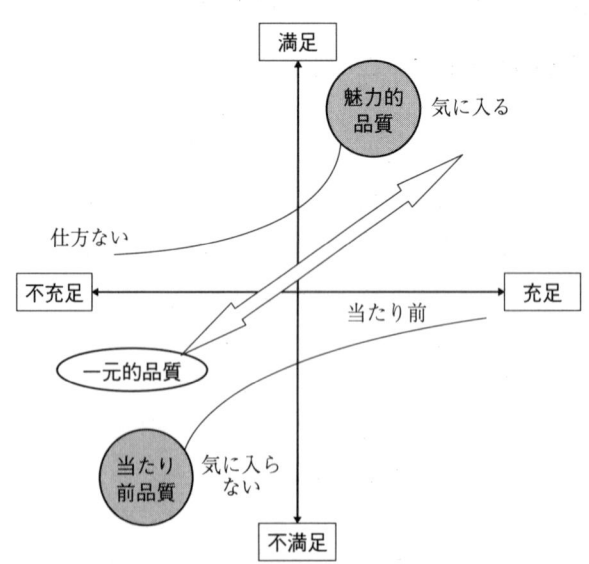

出典）狩野紀昭、瀬楽信彦、高橋文夫、辻新一(1984)："魅力的品質と当たり前品質"、『品質』、Vol.14、No.2、pp.39-48を一部加筆修正

図1.2　2種類の顧客価値－魅力的品質と当たり前品質

方式・サービス方式の開発に取り組むとともに（魅力的品質）、売り方を間違えることによる失注を防止する取組みも行っている（当たり前品質）。

　魅力的品質と当たり前品質では、その保証において重要となるポイントが異なる[4]。魅力的品質については、自社の技術力を考慮しながら、いくつかの項目について他社を凌駕するような水準をねらえばよい。すべての項目について他社を凌駕する必要はなく、焦点を絞った項目について自社のもつ人的資源を集中し、ブレイクスルーを図ればよい。成功するかどうかは、集中した人的資源の最大値で決まるため、図1.3(a)に示すような並列型のモデルが成り立つ世界といえる。

　他方、当たり前品質については、競合他社を凌駕しても新たな価値を提供することにはならないため、競合他社を下回らない水準をねらいとするのがよい。広い範囲を少ない人的資源でカバーする必要があり、競合他社との競争下では一人の失敗を他の人が補うような余裕はない。このような品質の確保に成功できるかどうかは、業務に携わる人的資源の最小値で決まるため、図1.3(b)に

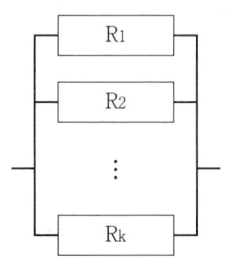
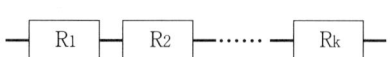

- 重点志向の徹底
- ありたい姿（理想状態、ニーズ）の追究
- 顧客価値を規範とする連携・一気通貫
- 先読みによるボトルネック技術の予測とブレイクスルー

- 自工程完結の徹底
- 失敗の防止
- 経験したトラブルの類型化と潜在リスクの系統的な洗出し
- 対策の共有と水平展開

　(a)　魅力的品質の確保　　　　(b)　当たり前品質の確保

図1.3　2種類の顧客価値とその確保

示すような直列型のモデルが成り立つ世界といえる。

　魅力的品質を確保するためには、部門間の連携やコミュニケーションが重要となる。目標を共有したうえで、その達成に向けてそれぞれの部門や担当者がもつ強い面をお互いに引き出し、最大限に活かすよう協力し合える体制を確立することが必要である。他方、当たり前品質を保証するためには、失敗やその対策に関するノウハウを共有しながら、一人ひとりが自分の担当業務を確実に行えることが重要となる。10人いれば10人が、1,000人いれば1,000人が、10万人いれば10万人が自分の担当業務に責任をもち、求められた水準の品質を着実に作り込む体制を作り上げることが必要である。この両方がうまく行えるかどうか、そのための力がすべての職場、すべての人に備わっているかどうかが、企業・組織がその存在価値を保ち続けることができるかどうかを決める重要な要素となる。

1.2.2　職場力を生み出す源泉──自己実現

　前項で述べたような職場の力を生み出す源泉は何であろうか。従業員一人ひとりが顧客価値の実現を目指して相互に連携を図り、新しい課題に果敢に挑戦すると同時に、自分の担当業務に責任をもち、求められた役割を着実に果たすためには、意欲をもって仕事に取り組めること、自分の能力を発揮できることが大切である。

　米国の心理学者マズロー（A. H. Maslow）は、人間の欲求には5つの段階があること、最も上位の欲求は限りない自己啓発・成長を望む自己実現の欲求であること、この欲求は他の欲求と異なり、満たされるとさらに強くなるという性質をもっていることを示している（図1.4）。また、ハーズバーグ（F. Herzberg）は、製造・事務の仕事をしている約200名の人にどのようなときに幸福・満足を感じるか、どのようなときに不幸・不満を感じるかを調査し、満足を与える要因と不満を感じさせる要因とは別のものであること、満足を与える要因は自己実現の欲求や自我・自尊の欲求であることを示している[5]。

　人は自主的に物事を考え、成果が確認できれば、喜びや達成感を感じて成長

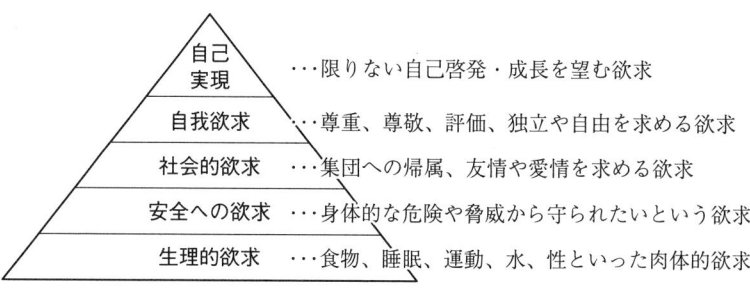

図1.4　マズローの欲求五段階説

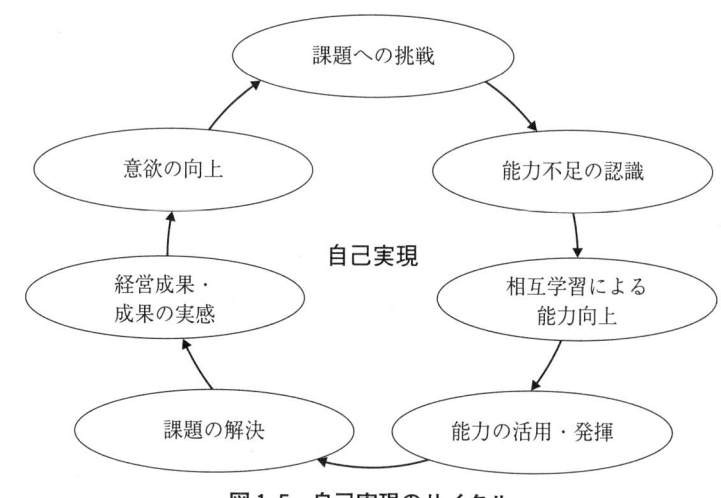

図1.5　自己実現のサイクル

していく。これが「自己実現」である。**図1.5**は自己実現のプロセスを模式的に表現したものである。挑戦すべき課題が示されることで人は能力の不足を実感し、学ぼうとする意欲が生まれる。学んだ技術・技能を活かすことで課題の解決が図られ、成果を実感でき、次の課題に挑戦しようという意欲が生まれる。このようなサイクルを繰り返すことで、自分の夢の実現、人と組織のために役立つことを実感でき、自分の存在意義を感じる。さらに、自己実現によって生まれた一人ひとりの良くなるように変えよう・変わろうという意識と行動が職場に活力を与える。このような自己実現の繰返し、およびそれを通じた職場の

活性化が前項で述べたような魅力的品質・当たり前品質の実現に向けた取組みの原動力となる。

1.2.3　顧客価値と自己実現の同時達成 ── 小集団プロセス改善活動

以上をまとめると、世の中の変化が激しいなか、着実な経営成果を上げ続けるためには、

① 顧客にとって価値のある製品・サービスの提供、そのための改善・管理・改革の実践

② 活動に参画する人の自己実現

の両方を同時に達成することが必要といえる。これを達成する方法は一通りではないが、現在、多くの企業・組織で用いられ、成功を収めているのが小集団プロセス改善活動である。この活動の特徴は、

❶ 小集団を形成する

❷ 改善のステップなど、統一的な考え方・方法に沿って活動を進める

ことで、個人、小集団、組織の成長を図るところにある（**図1.6**）。

一人の力では限界があり、成功を収めるためには複数人の協力が必要である。

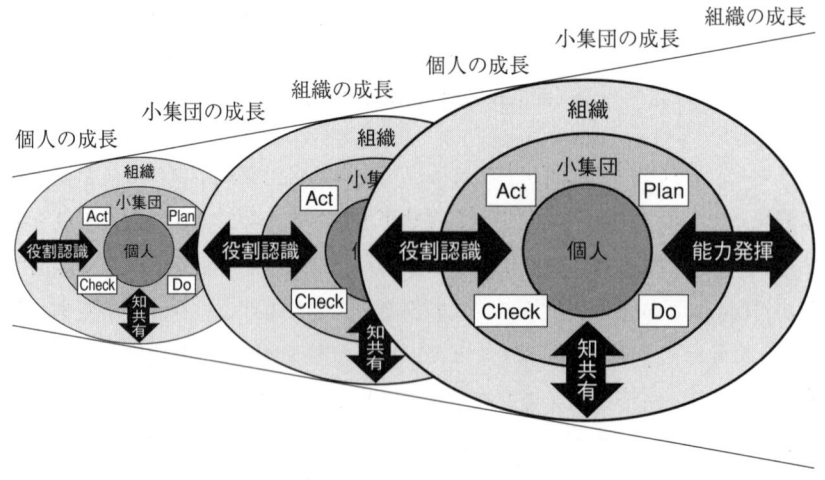

図1.6　小集団によるプロセス改善活動

ただし、あまりにも人数が多くなると相互の連携が難しくなる。「小集団」をつくって活動を行うことは、自己の役割を認識し、必要なノウハウを学び、能力を発揮しやすい状況をつくるうえで重要である。

他方、複数の知識・経験の異なる人が集まって活動を行う場合、進め方が共有されていることが大切である。進め方は、成功すればどのようなものでもよいが、人ではなくプロセスを対象とし、顧客ニーズと原因－結果の関係にもとづいて、科学的に対策を検討するという原則をもとに、PDCAサイクルに沿って活動することで不要な衝突や試行錯誤を防ぐことができる。

小集団プロセス改善活動を実践することによって、一人ひとりが成長し、自分の果たせる役割が次第に大きくなるとともに、より強い満足を感じることができるようになる。また、これにともなって、小集団が企業・組織の中で果たせる役割が大きくなり、ひいては企業・組織が顧客や社会のために生み出せる価値も増大する。

1.2.4 小集団プロセス改善活動の目指す姿

図1.7は、どのような変化にも生き残っていける経営のあるべき姿を、経営者・管理者の役割、小集団プロセス改善活動の役割、および両者の関連に着目して模式的に表したものである[6]。

激しい環境変化を生き残れる効果的・効率的な経営を実現するためには、経営者・管理者が変化を捉えたうえで戦略を立て、組織として取り組むべき重要課題を整理することが必要である。しかし、これらの戦略や課題の整理を本当に活きたものとするためには、各々の職場でこれらを踏まえた具体的な活動が展開されなければならない。経営上の課題を方針展開の仕組みをとおしてさまざまな形態の小集団プロセス改善活動のテーマにつなげること、密接なコミュニケーションが可能な少人数による小集団プロセス改善活動のなかで、個人の能力を育成・活用し、形にこだわらないスピードのある活動を実現すること、得られたノウハウ・新たに明らかとなった課題を組織として共有・活用し、次の活動につなげることが重要である。これらのことが一つの「仕組み」として

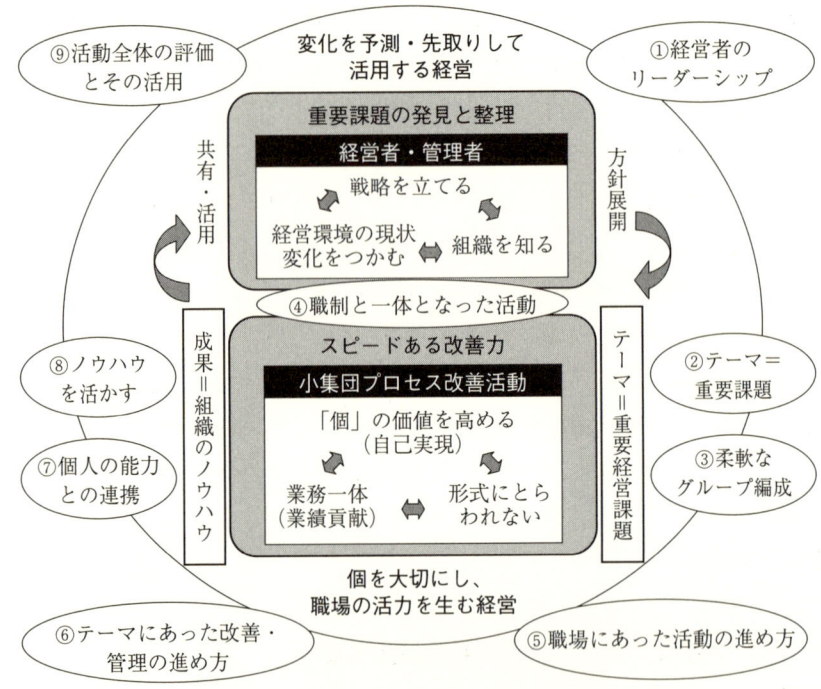

図1.7 小集団プロセス改善活動の目指す姿

行われてはじめて目に見える成果が生み出される。

図1.7に楕円で示した9つの要素、

① 経営者がリーダーシップを発揮する(トップのコミットメント)
② 職場の重要課題と小集団プロセス改善活動のテーマを結びつける
③ テーマに応じた柔軟なグループの編成を行う
④ 職制と一体になった活動を進める
⑤ 職場にあった活動の進め方をする
⑥ テーマにあった改善・管理の進め方をする
⑦ 活動をとおして能力の向上・自己実現が図られるようする
⑧ 得られた仕事のやり方に関するノウハウを職場の中で活用する
⑨ 活動全体を評価して適切な推進を行っていく

は、このような仕組みを有効に機能させるうえで押さえるべきポイントである。

1.3 小集団プロセス改善活動において各人が果たすべき役割

1.3.1 経営者の役割

　小集団プロセス改善活動を組織的に推進するための環境をつくる責任はトップマネジメント(経営者)にある。経営者は、リーダーシップを発揮し、次のことに積極的にかかわる必要がある。

① ビジョン・目標を示し、何に重点を置いて取り組むべきかを示す。
② 自分の行動および資源配分をとおして、小集団プロセス改善活動を推進・支援する意志を伝える。
③ 顧客重視、プロセス改善、全員参加など、小集団プロセス改善活動の基本となる価値観が、全員に理解され、納得されるようにする。
④ 全員が小集団プロセス改善活動に参画できる、活躍できる仕組みの構築を指示・承認する。
⑤ 一人ひとりの能力向上や組織としてのノウハウの蓄積・活用を奨励する。
⑥ 小集団プロセス改善活動の成果が全員によって評価され認められるようにする。

1.3.2 管理者の役割

　小集団プロセス改善活動が成功するためには、トップマネジメントに加えて、ミドルマネジメント(管理者)の役割が大きい。管理者は、次のような役割を積極的に果たす必要がある。

① 経営情報を部下と共有し、仕事の目的・目標を明確に伝える。
② 方針管理の仕組みなどを利用し、テーマ設定・検討のための会合の機会をつくるとともに、必要に応じて設定したテーマを担当する人やチームを決める。

③ 自由に発言できる雰囲気、対立や葛藤のない話合いができる環境をつくる。
④ 部下の適性・能力を評価し、人事部門と協力して適切な教育・研修を計画・実施するとともに、定型的な研修だけでなくテーマ・能力に応じたコーチングを行う。
⑤ 得られたノウハウの上流部門の標準への反映や、他部門への水平展開に責任をもつ。

1.3.3 リーダーおよびメンバーの役割

どれだけ立派な経営者、管理者がいても、全従業員の参画がなければ成功は望めない。小集団プロセス改善活動に参画する一人ひとりは、以下の行動を心がけるのがよい。

① テーマ選定に時間をかける。例えば、管理者との密接なキャッチボールを行う。職場の方針・目標に結びついたテーマを選ぶ。職場のミッション（品質、CS、安全、売上など）から自分の業務を見直したり、変化を予測し、問題・課題を先取りする。あるべき姿、ありたい姿（理想）と現状を対比して取り組むべき課題を明確にするなど。
② 部門・役割の壁を壊す。例えば、テーマの内容にもとづいて必要なメンバーを考える。管理者・スタッフ・従業員全員が一体となった活動を行う。他チーム・他職場を巻き込んだ活動を行う。部門横断チーム・職種横断チームを編成する。フェーズに応じた柔軟な運営（必要に応じて解析チームや対策チームを編成し、報告会などで途中経過を共有）を行うなど。
③ プロセスを常に意識する。例えば、プロセスを改善するという意識をもってテーマを選定する。プロセスフロー図などを用いてプロセスを見える化する。プロセスに対応づけて職場の結果指標を分解する。FMEAなどを用いてプロセスに潜在する問題点を抽出するなど。
④ ノウハウの共有に結びつける。例えば、三現主義・5ゲン主義にもと

づいてメカニズムを理解する。得られたノウハウを、上流部門の標準へ反映したり、他部門へ水平展開することを意識して報告書をつくる。IT（情報技術）を活用して得られたノウハウのライブラリー化やツール化に取り組む。職場や全社の標準化推進組織（標準化委員会など）との密接な連携を図るなど。

⑤　個の能力向上に結びつける。例えば、個人・サークルの能力の育成を同時に目指す。一人ひとりの能力やチームのレベルを把握する。テーマの実施に必要な能力を明確にして、テーマをとおした能力向上の達成目標を設定する。必要な研修や勉強会を計画する（職場の実態に応じた無理のない教育・研修を行う）。人によるばらつきに着目した取組みを行って相互の学び合いを通じた能力の向上を図るなど。

1.3.4　推進担当者の役割

最後に、小集団プロセス改善活動の成功のためには、次に示す推進担当者の果たすべき役割を忘れてはならない。

①　職場における品質確保の大切さ、働く人一人ひとりの価値を高めることの大切さをよく理解する。そして、これを実際の活動として実現するには小集団プロセス改善活動が最も有効な施策であると確信する。

②　活動を展開する組織や制度を定め、教育・研修の計画を立案し、実施部門に向けてタイミング良くアドバイス、援助を行い、活動の成果を評価する方式を決めておく。また、適切な形での報告会、発表会を実施する。

③　方針管理、品質管理教育などとの関連を理解し、常にこれらの推進担当者と密接に協力し合い、全体の活動として成果を上げるように努力する。

④　情報の流れを活発にする。トップの考え方を職場に伝達したり、職場の情報を水平展開したりする。また、必要に応じて社外の重要情報も流す。このため、常に必要な情報を入手するように努力し、連絡手段とし

てのネットワークを活用する。
⑤　適切な教育・研修計画が継続して実施されることに注力する。パートタイマー、派遣社員を含めて全員が参加する計画を促進する。各職場の活動状況をチェックし、活動が停滞したときは、新しい手法や問題解決の実例による研修を行う。

第2章 管理間接職場における 小集団プロセス改善活動推進の 困難さ

2.1 管理間接職場の特性

　本書における管理間接職場の定義については、**1.1節**で示したが、これらの職場は、製造、検査などの職場と比べた場合、以下のような5つの特性をもっている[1]。

ⓐ 担当が専門化・細分化されている

　管理間接職場では、一人ひとりが仕事を割り当てられ、別々のことを担当している場合が多い。言い換えれば、個人で処理する業務が多く、同じ職場の他の人と協力して実施するという場面が少ない。チームを編成するニーズが少なく、一匹狼的な業務が主となる。結果として、担当者間での壁が厚く、隣の人は何の仕事をしているかわからない。**表2.1**はソフトウェア開発職場、営業職場の例を示したものであるが、このような特性は研究開発、品質保証、物流、購買、人事、経理などの管理間接職場にも当てはまる。

ⓑ 業務が非定型・同時並行的である

　管理間接職場では、各々の業務の新規性が高く、まったく同じことを繰り返し行うことはない。期間も短期（1カ月）から長期（1年以上）までさまざまであり、同時並行的に行われる。特に、上位職からの特命業務は、非

第2章 管理間接職場における小集団プロセス改善活動推進の困難さ

表2.1 ⓐ 担当が専門化・細分化されている

ソフトウェア開発職場の例	営業職場の例
● あらゆる分野でシステム化が浸透している現在において、大規模な新規開発要件は少なく、既存のシステムの追加・改造が業務の中心となっている。このため各業務が細分化され、一人から数人のチームで実施する場合が多くなっている。 ● 個々の要件は独立しており、チーム間での情報交換の必要性を感じないことが多く、担当者は他のチームが何をやっているのか知らないことが多い。	● 個人のノウハウ（経験・勘・度胸）が組織のもつノウハウ（標準類）より優先されるため、営業のプロセスは担当者の数だけあることが多い。 ● それでも、店舗営業では、「チームで店舗づくり」を合言葉に営業・サービス・スタッフが協業するケースが増えている。例えば、自動車ディーラーでは既存店舗の問題点を女性スタッフが洗い出し、「女性と子どもが気軽に入れる店舗」「カフェスタイルの居心地の良い店舗」へのシフトが進行中である。 ● 担当者の単独活動による訪問営業では、個人のノウハウが優先される傾向が強く、これが日本の営業の売上高生産性向上の最大のボトルネック要因になっている。

定期で専門性が高く、課題達成型のテーマが多い。また、変化への迅速な対応が使命であることが多く、ビジネスモデルや職場環境の変化に応じてこの傾向がますます強くなる。結果として、プロセスを標準化する前に、次の変化がやってくるため、なかなかマニュアル化できない。担当者の問題への対処の仕方が場合によってさまざまに変わり、担当者は自分たちの業務には繰り返しはないと思っている。しかし、一連の業務プロセスを、半期・年度単位で考えると繰り返しがあり、定型業務と非定型業務が混在している職場ともいえる（表2.2）。

ⓒ 業務が横断的である

　管理間接職場は、組織横断のプロジェクト活動で業務を遂行することが多い。この傾向は、本社スタッフ系の仕事の場合、特に顕著である。自分あるいは自分の職場だけで業務が完結することはまれであり、成果を得る

2.1 管理間接職場の特性

表 2.2　ⓑ 業務が非定型・同時並行的である

ソフトウェア開発職場の例	営業職場の例
● 各々のユーザー要件に合わせて行われるため、まったく同じことを繰り返し行うことはないし、期間もさまざまである。 ● ユーザー要件も昔は手作業を自動化することが中心であり、比較的明確であった。しかし、最近は新しいビジネスモデルの立上げとシステム開発が同時に行われることが多く、ユーザー要件自体が不確定なままに開発に着手する場合もある。 ● ハードおよびソフトともに変化が早く、開発プロセスの標準化が追いついていない。	● 常にライバル企業との競争関係にあり、受注を勝ち取るためには、相手の動きに合わせて臨機応変の対応が求められる。 ● 優秀な営業担当者でも5回商談して3回受注のレベルに留まるため、2回の受注失敗についてもなぜなぜ分析による真因追究がなされず、組織としての再発防止策がなされないままに終わっている。

表 2.3　ⓒ 業務が横断的である

ソフトウェア開発職場の例	営業職場の例
● ある程度の規模のシステムを開発する場合、複数の職場からそれぞれの分野の専門家が集まってプロジェクトチームをつくる場合が多い。例えばプロジェクトマネジメントの専門家、業務の専門家、ネットワークの専門家、開発技術の専門家等が集まってチームをつくる。 ● プログラマーを外部に委託する場合も多く、それぞれの文化や方言が異なり意思の疎通が問題となるケースもある。	● 顧客に関する全社窓口として機能することが、社内的にも、顧客からも、強く求められている。 ● 顧客の要求する品質、コスト、納期をライバル企業よりも半歩早く実現するためには、社内各部門の協力なくしてはできない。 ● 営業担当者の実績は、社内のサポーターの数によって決まるといっても過言ではない。

ためには、さまざまな部門の人の協力が必要となる。その範囲は、自分の会社・組織だけにとどまらず、アウトソーシング先など、異文化組織とのコラボレーションも重要となる(**表 2.3**)。

ⓓ 人の入れ替わりが激しく、個人主義の人が多い

　管理間接職場では、人の入れ替えが頻繁に起こる。このため、設計、技術、研究開発など、課題ごとに専門家がチームを結成するプロジェクト活動が多く、毎回チームが変わるのが普通である。また、経済環境の変化によって組織・部門の統廃合、管理間接職場の人員削減による業務変更が恒常的に発生している。さらに、終身雇用制から、市場からの人材調達に雇用形態が変化しており、派遣社員やパート従業員などの非正規社員も多い。

　高学歴の技術者タイプが多く、一人で仕事に打ち込むタイプが多い。このようなタイプは、情報共有やチームプレーは苦手なことが多い。また、少子・高齢化、高学歴化、バブルとその崩壊、企業のリストラ、終身雇用の崩壊などの変化の結果、家族主義から個人主義へ職場風土が変化しており、働き方に関する価値観や帰属意識が多様化・多極化している。このため、小集団プロセス改善活動への自主的な全員参加の意識も低い（表2.4）。

表2.4　ⓓ 人の入れ替わりが激しく、個人主義の人が多い

ソフトウェア開発職場の例	営業職場の例
●新規に開発を行う場合、一般的に個々の要件に合わせたプロジェクトチームをつくって活動する。プロジェクトの期間はさまざまであるが、短期開発を求められる場合が多く、結果として人の入れ替わりが激しくなる。 ●若年層では転社・転職も増加傾向にあり、さらに人の入れ替わりに拍車をかけている。	●勤務時間内の行動を自己裁量で決められるという理由で営業職を選択した人が多く、チームプレーで問題発見・問題解決することが苦手である。 ●営業の最大の資産である訪問工数についても、さまざまな理由をつけて組織の基準で管理されることを嫌う。本来は、方針にもとづき顧客の購買力と拡販余地を調査して合理的に決めるべきものが、担当者の好みで決めているケースが多い。 ●このようなことが常態化すると、社内からは、営業のプロセスが見えない、顧客の顔が見えない、顧客の満足度が見えないという不満が出る。

ⓔ 成果・技術を重視する人が多い

　管理間接職場では、プロセスよりも結果・成果が重視される。このため、年功序列制度から業績評価制度への移行が最も進んでいる職場であり、改善課題は方針管理により個人別に展開され、個人ごとの課題と業績評価とが密接に結びついている。また、営業職場など、根底に成果を金額で評価する文化があり、競争原理が強く働く職場である。さらに、ブレイクスルーのために専門の知識・技術が不可欠であるため、プロ意識が強い。特に、設計・開発部門では、固有技術そのものに成果を求め、評価してしまう傾向が強く、固有技術に関心・注意が集中し、効率は二の次と考えられる傾向がある。結果として、自分の専門分野には興味をもつが、それ以外のノウハウを共有することに無関心な人が多い（表 2.5）。

　表 2.6 に、前述の5つの職場特性と、**第1章**で述べた4つの代表的な管理間接職場、すなわち①技術系、②営業系、③サポート系、④本社スタッフ系の関係を示しておく。

表 2.5　ⓔ 成果・技術を重視する人が多い

ソフトウェア開発職場の例	営業職場の例
● プロセスのうち個々の頭の中の作業が占める割合が多く、中間成果物を客観的に評価することも難しい。 ● このため、プロセスを評価するより結果・成果を評価する傾向が強い。例えば、設計ドキュメントは開発プロセスの途中で作成されるが、その内容が顧客要件に合致しているかどうかの評価は、ソフトができあがった後のテストで確認されることが多い。	● 前日の活動実績が翌朝一番には受注実績としてデータ化されるので、個人別業績評価システムを導入しやすく、各人別の利益貢献を金額で捉え、賞与に直接的に反映させる場合が多い。 ● 訪問営業が主流だったころの自動車ディーラーの営業職場では、店舗の利益の80％を営業担当者の成績上位20％が稼ぎ、店舗の営業クレームの80％を営業担当者の成績下位20％が発生させているといわれていた。店舗営業主体となった現在では、サービス主体の店舗活動が顧客のリピートオーダーを生み出している。

表2.6　5つの職場特性と4つの代表的な管理間接職場

職場特性 \ 管理間接職場(広い意味)	技術系	営業系	サポート系	本社スタッフ系
ⓐ 担当が専門化・細分化されている	○	○	◎	◎
ⓑ 業務が非定型・同時並行的である	○	○	◎	◎
ⓒ 業務が横断的である	○	○	○	◎
ⓓ 人の入れ替わりが激しく、個人主義の人が多い	◎	◎	○	○
ⓔ 成果・技術を重視する人が多い	◎	◎	○	○

注）◎：非常によく当てはまる、○：当てはまる。

2.2　管理間接職場において小集団プロセス改善活動を実践する困難さ

2.1節で述べたような管理間接職場の特性は、さまざまな形で小集団プロセス改善活動の実践を困難にしている[1]～[3]。**図2.1**は、「管理間接職場の特性」とこれによって引き起こされる「小集団プロセス改善活動の実践の困難さ」との関連を示したものである。この図の右端に示されている「小集団プロセス改善活動の実践の困難さ」は相互に密接に関連しているが、大きく分けると以下の13項目に分けて捉えることができる。

① **自分の役割・質を認識できない**

　　ターゲットが直前のものに置かれすぎているため、職場のターゲットやそれとのつながりが見えておらず、事業のバリュー・チェーンにおいて自己の果たすべき役割を認識できていない。結果として、「仕事の質」意識が低く、会社のすべての業務は顧客を起点にしているという認識がない。業務のアウトプットに対する顧客の評価を確認しておらず、顧客の視点で自己のマネジメント技術および固有技術を棚卸ししていない。自分が一国

● 2.2 管理間接職場において小集団プロセス改善活動を実践する困難さ ●

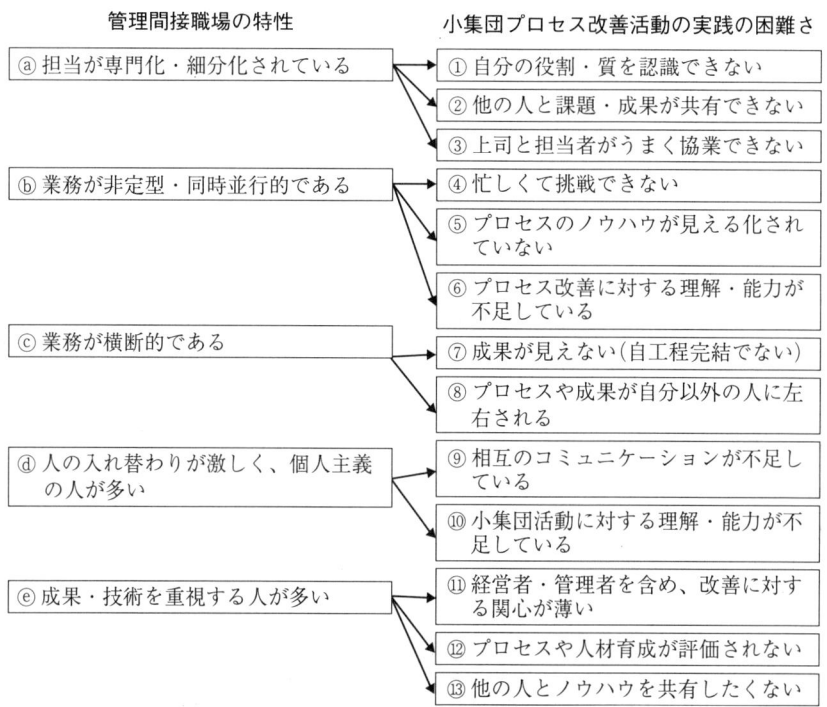

図 2.1 管理間接職場の特性と小集団プロセス改善活動の実践の困難さの関係

一城の主(あるじ)と思っており、自分の主張を他人に押しつける動きをする。自分の出した結果がベストであると思っている。また、自分の業務は一人で完結するほうがやりやすいと思っており、自分の能力の範囲内で仕事をしている(表2.7)。

② 他の人と課題・成果が共有できない

管理間接職場では同じような問題・課題を抱えている人が少なく、共通するテーマが見つけにくい。そこで働く人も、担当業務が別々に分かれているので、共有できる問題・課題がないと思っている。このため、共通するテーマを見つけようとしない。また、個人的なプロセスが多く、改善の成果を共有しづらい。個々には改善を行っているが、他に適用できると

表2.7　①自分の役割・質を認識できない

ソフトウェア開発職場の例	営業職場の例
●検討結果をすべて文書化していない（できない）。そのため、終わったのか終わっていないのか、どこまで終わっているのかが曖昧になっているケースが多い。 ●すべての条件の組合せをテストすることは不可能。発見された誤りが、複数コンポーネントを担当するどちらの人・組織の責任かについては明確でない場合が多い。 ●再利用が基本であり、開発の生産性を評価することが難しい。また、完成した製品の使いやすさや感性品質などについては、定量的に評価することが難しい。	●営業職場で自分たちが事業のサプライ・チェーン・マネジメントの起点であり、終点に位置していることを認識できているものは限られている。 ●CSの視点を経営に取り込んでいる会社でも、営業の販売見込みで、原材料の調達・製品の製造を行い、倉庫で在庫が現金化を待っているケースが多い。営業見込みのムラが、製造のムリを生み、在庫のムダを生むという連鎖が多発している。

表2.8　②他の人と課題・成果が共有できない

ソフトウェア開発職場の例	営業職場の例
●開発完了後の運用・保守を担当している要員の場合、一人または数人で長期間にわたって同じシステムを担当している場合がある。このような場合、日々の業務は個人の範囲で行われ、問題を起こさない限りそのプロセスを第三者から確認されることはない。組織としてのプロセス改善を考える場がほとんどないのが現状である。	●個人別担当制で顧客をカバーしているために、営業活動で入手した最新の顧客情報が個人情報にとどまる割合が高く、顧客情報を担当者どうしで共有する場は販売会議などに限られている。 ●担当者が帰社しだい、顧客情報を社内ネットワークにインプットする仕組みになっていれば、後工程である生産管理・資材調達・製造・設計へのタイムリーな情報提供が可能になる。しかし、インプットされ、個別に処理されているだけで、課題の共有、プロセスの改善に活かされていないケースも多い。

思っていない。自分固有の改善テーマであり、他人にはわかるわけがないと思っている。これらの結果として、小集団プロセス改善活動を行うなかで一体感を得にくくなっている（表2.8）。

③ 上司と担当者がうまく協業できない

担当者は、管理職より能力が上だと思っている。上司も業務の詳細な内容を知らない分野もあり、担当者任せになっている。結果として、個人の活動となっており、業務の進捗を組織として把握し、相互に議論できる状態になっていない。上司の当該業務に関する理解も深まらず、能力不足（固有技術、管理技術）もあいまって、課題の重要度づけ・位置づけを明確にできない（表2.9）。

④ 忙しくて挑戦できない

管理間接職場は業務多忙で人が少ない。このため、業務をスケジューリ

表2.9 ③上司と担当者がうまく協業できない

ソフトウェア開発職場の例	営業職場の例
●汎用機で育った上司とオープン機で育った部下との間の技術や経験のギャップが大きくなっている。極端な場合、部下の使っている技術用語がまったく理解できない上司が存在することになり、協業を妨げている。 ●両者のギャップを埋めるべき中間の世代がバブル崩壊後の採用絞込みによって不足していることも、問題の解決を妨げている。	●日本の営業慣行では、営業のプロセスごとに上司の果たすべき役割を明確化しないことが多く、上司からすると顧客の顔が見えない、課題が見えない、商談のプロセスが見えない。このため、担当と協業するきっかけをつくるとこができずにいる。 ●計画立案時に、上司は職場運営と改善にかける思いを担当が理解するまで伝える。計画がスタートしたら、担当者は、上司への報告・連絡・相談を欠かさず、活動計画に上司点検の日程を入れ、コミュニケーションの抜け落ちや漏れを防ぐ。上司は、月1回、重点顧客への同行訪問を行う。このような基本が行われず、上司と担当者のデータ・事実にもとづく議論が不足している。

表2.10　④忙しくて挑戦できない

ソフトウェア開発職場の例	営業職場の例
● 時として、適正コスト・適正スケジュールを無視したプロジェクト(いわゆるデス・マーチ・プロジェクト)が発生し、「改善どころではない」という状態になる。 ● 本来ならば、このようなときこそプロセスを改善して問題の軽減を図るべきであるが、納期に追われ精神的な余裕がなくなっているのがほとんどである。	● 訪問計画を立て、キーマンに面談しなければ、売上計画は達成できない。優秀な成績の営業担当者の特徴は、工数の自己管理が上手なことである。常に「有言」して周囲を自己のペースに巻き込みながら、繰り返し、「実行」している。しかし、平均的な担当者では、周りに翻弄されて自分のペースで仕事ができていないケースが多い。 ● 月間稼働時間内の2％(1週間1時間、月4回)を改善活動に投入できれば、小集団プロセス改善活動は成り立つが、現実にはなかなかできない。

ングしておらず、調整作業に時間をとられて、教育や改善に投入する工数を創出できていない。結果として、時間的・精神的な余裕がないために将来を見据えた改善・体質強化に注力する気力や体力が不足している。事業を「グローバルNo.1」にする、業務を「ワールドクラス品質」にするといった挑戦的な気運が生まれてこない。また、忙しいゆえに、「出る杭は打たれる」「言われたことだけやればよい」という文化が生じやすく、人と違うことを実施することに対して抵抗が大きい(**表2.10**)。

⑤　プロセスのノウハウが見える化されていない

　業務をプロセスとして捉える考え方が弱い。業務が製造職場のように見える化されておらず、ブラックボックスになりやすい。業務が属人化されており、一人ひとりが同じ職種を長年経験することにより業務ノウハウを習得し、専門性を獲得している。多様性・自由度が許容され、歓迎され、顔で仕事を行っている部分が多い。科学的管理技術よりは経験・勘を重視し、このようなやり方を変える必要性を感じていない。結果として、標準や手順は担当者の頭の中にあり、その成否が個人のスキル・能力に依存す

2.2 管理間接職場において小集団プロセス改善活動を実践する困難さ

表2.11 ⑤プロセスのノウハウが見える化されていない

ソフトウェア開発職場の例	営業職場の例
● 大枠のプロセスは用意されているものの、詳細なプロセスはプロジェクトごとに構築している場合が多い。これはユーザー要件に合わせてプロセスを用意する必要があることと、途中で要件変更が発生する可能性が高いことに起因している。 ● このため詳細プロセスの共有化が難しく、プロジェクトは「勘と経験と度胸」でやるものと考えている人がまだまだ多い。	● 顧客訪問のたびに新規情報をインプットし、それを後工程が必要に応じて自由にアクセスできるシステムの構築が有効である。また、大口物件の受注失敗事例集を作成すると、真因はコスト以外の要素でライバル会社に負けている現実を理解できる。しかし、営業職場では顧客情報や営業プロセスのノウハウを個人資産と考え、職場の同僚にさえ公開しない担当者がまだまだ多い。 ● ベテランになるほどこの傾向が強く、顧客情報ファイルを持って他社へ転職することさえある。

る。このため、失敗をプロセスではなく個人の責任と考え、言いたくない、隠したいと考える人が多い（表2.11）。

⑥ プロセス改善に対する理解・能力が不足している

プロセス改善に対する意識が低い。プロセス改善が競争力の源泉であり、明日の利益を創出することへの認識がない。QCDを追求すると仕事の「質」が低下すると思っている。経営層も、管理間接職場の人数を減らすことを改善と考えている。また、専門性が高い定型業務や上位職の特命業務では、個人対応が多く、継続的な地道な改善が馴染みにくいと考えている。改善のアプローチは本質的には同じなのに「違うもの」という思い込みがあり、他の職場やプロジェクトの例を使って教育しても自分には関係のないことと思ってしまう。結果として、QC的ものの見方・考え方を習得しておらず、三現主義で自ら問題発見・問題解決する力がない。管理技術の有効性を知らず、手法やツールを習っても使う気がない（表2.12）。

表2.12 ⑥プロセス改善に対する理解・能力が不足している

ソフトウェア開発職場の例	営業職場の例
● プロセス改善の必要性は認識しているものの、コストや納期を守ることに追われ、品質の優先順位が下がることが多い。 ● 品質管理の理解が不足しているために管理技術がうまく適用できず、「QC手法はソフトには適用できない」と判断している場合がある。	● 上司や担当者に「プロセス改善が明日の利益を創出する」という基本認識がない。そのため、業務をプロセスと捉え、工数分析して、活動のムダ・ムラ・ムリを最小化して、付加価値を最大化するという改善がなされない。営業の付加価値は顧客との商談により創出されるが、実際に商談時間を測定してみると月間稼働時間の20%を切っているケースも多い。 ● アプローチや商談のクロージングの仕方などは職場で統一し、営業担当者の各人の個性はそれ以外の顧客対応で実力を発揮してもらうのがよいが、そうなっていない。担当する全顧客の購買能力と自社の店内シェアを実査し、顧客を層別して拡販余地にもとづき、年間訪問基準を職場で設定するといった取組みはまれである。

⑦ 成果が見えない(自工程完結でない)

　管理間接職場では、自分の仕事の結果を自分で確認できるようになっておらず、業務のムダ・ムラ・ムリなどが見えない。QCDに気づきにくく、質の高い仕事でもどれだけコストや時間がかかっているのかを追求されない。問題のある仕事をしても見える形で残っておらず、実績のうちとして認知される。また、担当する業務のインプットおよびアウトプットをデータ化しておらず、問題を見つけるための手段が自己申告以外にない。このため、小集団プロセス改善活動のための問題を見つけることが容易ではない。さらに、売上や利益に直接結びつかない活動も多いため、成果を実感しづらい。成果を測定する尺度の設定が他の職場に比べて難しく、成果に対する評価基準をもっていない場合、または具体的な評価尺度を設定しよ

2.2 管理間接職場において小集団プロセス改善活動を実践する困難さ

表 2.13 ⑦成果が見えない(自工程完結でない)

ソフトウェア開発職場の例	営業職場の例
● 基本的に単品生産でありプロセス改善の成果を客観的に評価しづらい場合が多い。改善をしなかった場合との比較は、あくまでも想定にすぎないため、本当に改善の成果が上がったのかを示しづらい。 ● 検討した改善方法を適用するのが次期プロジェクトになる場合も多く、自プロジェクトでは評価されないことが多い。	● 成果を把握するのは容易であり、各人別に利益貢献を金額で捉えることも可能である。しかし、成果とプロセスとの関連づけが難しい。 ● プロセスと成果の間に必ずタイムラグが存在するため、正しく評価するには、インプット→プロセス→アウトプットのつながりで見る必要がある。特にソリューション営業ではこの傾向が強い。例えば、自動販売機の営業では、①新人は今月の売上欲しさに顧客訪問する、②経験を積むと来月の売上を確定するために訪問する、③常に成果を出し続ける担当者は2カ月先の売上を目指して提案を行い、顧客の囲い込みをする、といった具合にタイムラグが存在する。

うとする考えがない場合が多い(表 2.13)。

⑧ プロセスや成果が自分以外の人に左右される

複数の部門にまたがったテーマは、個人の力量だけで取り上げられないので、人脈構築や部門間の問題意識の統一に時間がかかる。また、上司の協力なしでは成果が出ないものが多い。さらに、相手の状況に応じて対処する業務が多い。他部門との調整が多く、情報発信しても停滞する(社内・社外)ことも少なくない。外部要因が多く、スケジュール管理が難しい。結果として、活動の種類や相互関係が複雑にならざるを得ない(表 2.14)。

⑨ 相互のコミュニケーションが不足している

特定の部門間でしか交流はなく、互いに他部門のことを知らない。情報が共有化されづらく、コミュニケーションが不足している。また、外勤も

表2.14 ⑧プロセスや成果が自分以外の人に左右される

ソフトウェア開発職場の例	営業職場の例
● ユーザー要件の変更多発でQCDの管理が難しくなる場合が多い。特に近年は新規ビジネスの立上げに合わせてシステムを構築する場合が増加しており、要件確定が遅れる傾向が強くなっている。 ● この結果、プロセスの変更も多発することになり、プロセス改善がムダになったり、逆効果になったりする場合がある。	● 顧客満足の最大化を目指せば、その活動は社内の関連部門を巻き込んだものにならざるを得ない。 ● 営業に期待される役割は、顧客起点の付加価値経営の推進であり、そのための社内の他部門を含めた調整役である。

表2.15 ⑨相互のコミュニケーションが不足している

ソフトウェア開発職場の例	営業職場の例
● もともとパソコンやネットワークに慣れた要員が多いため、特に若年層において直接コミュニケーションが減少する傾向が強い。 ● 顧客先常駐で開発作業を実施する場合には、さらにこの傾向が強くなる。 ● 在宅勤務の試みも進められており、今後この傾向はますます強まると考えられる。	● 営業担当者の特徴は、他の人よりコミュニケーション能力が秀でていることである。また、フェイス・ツー・フェイスの報告・連絡・相談に勝るコミニケーションツールはない。ところが、上司やチームメンバーに対する報告・連絡・相談を電子メールですませることが少なくない。

多く、ITによる時間・場所を超えた個人別の業務の拡大とともに、顔を合わせることが少なくなっている（表2.15）。

⑩ 小集団活動に対する理解・能力が不足している

　製造部門のQCサークル活動があまりにも有名になって、小集団活動はブルーカラーのやるものといった誤解が蔓延している。現場の小集団活動の技術レベルに不満をもっており、小集団活動という名称に幼稚というイメージをもっている。トップダウンによる仕事の進め方に慣れており、ボ

2.2 管理間接職場において小集団プロセス改善活動を実践する困難さ

表2.16 ⑩小集団活動に対する理解・能力が不足している

ソフトウェア開発職場の例	営業職場の例
● 現場改善の活動が根づかないうちに、ISO 9001やCMMを導入して、トップダウンによるプロセス改善を推進した例が多い。また、技法やツール（いわゆる"銀の弾丸"）により生産性・品質を大幅に改善しようとする試みを繰り返している場合もある。 ● どちらの場合も「押しつけられた改善活動」として、思ったような成果を上げられないまま形骸化していることが多い。	● 顧客起点の営業活動を日々実践するためには、方針管理、日常管理、小集団プロセス改善活動の3つが必要であるが、そのことが理解されていないケースが多い。

トムアップ型の活動に対する抵抗感が強い。また、ビジネスモデルの変更をともなう大幅なプロセス革新のような改善は、専門性の高い、創造的な業務であり、小集団による継続的な改善は役に立たないと考えている。さらに、職場は縦割りの組織運営が中心のため、組織横断の小集団による活動運営のノウハウを持ち合わせていない。小集団活動とはどのようなものか知らないため、必要性がわからず、小集団活動を実践する意義を管理間接職場の人に納得させられる人も少ない（**表2.16**）。

⑪ **経営者・管理者を含め、改善に対する関心が薄い**

　経営者・管理者のコミットメントが曖昧で、同じ職場からの目に見える形での参加者も少なく、小集団プロセス改善活動に対する期待・関心がない。また、管理間接職場の小集団プロセス改善活動の責任・権限をもつ役員または推進組織が明確になっておらず、推進者の存在感が相対的に低下している。さらに、小集団プロセス改善活動への教育投資効果が不明確で、ジョブローテーションにもとづいた長期的かつ組織的な人材育成への投資の迷いが小集団プロセス改善活動のための人材育成の意義の相対的な低下を生んでいる。

　経営のグローバル化が進むなか、米国流の株式市場でのM＆Aによるス

● 第2章 管理間接職場における小集団プロセス改善活動推進の困難さ ●

ケールメリット経営の追求、欧州のブランドによる付加価値の追求に対して、日本はオペレーションで利益を稼ぐことで強みを発揮してきた。自動車市場を例にとれば、GM・フォード・クライスラーといったビッグ3がM＆Aの失敗で赤字転落のなかで、トヨタ・ホンダ・日産の3社は着実にオペレーションで利益を稼いでいる。これを支えているのがQCサークル・改善提案・5S活動によるボトムアップ活動であるという認識をもつことが必要である。

会社の規模が大きくなるなかで、経営者の主たる関心事が「現場」「人材育成」といったボトムアップのアプローチから「M＆A」「業務提携」といったトップダウンのアプローチへシフトしている。これにともなって経営者・管理者による現場訪問の回数が減っている。現場を見ればその企業の実力の80％がわかる、現場は経営者の通信簿、現場百回といった「現場」から戦略を発想する日本企業の強みを経営者自らが放棄することのないようにすることが大切である。

⑫ プロセスや人材育成が評価されない

仕事が担当者任せになっており、結果が重視され、プロセスでのチェックが弱い。人と人のつながりで失敗の修復が容易にできるため、とにかく実践が優先される。また、成果を出すためにはさまざまな知識を総合的に活用することが求められるため、知るべきノウハウが多い。このため、どのような能力を伸ばすべきかあらかじめ書き下すことが難しい。さらに、短期間の成果を競う業績評価の導入で、人材育成および改善活動が評価されにくくなっている。結果として、小集団による地道な継続的改善より、荒療治による効果追求がもてはやされる傾向にある。小集団プロセス改善活動について適切な評価がされないため、やりがいを見い出せず、やらされ感がある。やってもやらなくても自分の勤務評定には響かないと思っている（表2.17）。

⑬ 他の人とノウハウを共有したくない

同僚といえどもライバルであり、ノウハウを共有したくないと思ってい

2.2 管理間接職場において小集団プロセス改善活動を実践する困難さ

表2.17 ⑫プロセスや人材育成が評価されない

ソフトウェア開発職場の例	営業職場の例
● 人材育成の重要性は認識しているものの、以下のような難しさから十分に実施されていない。①技術的進歩が早く上司や先輩が教えられない、②個々のプロジェクトごとに要求される技術が異なるため、小集団をつくりにくい、③「顧客先が一番良い教育場所」という考えで人材育成を放棄している場合がある。	● 顧客の潜在ニーズを掘り起こすためのプロセスの改善と顧客とともに成長するための人材育成が上司の大事な役割である。プロセスの改善を指導・支援するとともに、定期的に担当者の営業職としての技能を測定して、職場の人材力の棚卸しをする必要があるが、これができていない管理者が多い。

表2.18 ⑬他の人とノウハウを共有したくない

ソフトウェア開発職場の例	営業職場の例
● 他の人ができないことをできるのが良いソフトウェア技術者だと思っている。 ● 先輩が培った開発のやり方に自分なりの工夫を加えて従来以上の成果を出し、それが職場の新たな標準として定着するという経験をした人が少ない。	● 営業のノウハウとは、ステップごとの成功確率を高める進め方をまとめたものである。担当者の90％はその手順に従ったほうが確実に早く成果が出せる。しかし、自分が苦労して得たノウハウを他の人に教えることの不安が強く、なかなかノウハウが共有できない。

る。長年の活動による人脈が自己の業績に直結しており、ノウハウを開示したがらない。改善活動によって成果が出ると、自分または仲間がリストラされるおそれがあると思っている（**表 2.18**）。

第3章 管理間接職場における
　　　小集団プロセス改善活動の進め方

3.1 困難さを克服するには

　第2章では、管理間接職場で小集団プロセス改善活動を実践する困難さについて述べた。これらの困難さを克服する方法は、それぞれの職場ごとに検討すべきものであるが、ここでは、共通的に重要となる9つの推進の基本を取り上げる。

　図3.1.1は、第2章で述べた13の困難さと以降で解説する9つの推進の基本の関係を示したものである。例えば、基本「ⅰコミュニケーションの基盤をつくる」は困難さ②③⑨に対応し、この基本ⅰを推進することでこれらの困難さを克服する素地ができあがる。また、基本「ⅲ業務プロセスおよびその進捗・質を見える化・数値化する」は困難さ①⑦に、基本「ⅱプロセスを意識し、ノウハウの共有と一体になった活動を進める」は困難さ⑤⑬に対応する。なお、これらの対応は限定的なものでなく、この図に示す以外の関係も存在する。主要な関係のみを示していると考えるのがよい。

　　ⅰ　コミュニケーションの基盤をつくる
　　　小集団プロセス改善活動の目的・推進組織を明確にする。また、方針管理・日常管理の仕組みを整備したうえで、中長期の視点から挑戦的な

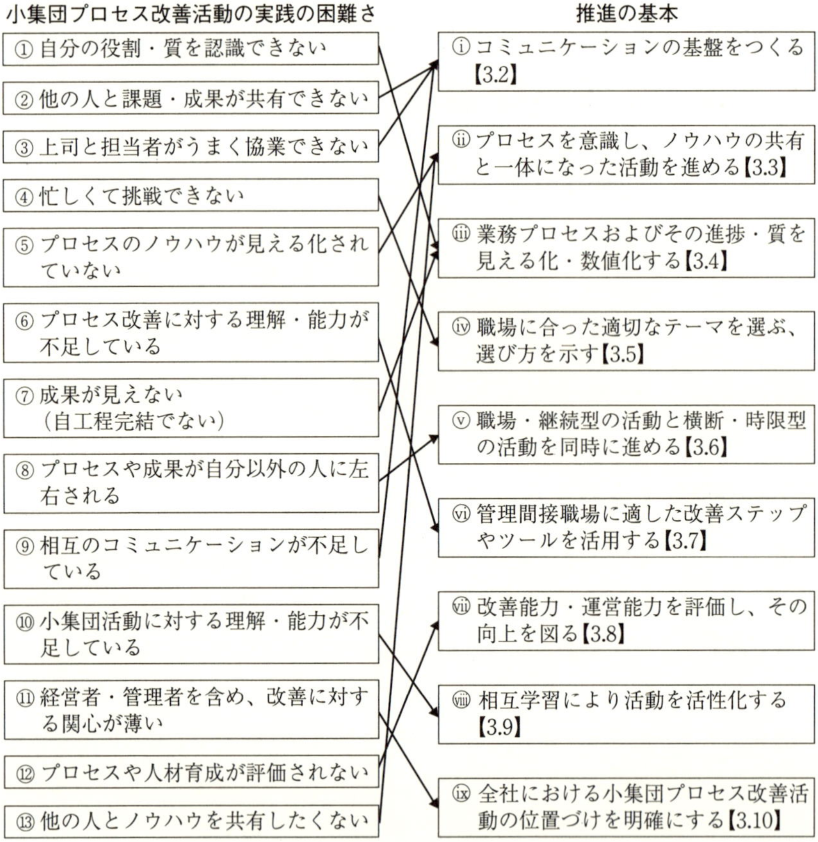

● 第3章 管理間接職場における小集団プロセス改善活動の進め方 ●

小集団プロセス改善活動の実践の困難さ	推進の基本
① 自分の役割・質を認識できない	ⅰ コミュニケーションの基盤をつくる【3.2】
② 他の人と課題・成果が共有できない	
③ 上司と担当者がうまく協業できない	ⅱ プロセスを意識し、ノウハウの共有と一体になった活動を進める【3.3】
④ 忙しくて挑戦できない	
⑤ プロセスのノウハウが見える化されていない	ⅲ 業務プロセスおよびその進捗・質を見える化・数値化する【3.4】
⑥ プロセス改善に対する理解・能力が不足している	ⅳ 職場に合った適切なテーマを選ぶ、選び方を示す【3.5】
⑦ 成果が見えない（自工程完結でない）	ⅴ 職場・継続型の活動と横断・時限型の活動を同時に進める【3.6】
⑧ プロセスや成果が自分以外の人に左右される	ⅵ 管理間接職場に適した改善ステップやツールを活用する【3.7】
⑨ 相互のコミュニケーションが不足している	
⑩ 小集団活動に対する理解・能力が不足している	ⅶ 改善能力・運営能力を評価し、その向上を図る【3.8】
⑪ 経営者・管理者を含め、改善に対する関心が薄い	ⅷ 相互学習により活動を活性化する【3.9】
⑫ プロセスや人材育成が評価されない	ⅸ 全社における小集団プロセス改善活動の位置づけを明確にする【3.10】
⑬ 他の人とノウハウを共有したくない	

注）【　】内の数字は対応する本書の節番号。

図3.1.1　管理間接職場における小集団プロセス改善活動の実践の困難さと推進の基本

　　目標を示し、活動を推進する。さらに、担当者と上司、担当者どうしのコミュニケーションの場を設けるとともに、上司のマネジメント力を伸ばす。

ⅱ　**プロセスを意識し、ノウハウの共有と一体になった活動を進める**
　　業務フロー図などの手段を用いてプロセスを見える化する。各々のステップで「何を行うか」「なぜ行うか」「どう行うか」を議論し、標準化

する。また、プロセスをより詳細に分析し、重複や抜けを見つけ改善する。さらに、改善の成果を上位の技術標準や管理標準に反映する仕組みを考える。

ⅲ **業務プロセスおよびその進捗・質を見える化・数値化する**

業務フローを明確にし、マイルストーンを決める。また、マイルストーンを用いて進捗管理を行う。さらに、アウトプットおよびその受け手、受け手のアウトプットに対するニーズ・要望を明確にし、その相違を測る尺度(管理項目)を決める。そのうえで、管理項目を用いて質の評価を行う。

ⅳ **職場に合った適切なテーマを選ぶ、選び方を示す**

業務に直接関係するテーマ、それ以外のテーマを組み合わせる。前者については、方針管理と一体化する。また、職場課題検討会を開催し、課題を担当者の能力に応じて適切な大きさに分解する。さらに、部門横断のテーマを積極的に取り上げる。後者については、自由闊達な考えを尊重する。希望者を募り、チームを形成する。

ⅴ **職場・継続型の活動と横断・時限型の活動を同時に進める**

テーマに合わせて職場・継続型と横断・時限型の活動をうまく組み合わせる。各々のテーマごとに、方針との関係、責任者の関与、活動の範囲などを明確にし、適切な型を選定する。また、チームリーダーを任命する(責任・権限の付与など)。さらに、テーマの解決に必要な能力を特定し、メンバーを選定する。人事考課などの評価方法を決める。

ⅵ **管理間接職場に適した改善ステップやツールを活用する**

次の管理間接職場のための改善のステップを活用する。

① 職場のミッションの明確化
② ありたい姿の明確化と改善すべきプロセスの見える化
③ 課題の抽出とテーマの選定
④ 目標の設定と活動計画の策定
⑤ 解析

⑥　解決策の立案

⑦　解決策の実施と効果の確認

⑧　標準化と歯止め

⑨　反省と今後の課題

　各ステップで適切なツール(業務展開シート、プロセス体系シート、問題プロセス抽出シート、解決策アイデア評価シート、図解プロファイリングなど)を活用する。

ⅶ **改善能力・運営能力を評価し、その向上を図る**

　個人の固有技術能力(商品知識、専門能力など)に加え、管理技術能力(改善能力、チーム運営能力、組織運営能力など)を評価する。また、能力を育成するための分野別・階層別教育体系を確立するとともに、実践教育の場を設ける。改善能力・運営能力に関する資格制度を活用する。

ⅷ **相互学習により活動を活性化する**

　自己啓発を促す人事制度を整える。また、小集団どうし、小集団と管理職との相互学習の場(業務・会合・勉強会、発表会、診断など)を設け、参画してもらう。さらに、活動内容を相互に学べる事例集・データベースを用意し、活用を促進する仕組みをつくる。

ⅸ **全社における小集団プロセス改善活動の位置づけを明確にする**

　全社戦略のなかに小集団プロセス改善活動を位置づける。また、トップに情報を届け、トップに語ってもらう。トップに役割をもってもらう。トップと小集団を近づける。さらに、事業部の業績評価と小集団プロセス改善活動を連動させる。個人の業績評価に反映させる。

　図3.1.2は、9つの推進の基本の相互関係を示したものである。コアになるのは「ⅳ職場に合った適切なテーマを選ぶ、選び方を示す」と「ⅴ職場・継続型の活動と横断・時限型の活動を同時に進める」である。この2つがプロセスの改善につながった活動となるためには、「ⅱプロセスを意識し、ノウハウの共有と一体になった活動を進める」ことと、「ⅲ業務プロセスおよびその進捗・質を見える化・数値化する」ことが基本となる。さらに、これが成功し、

3.2 コミュニケーションの基盤をつくる

ⅷ 相互学習により活動を活性化する【3.9】	ⅵ 管理間接職場に適した改善ステップやツールを活用する【3.7】		ⅶ 改善能力・運営能力を評価し、その向上を図る【3.8】	ⅸ 全社における小集団プロセス改善活動の位置づけを明確にする【3.10】
		ⅳ 職場に合った適切なテーマを選ぶ、選び方を示す【3.5】	ⅴ 職場・継続型の活動と横断・時限型の活動を同時に進める【3.6】	
	ⅱ プロセスを意識し、ノウハウの共有と一体になった活動を進める【3.3】		ⅲ 業務プロセスおよびその進捗・質を見える化・数値化する【3.4】	
	ⅰ コミュニケーションの基盤をつくる【3.2】			

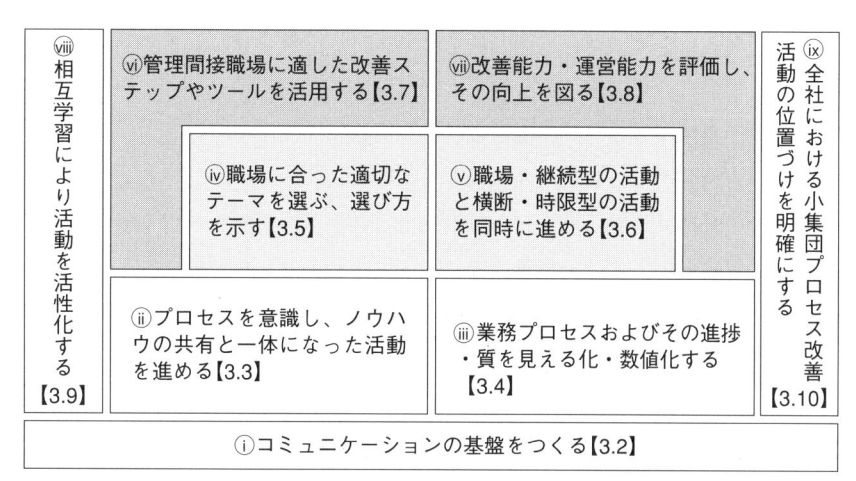

注)【 】内の数字は対応する本書の節番号。

図 3.1.2　9つの推進の基本の相互関係

自己実現につながるためには「ⅵ管理間接職場に適した改善ステップやツールを活用する」こと、「ⅶ改善能力・運営能力を評価し、その向上を図る」ことが大切である。この6つが管理間接職場における小集団プロセス改善活動を推進するうえでの不可欠な要素である。さらに、このような取組みを全社的に継続的に推進していくためには、「ⅰコミュニケーションの基盤をつくる」「ⅷ相互学習により活動を活性化する」「ⅸ全社における小集団プロセス改善活動の位置づけを明確にする」の3つが大切となる。

以下では、それぞれの推進の基本を取り上げ、管理間接職場において小集団プロセス改善活動を推進する場合に、どのような取り組みが求められるかを詳しく説明する。

3.2　コミュニケーションの基盤をつくる

管理間接職場における小集団プロセス改善活動をスタートするにあたっては、小集団プロセス改善活動の基本条件である、コミュニケーションの基盤をつく

る必要がある。本節では、コミュニケーションの基盤をつくるうえで重要となる次の6項目について述べる。

① 小集団プロセス改善活動の目的を明確にする。
② 方針管理・日常管理の仕組みをつくる。
③ 中長期・高次の視点から挑戦的な目標を示し活動をドライブする。
④ 上司と担当者、担当者間のコミュニケーションを促進する。
⑤ 管理職のマネジメント力を伸ばす。
⑥ 推進組織について考える。

3.2.1 小集団プロセス改善活動の目的を明確にする

小集団プロセス改善活動の目的は、以下の3つである。

① 企業・組織の体質改善・発展に寄与する。
② 人間性を尊重して、生きがいのある明るい職場をつくる。
③ 人間の能力を発揮し、無限の可能性を引き出す。

(1) 企業・組織の体質改善・発展に寄与する

企業・組織の存在価値は、企業・組織がお客様に提供する製品・サービスをとおして生み出される。また、お客様に喜ばれる製品・サービスを提供する企業・組織の活動は、さまざまな部門で働く人たちによって支えられている。したがって、これらの人たちの活動を活性化することが企業・組織が存在価値を持ち続けるために重要となる。小集団プロセス改善活動の一つめの目的は、企業・組織のあらゆる部門・職位で働く人たちの活力を引き出し、これによって企業の体質改善・発展に寄与することである。その意味では、小集団プロセス改善活動に参画するメンバーは、企業経営・組織経営上の極めて重要な部分を担当していることになる。

(2) 人間性を尊重して、生きがいのある明るい職場をつくる

人間は指示を待って行動するのではなく、自分で考え、自分の意思で行動す

るほうがやる気も出るし、成果も上がる。このような人間のもつ特性（人間性）を尊重し、仕事の進め方に担当者の自主性を認め、働く人の創意と工夫を仕事に活かせるようにすること、また、これが職場で働くことへの生きがいにつながり、それによって自ら率先して仕事に取り組める人・集団を作り上げることが、小集団プロセス改善活動の二つめの目的である。

(3) 人間の能力を発揮し、無限の可能性を引き出す

人間はみな自分のもっている能力を発揮したい、自分の能力を向上させたいという欲求をもっており、適切な条件や環境が与えられれば無限に伸びていく可能性をもっている。人間の能力に限界はなく、無限に引き出すことができるという考え方にもとづいて、職場で働く人たちが能力向上を図ることができるようにすること、また、その能力を職場における生産性や効率の向上、お客様に喜んでいただける製品や良いサービスの提供に活かせるようにすることが、小集団プロセス改善活動の三つめの目的である。

上記の3つの目的の意図するところは、小集団プロセス改善活動をとおして職場で働く人たちの能力向上と生きがいのある明るい職場づくりを実現し、企業の体質改善・発展に寄与することである。これは、小集団プロセス改善活動の原型であるQCサークル活動の理念と同じである。

小集団プロセス改善活動で得られる成果は大きく、企業・組織にとっても、職場にとっても、個人にとっても、その意義は大きく、必要欠くべからざる活動であるといえる。小集団プロセス改善活動の導入・推進にあたっては、まず、このことに関する正しい理解を確実なものとしたうえで取り組む必要がある。

3.2.2　方針管理・日常管理の仕組みをつくる

小集団プロセス改善活動だけを単独で実施しているだけでは、問題・課題の共有や必要な支援の提供が十分に行われず、結果として **3.2.1項**で述べた基本理念が達成できず、実効を上げられない。小集団プロセス改善活動が実効を上

小集団プロセス改善活動における、業務と自主性の関係

　近年、QCサークルを代表とする小集団プロセス改善活動において、この活動が業務なのか、自主活動なのかが議論になっている。

　日本で誕生した、小集団プロセス改善活動の代表格であるQCサークルは、メーカーの製造部門の「技能者」中心の活動からスタートしている。それまで製造現場の第一線でものづくりを主な「業務」としていた技能者に、現場での「改善」を実施してもらうため、QCサークルと称して小集団を組織し、改善の方法を勉強・実践し、その成果を発表してもらい、それを会社が評価するという仕組みをつくった。技能者にとっても、生産というルーチンワーク以外のことで、評価してもらえ、なおかつ、教育もしてもらえ、自分たちの能力を発揮できる、自己実現できるということで、この活動は多くの現場第一線で受け入れられた。

　そのときに、「改善」が技能者の「業務」の一部となった。また、同時に、テーマをサークルが決めること、活動を進めるときサークルが主体性をもつことが認められ、これをもってサークル活動は「自主活動」が基本となった。しかし、この「自主性」はあくまで、業務改善の実践における「自主性」である。また、会社側が組織的に支援・指導し、活動の時間も認め、きちんと評価することが前提になっている。

　このような背景でスタートしたQCサークル活動は、その良さが認められ、第三次産業へも広がった。このときに再度問題となったのが、「業務」と「自主性」との関係である。製造業のQCサークル活動は、全社的活動の一環として位置づけられ、組織的に推進された。「技能者」以外の技術者・スタッフは、タスク活動やプロジェクト活動など、QCサークル活動とは別の仕組みで「プロセス改善活動」を実践した。さらに、方針管理という仕組みで、トップ、中間管理職を要に据えた改善活動を展開した。つまり、全階層・全部門による改善活動のなかでQCサークル活動を位置づけ、「業務」と「自主性」を明確に定義した。

　しかし、第三次産業を中心とした一部の企業は、QCサークル活動だけを導入した。導入当初の教育は実施したが、全社的な支援の仕組みをつくらず、部門の担当者に任せ、「自主性」を「放任する」という意味で捉えた。そして、「改善活動」を現場第一線だけに実施させ、極端な場合、「自主的活動」として時間外とし、無報酬で業務改善してもらえると誤解した企業もあった。これらの企業では、小集団活動を「ボランティア活動・非公式活動」「時間外のイン

フォーマルな活動」と位置づけた結果、活動が根づかなかった。

　つまり、「業務」と「自主性」は、どちらか一方を重視し、他を軽く見るということでなく、また、相反するものでもない。小集団プロセス改善活動を業務の一環として位置づけ、そのなかで「自主性」を明確にする必要がある。特に、管理間接職場での「業務」と自主性の関係はデリケートであり、特別な注意を払う必要がある。**第2章**で説明した管理間接職場の「特性」と「実践の困難さ」にあるとおり、この部門に所属する技術者・スタッフは「技能者」と違う意識をもっている。技能者は、技能を評価してもらいたがり、「改善」は従である。しかし、技術者・スタッフは改善そのもの、仕事そのものを評価してもらいたいと思っている。したがって、管理間接部門の小集団プロセス改善活動は、「業務」としての位置づけを濃くする必要がある。「テーマ」は方針から展開されたものを取り上げることが多くなり、テーマ選定の自主性が薄くなる。そのため、活動した成果を「業務」のなかで評価し、チームに所属するメンバーの「昇給・昇格」という面まで踏み込んだ仕組みづくりを考える必要がある。

　企業によっては、「技能職」と「技術職」で人事制度が違う会社がある。このような会社では、QCサークル誕生当初、別の活動と位置づけられていた技術者・スタッフのタスク活動を「小集団プロセス改善活動」の枠組みに入れる場合、活動の枠組みや推進組織は同じでも、推進の仕組みを変える工夫が必要である。例えば、「技能職」を中心とするQCサークル活動では、会合時間は上司の許可が必要であるのに対し、「技術職」のタスク活動では、改善活動を実施するにあたり、都度、上司の許可は不要である。改善活動に与えられる時間などの裁量権に差があり、評価尺度を同じにすると、お互い不公平感を感じることになる。このため、QCサークル活動は「発表」の場で主に評価し、技術者・スタッフのタスク活動は「業務の成果」を評価の対象とし、発表は「水平展開・横展開」の場と位置づける。つまり、技術者・スタッフのタスク活動では、チーム編成やテーマ選定の自主性が薄くなる分、改善活動を進めるときの自主性が濃くなるようにする。

　繰り返していうが、「業務」と「自主性」は、どちらか一方を重視し、他を軽く見るということでなく、また、相反するものでもない。小集団プロセス改善活動を業務の一環として位置づけ、そのなかで自主性を明確にすることが重要である。企業により歴史や背景はそれぞれ違う。それぞれの企業が自社の特性を踏まえたうえで「業務」と「自主性」の関係を工夫して、その企業に適したベストの仕組みにすることが重要である。

（管理・間接職場における小集団改善活動研究会）

● 第3章　管理間接職場における小集団プロセス改善活動の進め方 ●

げるためには、単独で実施するのではなく、TQM、TPM、JIT、ISO、シックスシグマなどの全社的な活動の下に実施されることが望ましい。図3.2.1は、TQM、TPM、JIT、ISO、シックスシグマなどの全社的活動のなかで実践され、成功を収めてきた、次の3つの要素の関連を模式的に表したものである。

① 方針管理・日常管理（機能別管理を含む）
② 小集団プロセス改善活動
③ 品質管理教育

多様化する顧客ニーズと変化する経営環境に対応し、これらに合った製品・サービスの効率的な提供を実現するためには、トップマネジメントの強い意志と強力なリーダーシップの下で、適切な戦略を立て、それにもとづく具体的な実施計画を展開し、その運営管理を効率的に行う必要がある。「方針管理」は、このような取組みを組織的に行うための活動である。全社のビジョン・方針をそれぞれの職位・職場に展開し、取り組むべき課題を明確にする、各々の課題への取組み状況を定期的にフォローし、必要なアクションをとるというのが基本的な流れである。なお、方針管理は現状打破を目指すので、これですべてをカバーするのは効果的でない。「日常管理」では、それぞれの職場において、

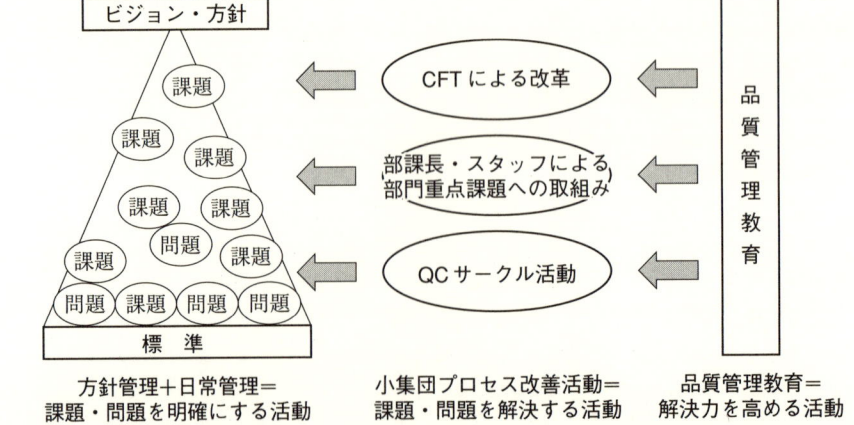

図3.2.1　方針管理・日常管理と小集団プロセス改善活動と品質管理教育

その業務分掌を起点に業務が計画どおり遂行できているか否かを評価するための管理項目を設定し、明らかとなった問題に対して取り組む。方針管理と日常管理の両方を徹底することで、全従業員に経営目標が共有化され、その達成に向けて挑戦すべき課題・問題が明確となる。

方針管理や日常管理が有効に働くためには、絞り込まれた、明らかとなった課題・問題に対して、職位・職場に応じた取り組みが実践されなければならない。このような役割を果たすのが、職場第一線におけるQCサークル、部課長・スタッフによる部門重点課題への取組み、トップマネジメント主導の部門横断チームなどの「小集団プロセス改善活動」である。この活動は、経営成果を生み出すための場となる一方、働く人にとっては自己実現を果たすための格好の場となる。課題・問題への取組みは、個人でも可能であるが、多くの人にとって、組織の中で自分の役割を認識し、相互に学び合い、能力を発揮するのは容易でない。小集団を構成することで、これらに対する障壁が少なくなり、自己実現を果たすことが容易となる。また、課題へのアプローチの仕方は、成功すればどのようなものでもよいわけだが、人ではなくプロセスを対象とし、科学的に対策を検討するという改善の方法は、自己実現をより容易にしている。

小集団プロセス改善活動が有効に機能するためには、それに携わる一人ひとりが必要な能力を身につけることが不可欠である。この役割を果たしているのが「品質管理教育」である。一人ひとりがもっていなければならない能力は職位・職場によって異なり、それぞれがふさわしい固有技術と管理技術をもつ必要がある。小集団プロセス改善活動の遂行に必要な能力は、固有技術に裏づけられた管理技術に負う面をもっている。組織における人材の全体像を明確にしたうえで、職位・職場によって備えるべき能力を教育・訓練の体系(階層別・分野別教育体系)として整理すること、その一環として品質管理の能力を高めるための仕組みを明確にし、実践していくことが大切である。

(1) 方針管理

「方針管理」では、組織の使命・理念・ビジョンにもとづき出された方針を

● 第3章 管理間接職場における小集団プロセス改善活動の進め方 ●

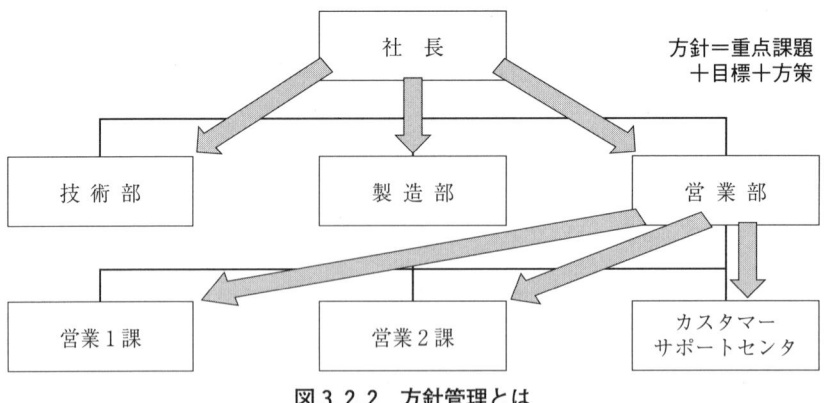

方針＝重点課題
＋目標＋方策

図 3.2.2 方針管理とは

達成するために、職位・職能に応じて方針を策定・展開し(Plan)、実施し(Do)、その結果とプロセスの確認を行い(Check)、必要な処置をとる(Act)(**図 3.2.2**)。ここでいう「方針」とは、各々の部門において重点課題、目標および方策を設定する枠組みを提供するものであり、多くの組織においては、次の3つが含まれる。

① **重点課題**：組織として重点的に取り組み、達成すべき事項
② **目標**：重点課題の達成に向けた取組みにおいて、追究し、目指す到達点
③ **方策**：目標を達成するために、選ばれる手段

> ■**方針管理とは**
> 　会社・職場にとって重要な課題を明確にし、その目標と達成する方策を検討し、関連部門と協力のうえ効率的に解決をはかっていく職制を中心とした活動。「経営基本方針に基づき長(中)期経営計画や短期経営方針を定め、それらを効率的に達成するために、企業組織全体の協力のもとに行われる活動」と定義され、日本の品質管理の特徴の一つとされている。
> 　　　　　　　　　　　　　　　　　(『品質』、Vol.32、No.3、2002年より)

方針管理では現状打破を指向した目標に挑戦するので、組織的な改善活動の実践が不可欠であり、トップマネジメントが主導する部門横断チームによる改革、部課長・スタッフによる部門重点課題への取組み、職場第一線におけるQCサークル活動などの小集団プロセス改善活動が重要な役割を担うことになる。他方、方針管理を実施することで、組織の中でそれぞれの職場が果たすべき役割、それぞれの職場が解決すべき課題が明確になる。また、この過程を通じて、課題およびその達成のための方策について上位・下位の活発な議論が行われ、これらに関する相互理解・共有が進む。これによって小集団プロセス改善活動を行う基盤ができあがる。

　管理間接職場における小集団プロセス改善活動を業務の一環としてしっかり位置づけ、方針管理の下で展開された課題をテーマとして取り上げ改善を実施するのが望ましい。

（2）日常管理

　一方、各々の職場で行われる小集団プロセス改善活動は、方針管理に取り上げた課題解決のほかに、「日常管理」として職場の標準にもとづいて業務を遂行・管理できる体質・仕組みを定着・徹底させる役割も担っている。

　「日常管理」とは、人が入れ替わっても安定した業務が行われるよう統一を図る目的で標準（要領、規定など）を設定し、これを活用することで担当者、設備、資材などの原因系の条件を一定の範囲に保ち、安定した品質の製品・サービスを提供できるようにすることである。また、人間の知識が不完全な以上、押さえるべき原因すべてについて初めから適切な標準化を行うことは無理である。結果の品質、およびそれにかかわる種々の原因のデータを記録し、予想に反する事象が発生した場合、それらが重大な問題に至らないよう処理する、また、それらの原因を解析し、原因系の条件の規制方法を改善することも必要となる（図3.2.3）。

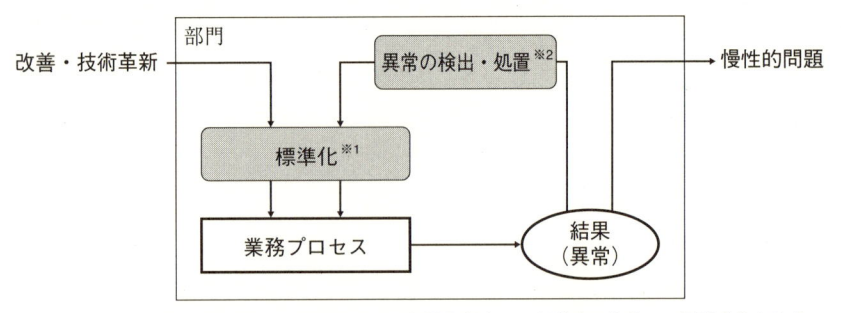

● 第3章　管理間接職場における小集団プロセス改善活動の進め方　●

```
改善・技術革新 →　┌─部門──────────────────────┐　→ 慢性的問題
                   │       異常の検出・処置 ※2       │
                   │              ↑                  │
                   │         標準化 ※1               │
                   │              ↓                  │
                   │         業務プロセス → 結果      │
                   │                        （異常） │
                   └────────────────────────────────┘
```

※1　標準化：標準を設定し、これを活用する組織的行為。①標準書の作成、②標準書どおり作業するのに必要な知識・技能の教育・訓練、③標準を守る必要性の理解と納得、④意図しないエラーの防止（エラープルーフ化）などが含まれる。
※2　異常の検出・処置：異常（通常と異なる状態）を発見し、その原因を追及し、標準化の方法を改善する。

図3.2.3　日常管理とは

> ■日常管理とは
> 　各部門の担当業務で標準などに基づいて定常的に繰り返し行われる活動の管理である日常管理は現状を維持する活動を中心とするが、さらに好ましい状態へ改善する活動も含まれる。
> 　　　　　　　　　　　　　　（『品質』、Vol.32、No.3、2002年より）

　日常管理が職場の隅々にまで徹底するためには、顧客第一・プロセス重視などの考え方にもとづいて自分の職場の仕事を見直すことが必要であり、小集団プロセス改善活動が重要な役割を果たす。他方、日常管理を徹底することで、各々の職場において、その役割、顧客・後工程に対して保証すべき品質、品質を確保するためのプロセスが明確となり、小集団プロセス改善活動に取り組む基本ができあがる。

（3）　方針管理と日常管理の関係

　方針管理と日常管理の関係を図3.2.4に示す。方針管理の機能が実効をあげるには、日常管理が適切に運用管理されていることが基本である。また、日常

● 3.2 コミュニケーションの基盤をつくる ●

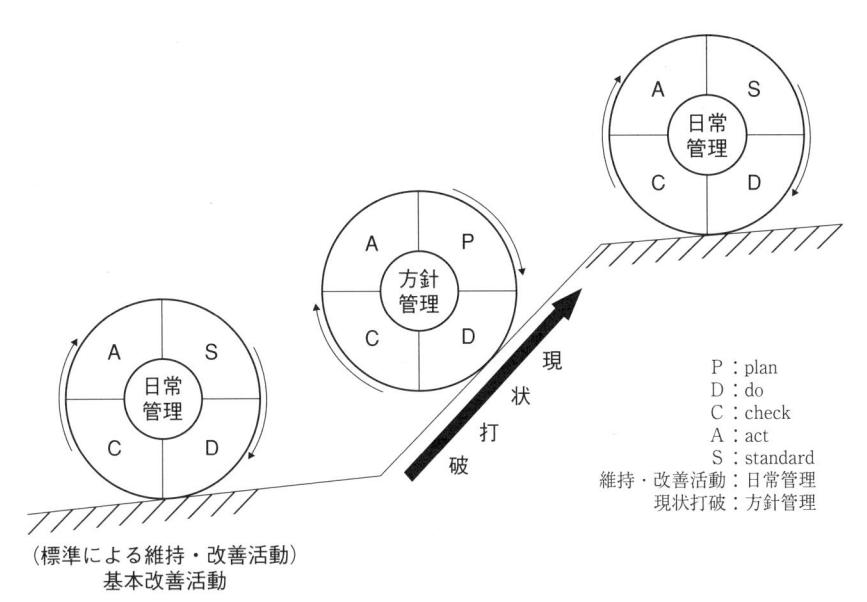

```
P : plan
D : do
C : check
A : act
S : standard
維持・改善活動：日常管理
現状打破：方針管理
```

（標準による維持・改善活動）
基本改善活動

出典） 細谷克也(2000)：『すぐわかる問題解決法』、日科技連出版社に一部加筆修正

図 3.2.4 日常管理と方針管理

管理が機能し、それを基盤として初めて現状打破を目指した方針管理が活きてくる。大事なことは、方針管理と日常管理をばらばらに行うのではなく、日常管理を通じて上位の目標にもとづいて各人が取り組むべき重点課題を絞り込むことができる体質を定着させること、方針管理によって日常管理で達成できないような重点課題への取り組みを成功させ、その成果を維持することである。

小集団プロセス改善活動の活動時間をどのように取り扱うかについては多くの議論がある。先に述べたように小集団プロセス改善活動を方針管理・日常管理などの全社的なマネジメントシステムと一体化することで小集団プロセス改善活動のための時間は、業務とは別の付随的なものという誤った考え方を取り除くことができる。

なお、**図 3.2.1** に示した、小集団プロセス改善活動と関連の深い、もう一つの要素である「品質管理教育」については、**3.8 節**で詳しく説明する。

3.2.3　中長期・高次の視点から挑戦的な目標を示し活動をドライブする

　方針管理・日常管理の仕組みを通じて小集団プロセス改善活動をドライブするためには、トップが中長期・高次の視点から挑戦的な目標を示す必要がある。すなわち、全社の経営課題を軸に展開し、「会社の経営課題→部門の重要課題の展開→職場の重要課題の展開→コミュニケーションの量・質の向上→課題の達成」という良いサイクルを構築する必要がある。これは管理間接職場の場合、特に重要である。

　目標の設定にあたって、注意すべき点をまとめると次のとおりである。

　① 活動のターゲットを3年から5年先におき、部内やグループ内の仲間と共有していることに気づかせる。

　② できるだけ高い目標、例えば書類作成時間を半分にする、経費を半減する、製品製作のリードタイムを半減する、などの高い目標に挑戦させることで、プロセス改善の必要性やノウハウ、標準化の必要性などを認識させる。

　③ 活動の進め方については、職場に共通の高次のミッションにもとづいて、形にこだわらない柔軟な活動を展開する必要がある。

3.2.4　上司と担当者、担当者間のコミュニケーションを促進する

　管理間接職場において業務を進める基礎となるのは、上司の指導の下で担当者が行う改善活動である。また、プロジェクト活動や部門横断活動を進める場合にも、上司と担当者、担当者相互のコミュニケーションが重要となる。したがって、管理間接職場で小集団プロセス改善活動を上手く進めるためには、上司と担当者、担当者相互のコミュニケーションを促進することが重要である。

　ところが、一般に、管理間接職場ではコミュニケーションが上手くいっていない場合が多い。したがって、小集団プロセス改善活動を推進する際にまず注力すべき点はコミュニケーションの促進である。コミュニケーションをとおして業務の目的が明確になり、その解決の道筋が明確になるなかで、全員が興味をもち議論に参加できるようになる。

上司と担当者、担当者相互のコミュニケーションを向上させるために、特に注力すべき事項は次のとおりである。

　① 自由闊達に発言できる雰囲気、対立や葛藤を超えた話し合いができるオープンなコミュニケーションができる環境をつくる。
　② 上司は経営情報を部下と共有し、仕事の目的・目標を明確に伝達する。
　③ 職場課題検討会(**3.5節**を参照)などを活用し、職場の課題を共有する。
　④ 上司はテーマごとに中間達成目標、管理項目、最終目標などを明確にしてチームとの摺り合わせを実施する。
　⑤ 事例集や発表会などにより改善の進め方、小集団プロセス改善活動の運営の仕方などを相互に学び合うようにする。
　⑥ 担当者相互のコミュニケーションによって、技術的にも効率的にも原価的にも相互に高め合うようにする。

コミュニケーションを促進するうえで、もう一つ重要となる点は、価値観を共有することである。共有すべき価値観としては、①お客様第一、②プロセス重視、③PDCAサイクル、④潜在トラブル・潜在ロスの顕在化、⑤目的指向、⑥重点志向、⑦ファクトコントロール、⑧全員参加、⑨人間性尊重、⑩教育訓練の重視などがある。

3.2.5　管理者のマネジメント力を伸ばす

　1.3節でも述べたように、小集団プロセス改善活動が成功するためには管理者の果たす役割が大きい。管理者は必要なマネジメント力を身につけ、発揮する必要がある。問題となるマネジメント力は、方針・目標の明示、人間性の尊重、テーマを適切に与えることができる力、コミュニケーション力、技術・技能の拡大、外部情報の収集・分析・提示など多岐にわたる。

　必要なマネジメント力を身につけ、発揮するために、管理者が特に注力すべき事項は次のとおりである。

　① 自職場の従業員に対し、小集団プロセス改善活動の意義・必要性を十分に理解させる。

コミュニケーションのために共有すべき価値観

① お客様第一（マーケットイン）：顧客の中に入って、市場のニーズやウォンツを把握し、これらを満たす製品・サービスを開発・生産し、提供していくことが重要という考え方。提供側の技術や都合を第一に考えるのでなく、顧客第一で活動を進めていく考え方。

② プロセス重視：良い「プロセス」が形成されていないと、良い結果を継続的に得るのは難しい。結果のみを追うのではなく、結果を生み出すプロセス（仕事の仕組み・やり方）に着目し、これを管理し、向上させる考え方。

③ PDCAサイクル：望ましい結果が得られるプロセスを確立するためには、まず計画を立て、それに従って実施し、その結果を確認し、必要に応じてプロセスを修正する処置をとることが重要となる。計画、実施、チェック、処置という4つのステップを確実かつ継続的に回すことによって、プロセスのレベルアップを図る考え方。PDCAサイクルでは、チェックを行って目標が達成されていないことがわかった場合、定められた業務のやり方（＝標準（Standard））に立ち戻って原因や対策を考えることが大切である。このことを強調するために、SDCAサイクルという表現を用いる場合もある。

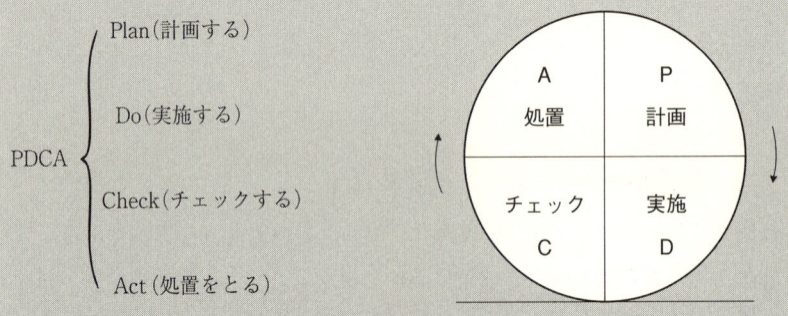

```
        ┌ Plan（計画する）
        │
        │ Do（実施する）
PDCA  ┤
        │ Check（チェックする）
        │
        └ Act（処置をとる）
```

A 処置	P 計画
チェック C	実施 D

図3.2.5　PDCAサイクル

④ 潜在トラブル・潜在ロスの顕在化：品質クレーム、品質不良などのデータが取られていても、それは氷山の一角にすぎないことが多い。また、売り損ないや時間・コストのムダは、当たり前のものと見なされ、放置されやすい。まず手がけるべきことは、報告されていない、表面化していないクレーム・不良、売り損ない、時間・コストのムダの顕在化であるという考え方。

⑤ 目的指向：どのようなプロセスがよいかはそれだけを取り上げて議論して

も判断できない。プロセスの目的(Q、C、Dなど)に着目し、それにもとづいてプロセスを議論することが重要であるという考え方。
⑥ 重点志向：職場には、たくさんの問題があり、仕事の結果をばらつかせている原因は無数にある。しかし、限られた費用、期間、人員の下で、すべての問題を取り上げ、すべての原因に対策をとることは経済的でない。結果に大きな影響を与えているものをつかまえて取り組むことが必要である。効果の大きい重点問題に着目する考え方。
⑦ ファクトコントロール：経験や勘にのみよるのでなく、データや事実にもとづいて管理するという考え方。事実を正しくつかみ、正しく判断するためには、三現主義やQC手法は欠くことのできないものである。
⑧ 全員参加：組織はさまざまな能力をもった人が、各々の役割を果たすことで仕事が成り立っている。組織全体として顧客のニーズを満たす製品・サービスを効率的に提供できるようにするためには、特定の人だけが頑張るのでなく、組織全体のねらいを達成するために、各人がその役割・能力を密接に連携させ、一人ひとりがその役割・能力を十分果たすことができるようにすることが重要である。トップから部長、課長、係長、主任、組長、班長、社員までの各階層が、企画部、設計部、技術部、製造部、購買部、営業部から総務部までの全部門が、全員参加でTQMを行うことが必要であるという考え方。
⑨ 人間性尊重：人間らしさを尊び、重んじ、一人ひとりが人間として特性(英知、創造力、企画力、判断力、行動力、指導力など)を十分に発揮できるようにするという考え方。
⑩ 教育訓練の重視：組織の発展を支えるためには、一人ひとりの能力や資質を把握し、長期的な視野に立って人材の開発・育成を図ることが重要であるという考え方。

② 従業員に小集団プロセス改善活動を実践しようという想いや意識があってもそのための具体的な"場"が与えられなければ活躍できない。活動、教育、研修、発表などの「場」づくりを行う。
③ 活動をスタートした時点では、管理者自らリーダーあるいはメンバーとして参画して範を示す。自ら小集団プロセス改善活動に参画することで、自らのマネジメント力の向上に役立つことを認識する。
④ 小集団プロセス改善活動に対して常に関心をもち、適切なタイミングで指導・支援を行う。アドバイスにより、改善の成果が最大になるように指導する。
⑤ 小集団プロセス改善活動をとおして得られた成果やノウハウを共有する仕組み、例えば、組織の目標と各小集団プロセス改善活動のつながり、各活動の状況を全員が共有できる活動板などをつくる。
⑥ 管理者のマネジメント力には、部下の指導力だけでなく、横組織（関連部門）と連携する力、自分の上司を動かす力も含まれる。これらの力を発揮する。

3.2.6 推進組織について考える

コミュニケーションの基盤が構築できていない場合が多い管理間接職場において、小集団プロセス改善活動を推進するのは容易ではない。継続的に推進を行わないとすぐに活動が停滞してしまう。活動状況を常にフォローしながら必要な処置を適切なタイミングでとっていくことが大切である。このためには、小集団プロセス改善活動の推進組織を明確にしておくことが必要である。

推進組織の形態は、企業・組織にふさわしいものを考える必要がある。一般的な推進組織の例を図3.2.6および表3.2.1に示す。今日の変化の激しい企業環境においては、複数の種類の小集団プロセス改善活動を上手く組み合わせながら、同時に推進する必要がある。代表的な小集団プロセス改善活動には、

① CFT（部門横断チーム）による改革
② 部課長・スタッフによる部門重点課題への取組み

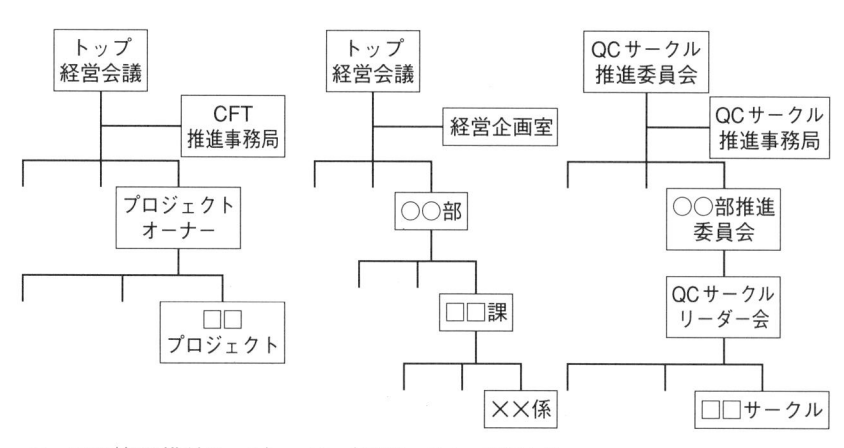

● 3.2 コミュニケーションの基盤をつくる ●

① CFT（部門横断チーム）による改革
② 部課長・スタッフによる部門重点課題への取組み
③ QCサークル活動

図 3.2.6　小集団プロセス改善活動の推進組織の例

表 3.2.1　小集団プロセス改善活動の推進組織の例

役割	CFT（部門横断チーム）による改革	部課長・スタッフによる部門重点課題への取組み	QCサークル活動
決定または支援	社長・事業部長などの組織のトップが主催する委員会。CFTの設置などの必要な決定を行う。**（経営会議）**	部・課・係などの業務遂行組織。方針を策定・展開するとともに、その実施状況を把握し、必要な処置をとる。**（経営会議＋部・課・係）**	経営者・管理者がQCサークル活動を支援していくための委員会。**（QCサークル推進委員会＋各部QCサークル推進委員会）**
推進	CFT活動を推進し、必要な教育・支援を提供するための事務局。**（CFT推進事務局）**	方針管理を推進し、必要な教育・支援を提供するための事務局。**（経営企画室）**	QCサークル活動を推進し、必要な教育・支援を提供するための事務局。**（QCサークル推進事務局）**
共有	CFTのリーダーによる、活動経験をお互いに共有し、学び合うための場。**（CFTフォーラム）**	部・課・係などの業務遂行組織。**（部・課・係）**	リーダーがお互いに学び合い、良いところを吸収し合う、相互啓発するための組織。自主的に運営される場合が多い。**（QCサークルリーダー会）**

③　QCサークル活動

などが含まれる。これらの改善活動が相互に良い影響を及ぼし合いながら成果を上げるためには、活動が連携して行えるよう、同一の推進組織が主管するか、相互に密接に連絡・調整をとれる体制をつくることが望ましい。

3.3　プロセスを意識し、ノウハウの共有と一体になった活動を進める

　TQMの基本となる考え方の一つに「プロセス重視」がある。これは、「結果のみを追うのでなく、結果を生み出すプロセス(仕事の仕組み・やり方)に着目し、これを管理し、向上させる」という考え方である。この考え方は管理間接職場においても重要である。一人でできることには限界がある。この制約を超えるには、「ノウハウ＝プロセスに関する知識・技能」を共有し、皆ができる仕事にすることが必要である。これによって、さらにレベルの高い仕事へチャレンジする余裕が生まれる。また、ノウハウを共有し、仕事のやり方を標準化することで、問題の発見が容易になり、改善が生まれる。本節では、管理間接職場における小集団プロセス改善活動において、いかにプロセスを意識した、ノウハウの共有と一体になった活動を進めるかについて、次の4項目に分けて述べる。

　①　ノウハウの共有とは
　②　ノウハウの共有を進める場合の基本を理解する。
　③　プロセスを意識した活動を行う。
　④　ノウハウの共有と一体となった活動を行う。

　なお、プロセスの質や進捗をどのように見える化するか、その悪さ加減をいかに数値として表現するかについては次の3.4節で詳しく述べる。

3.3.1　ノウハウの共有とは

　ノウハウの共有とは、個人が経験としてもっているプロセスに関する知識・技能を他の人が理解・修得できる形に整理し、複数の人がこれを有効に活用す

ることで、組織全体を効果的・効率的に運営しようという考え方である。ノウハウの共有と関係の深い用語に「標準化」と「水平展開(横展開)」がある。

> ■標準化
> 標準(関係する人々の間で利益又は利便が公正に得られるように統一・単純化を図る目的で、物体・性能・能力・配置・状態・動作・手順・方法・手続・責任・義務・権限・考え方・概念などについて定めた取り決め)を設定し、これを活用する組織的活動。

> ■水平展開(横展開)
> 様々な失敗を横断的にみると、同じ失敗を別の人が別の場所で繰り返し起こしていることがわかる。また、これらに対して行われているさまざまな対策を横断的にみると、同じ考え方に基づく、同じ方法が繰り返し使われていることがわかる。水平展開とはこのような認識に基づいて、過去に経験した失敗、過去に行った対策を組織のノウハウとして整理し、他の職場、他の製品・サービス、他の業務で積極的に活用していく活動である。

ノウハウの共有のねらいは、次の点にある。
① 個人のもつ固有技術を、組織の技術として蓄積できる。
② 一つの失敗を組織全体が認識し、再発を広く防止する。
③ 共有言語化によりコミュニケーションが効率的になる。
④ 「良し・悪し」を判断する基準となる。
⑤ 安全性・信頼性に富む製品・サービスを社会に共有し、消費者や社会の利益に還元できる。

ノウハウの共有は、他の活動に比べてその優先度が高い。その理由は次のとおりである。
① 組織で働く人の数が増えるにつれて、考え方の異なった人が増え、情

報交換が難しくなる。このため、ノウハウの効率的な伝達が成功の鍵となる。

② 増加する業務量に対応して、よりいっそうの業務の効率化が求められる。このためにはプロセスに関するノウハウをうまく活用することが重要となる。

ノウハウの共有が求められる場面は多いが、特に次のようなときに必要となる。

① 他の人に自分の仕事をやってもらう必要があるとき
② 自分の知識・スキル・ノウハウを組織に活かすことが有意義だと考えるとき

3.3.2 ノウハウの共有を進める場合の基本を理解する

標準化・水平展開は難しい。これはどうしてであろうか。標準化・水平展開を進めるうえで最も大きな障害は、「自分と相手は違う」ことである。一人ひとりは、知識・経験、能力、注意力、興味などが異なる。こうした違いを意識した上でノウハウの共有を進める必要がある。

表3.3.1は、知識・経験、能力、注意力、興味などが異なる人に、自分の仕事を確実に引き継ぐためには、何をどのように伝えるべきかをまとめたものである。

第一の「知識・経験の違い」に対しては、わかりやすさにこだわって、伝え方を工夫することが大切である。具体的には、以下のようなものが考えられる。

① 仕事の目的と成果物イメージを具体的に伝える。
② まず全体の流れを理解させ、それから個別・詳細を伝える、議論する。
③ 相手がどこまで知っているかに注意しながら伝える。相手によっては、教えようとするものが、そもそもどのようなものかということから伝える必要がある。
④ 現地現物で見せる・体感させる。

第二の「能力の違い」に対しては、より深く、自分のものとして理解させる

3.3 プロセスを意識し、ノウハウの共有と一体になった活動を進める

表3.3.1　ノウハウの共有において生じる問題とその対応策

違い	起こりがちな問題	対　応
知識・経験	仕事がなかなか理解できない。	わかりやすさにこだわって、伝え方を工夫する。
能　力	決められたことはできるが、応用がきかない。	より深く、自分のものとして理解させる。
注意力	理解はしているが意図しないエラーが多い。	意図しないエラーを予防する仕組みを作り込む。
興　味	その仕事に対して、自分ほど意欲をもって取り組まない。	やる気・興味を喚起する。
結果として	伝えるのに大きな手間と時間がかかる。	伝達・学習の効率を上げる仕組みをつくる。

ことが大切である。具体的には、以下のような方法が有効である。

① 手順だけでなく前提条件や背景を伝える。
② なぜ？　どうしたら？　を考える機会を提供する。
③ すべてを説明せず、実際に体験する機会を提供する。

　第三の「注意力の違い」に対しては、意図しないエラー（うっかりミス）を予防する仕組みを業務に組み込むことが大切である。このためには、次のようなことを行う必要がある。

① 初心者が間違う・見落とす部分は、どこかを想像する。
② 間違い・見落としやすい部分は、具体的なチェックリストを用意する。

　第四の「興味の違い」に対しては、やる気・興味を喚起することが大切となる。このためには、次のようなことを行う必要がある。

① その仕事がいかに重要なのか、その意義を伝える。
② その仕事をすることの喜びや面白さなど、興味をもたせる要素も併せて伝える。

　以上の結果として、ノウハウを伝えるのに大きな手間と時間がかかる場合が多く、伝達・学習の効率を上げる仕組みをつくることが大切となる。例えば、

「仕事を伝える際の基本的な項目」を標準化し、一覧できる形にして共有しておくなどである。

　技術・技能の伝承が問題となっているが、管理間接職場の業務に関するノウハウのなかには、なかなか文章に表現できないものも多い。このような場合には、無理に文書にすることを考えるよりも、教育・訓練を考えるべきである。車の運転ができない人に対して詳しく説明したマニュアルを読ませても運転ができるようにはならないからである。文書化は「役に立つものを必要な範囲で作成する」のを原則とするのがよい。そのうえで、教育・訓練や動機づけ、意図しないエラーに対する対策など、すべてを含めた全体を「標準化・水平展開」と総合的にとらえるのがよい。

3.3.3　プロセスを意識した活動を行う

　「ノウハウ」の視点から考えれば、プロセスはノウハウを蓄積・活用するためのベースである。管理間接職場においては「プロセス」という考え方が弱く、このことがノウハウの共有を困難にしている。このため、小集団プロセス改善活動を進めるにあたっては「業務フロー」を考え、これを中心に据えて活動を進めるのがよい。管理間接職場における改善のステップについては**3.7節**で詳しく説明するが、ここでは、ノウハウの共有の観点から改善活動における業務フローの役割についてその概要を示す。

（1）　プロセスを業務フロー図に書き出す

　管理間接職場の場合、製造と異なり、物が流れているわけではないため、プロセスを見える化することが必ずしも容易でない。見える化する一つの方法は業務フロー図を作成することである。業務フロー図とは、①組織・担当者と②その間の情報の流れに着目することで、プロセスを描き表したものである（**図3.3.1**）。

　なお、プロセスを描き出すときに、最初から細かいところにこだわると全体が見えなくなる。初めに全体を大まかにいくつかのプロセスに区分けした図を

● 3.3 プロセスを意識し、ノウハウの共有と一体になった活動を進める

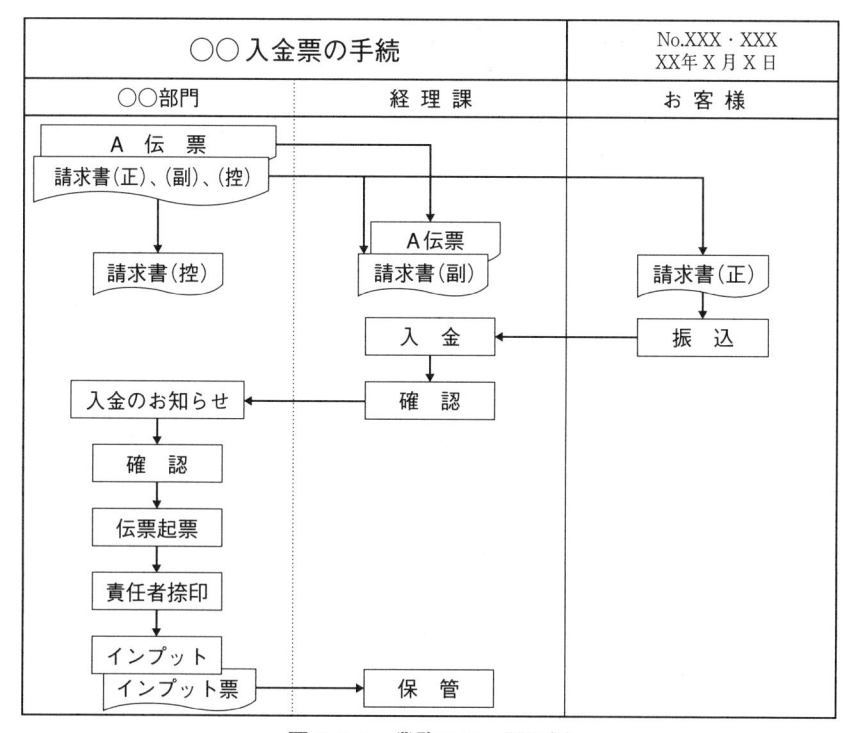

```
┌─────────────────────────────────────────┬──────────────────┐
│      ○○入金票の手続                    │ No.XXX・XXX      │
│                                         │ XX年 X 月 X 日   │
├──────────┬──────────┬──────────────────┼──────────────────┤
│  ○○部門  │  経理課  │                                    お客様          │
└──────────┴──────────┴─────────────────────────────────────┘
```

図 3.3.1　業務フロー図の例

描いた後、それぞれのプロセスの詳細を描き出すとよい。

　図面、文書、情報などのアウトプットは、複数のプロセスを経て生み出されるのが普通であり、一つのプロセスのアウトプットが次のプロセスのインプットとなっている場合が多い。また、一つのプロセスが２つ以上の役割・機能を同時に果たしている場合も多い。このため、一つのプロセスはより細かい複数のプロセスに分割することができる。分割の方向としては、①プロセスの流れに沿った分割と、②役割・機能の違いによる分割の２つがある。例えば、システム製品の設計プロセスは、基本設計と詳細設計に分けることも、ソフトウェア設計とハードウェア設計に分けることもできる。プロセスを見える化する場合には、このことを頭において、全体から詳細へと進むのがよい。

（2） 業務フロー図を用いて改善の機会を見つける

業務フロー図を作成したら、これをもとに改善すべき点を明確にする。

問題（目標≠現状・予測）が明確な場合には、これに焦点を当てて、問題と業務フローの各ステップの関係を検討していくことができる。例えば、**図 3.3.1** の場合、「入金処理に時間がかかる」「入金に間違いが多い」などの問題に焦点を絞り、業務フロー図の各ステップとの関係を検討していく。「入金処理に時間がかかる」の場合には、各ステップに要する時間、各ステップでのやり直しなどが入金処理の時間に与える影響を調べ、改善すべきプロセスを明らかにする。また、「入金に間違いが多い」の場合には、FMEA などの手法を活用し、各ステップで起こり得るミスを洗い出し、対策をとるべきプロセスやミスを明らかにする。

他方、問題が明確になってない場合もある。このような場合には、高次のミッション・目的を明確にしたうえで、典型的な改善すべき事象の一覧、例えば、

① 前工程のアウトプットと後工程のインプットの不整合（顧客がいないなど）

② 作業の重複

③ 人手に頼った入力作業（ミスが多い、時間がかかるなど）

などをもとに、業務フロー図の一つひとつのステップについて改善すべき点があるかどうかを確認する。このことによって潜在している問題を掘り起こし、改善すべきところを明確にすることができる（**図 3.3.2**）。典型的な改善すべき事象の一覧は、過去に経験した問題を整理することによって得ることができる。

（3） 業務フロー図をもとに対策を作成・実施する

見つかった改善の機会に対しては、一つひとつ対策案を考えることになる。ただし、管理間接の業務は、要素レベルで見ると、情報の収集、案の作成、レビュー、部門間の連絡・調整など、共通するものが多く、そこで用いられている対策はいくつかの典型的なものが繰り返し使われていることに気づく。

● 3.3 プロセスを意識し、ノウハウの共有と一体になった活動を進める ●

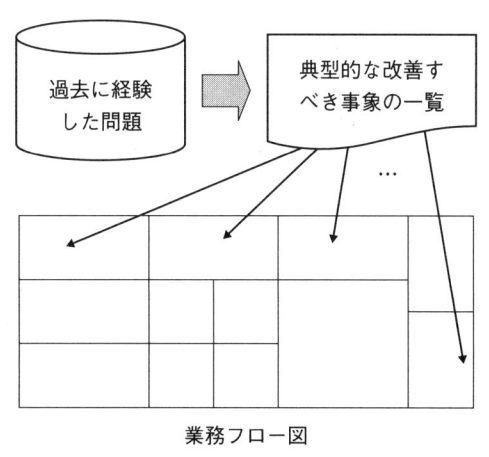

業務フロー図
図 3.3.2　改善の機会を見つける

したがって、対策案を考える場合には、
① 成果があった既存の対策案を収集し、事例集・データベースをつくる
② 事例集・データベースを分析し、対策案を発想するためのチェックリストにまとめる

などを行い、これらの事例集や発想チェックリストを上手く活用する。これにより、短時間で数多くの案を効果的・効率的に考え出すことができる。また、業務フロー図を見ながら検討することで、対策の対象となるものがイメージしやすくなり、議論が活発になる。「数多くの案を作成できること＝良い案が見つかること」ではないが、10件の案の中から1つの対策を選ぶのと、1件の案の中から1つの対策を選ぶのでは、自ずと質が違ってくる(**図3.3.3**)。

得られた対策案については、対策選定マトリックス(縦方向に対策案を、横方向に評価項目をとって各欄に該当する点数を記入し、総合点を求めたもの)などを活用し、それぞれの対策案の効果、費用、副作用などを評価し、最終的に実施する対策を選ぶ。

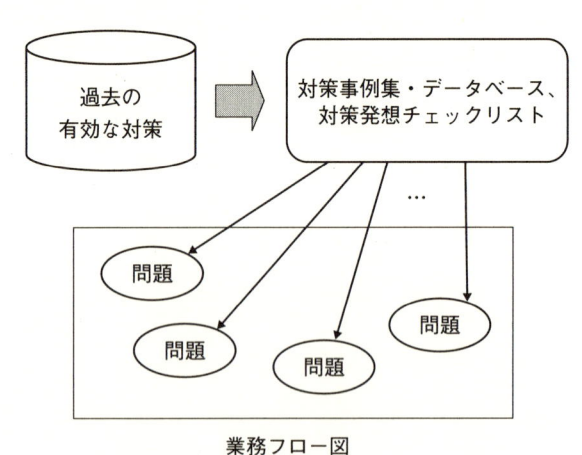

● 第3章　管理間接職場における小集団プロセス改善活動の進め方　●

図3.3.3　対策案を作成する

（4）　業務フロー図を中心に標準化を行う

　行った対策については、その効果をデータで検証し、効果が確認できたものについては標準化を行う。ここでも業務フロー図が役立つ。業務フロー図を描き直したり、業務フロー図におけるインプット・アウトプットの様式を決めたり、各ステップの実施手順を別途要領書にまとめることにより、改善をとおして得られたノウハウを共有し、組織の中に定着させるうえで役に立つ。また、有効な対策については、将来の改善活動において再利用できるように事例集・データベースに登録する。

　以上のように、業務フロー図を中心に改善活動を進めることで、プロセスに関するメンバーの間のコミュニケーションが促進され、ノウハウの蓄積・活用が進む。PDCAサイクルが着実に回り、良い結果を得ることができるようになり、成果を実感できる。

3.3.4　ノウハウの共有と一体となった活動を行う

　改善活動の結果として得られたノウハウについては、確実に共有されるようにする必要がある。以下では、ノウハウの共有を促進するためのいくつかの推

● 3.3 プロセスを意識し、ノウハウの共有と一体になった活動を進める ●

進上の工夫について示す。

(1) 組織の標準化に責任をもつ標準化委員会を設置する

　管理間接職場では、複数の人の協力で業務の質が決まる場合が多い。このため改善活動の結果として得られたノウハウを徹底するためには、各部門の責任者で構成される決定権を有した「標準化委員会」を組織し、実施の決定と水平展開の徹底を行うことが有効である。標準化委員会の委員長は、社長・事業部長などその組織の長が務めるのがよい。こうすることで、大きな投資をともなうような改善についても速やかな決定が可能となる。また、全社管理規程や技術標準などへの落とし込みも確実に行える。これによって個人のノウハウが明文化され、共有や伝承が容易となる（図3.3.4）。

(2) ノウハウを上流標準へ着実に反映する

　活動の成果を相互に発表し、お互い学び合うことは相互啓発として重要である。ところがややもすると、管理規程や技術標準などへ反映しなければならないにもかかわらず、そのまま放置されることが少なくない。最近のように、新

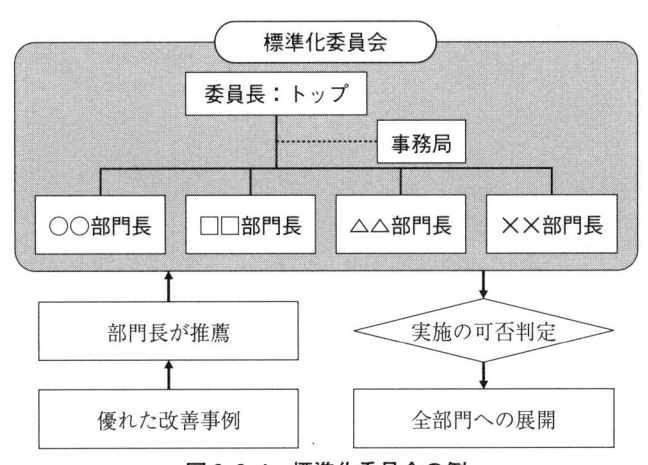

図 3.3.4　標準化委員会の例

図 3.3.5　上流標準への反映

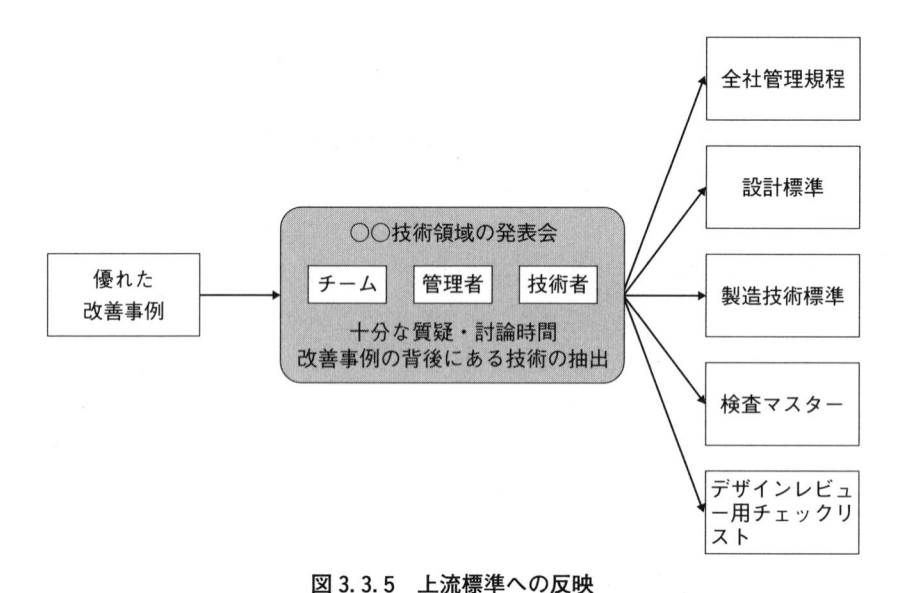

製品・新業務の立上げが頻繁に行われるような状況においては、このことは致命症となりかねない。対策としてはいろいろな方法が考えられるが、一つの有効な方法は、水平展開することを目的にした発表会を行うことである。領域別の発表会を開催し、当該領域の専門家が参画し、発表より得られたノウハウに関する質問や討議を集中的に行い、全社管理規程や技術標準へ反映することで着実な水平展開が可能となる（**図 3.3.5**）。

（3）　水平展開と応用展開を区別する

改善の結果得られるノウハウには、そのまま広く多くの職場で活用できる汎用的なものもあれば、それぞれの職場の状況に大きく依存し、各々の状況を考慮しながら取捨選択して適用するほうが良いものもある。一律に一つのやり方を押し付けるのでなく、

① 汎用的なもの
② 職場の状況に依存するもの

3.3 プロセスを意識し、ノウハウの共有と一体になった活動を進める

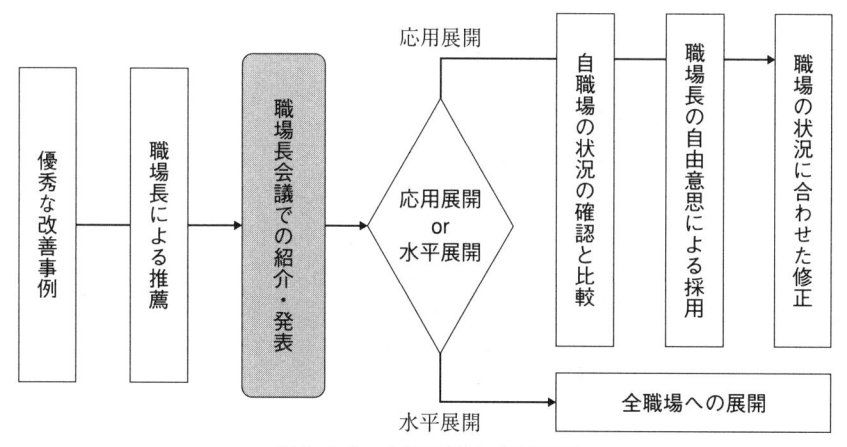

図 3.3.6 水平展開と応用展開

を分け、②についてはそれぞれの職場が必要に応じて応用・変形して活用できるような仕組みを考えるのがよい。対策を1件1枚のフォーム(対策すべき問題の説明、対策の着眼点、対策の説明、費用、効果など)にまとめ、データベース化する。他の職場の人がこのデータベースを容易に参照・活用できるようにしておく。そして、これらについては、そのとおりやるのではなく、使うか使わないか、そのまま使うか修正して使うかをそれぞれの職場がその状況に応じて取捨選択できるようにする(**図3.3.6**)。

(4) まねることを奨励・促進する

　管理間接職場では個人の独自性、特色を重視し、「まねる」ということを軽視する風潮がある。「まねる」ことを促進するためには、改善の成果を相互に学べる場を設けるとともに、誰でも必要なときに容易に見られるようにしておく((3)項を参照)。そのうえで、水平展開を奨励するために、水平展開の件数に対する目標を決めたり、多く水平展開を行っている職場を表彰する仕組みを設けたりするのがよい。例えば、まねた人とまねられた人にポイントを与え、その合計点によって表彰を行うなどである(**図3.3.7**)。

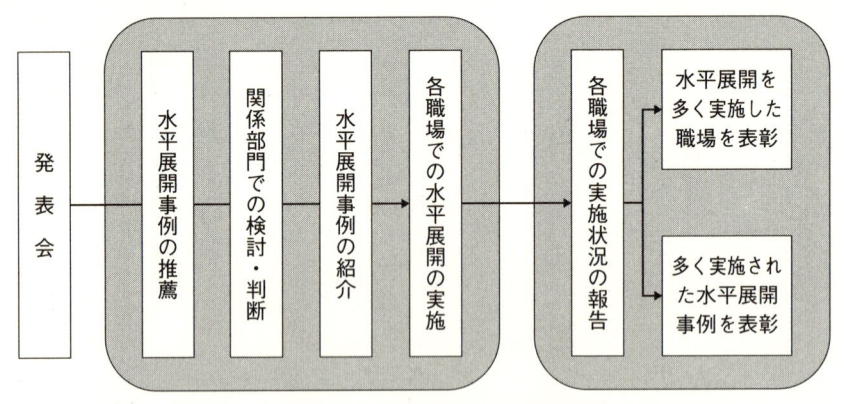

図3.3.7 まねることの奨励

3.4 業務プロセスおよびその進捗・質を見える化・数値化する

　管理間接職場においては、改善の対象となる業務のプロセス、質が明確になっていない場合が多い。したがって、まず、これらについて明確にする必要がある。本節では、業務の進捗・質の見える化・数値化について次の10項目について述べる。

① 見える化・数値化の必要性
② 見える化・数値化の基本的構成要素
③ 業務の進捗・質の見える化・数値化の相互関係
④ 業務の質の見える化の手順
⑤ 非定常業務の場合の質の見える化
⑥ 業務の質の数値化の手順
⑦ 非定常業務の場合の質の数値化
⑧ 業務の進捗の見える化の手順
⑨ 業務の進捗の数値化の手順
⑩ 業務の進捗・質の見える化・数値化の手順のまとめ

3.4.1 見える化・数値化の必要性

「見える化」とは、対象となる事象について誰もが、目で見て同じ認識がもてる状態であることである。また、「数値化」とは、「見える化」の一つの要素と考えられるものであるが対象となる事象の特性を何らかの代用特性的な数値で表現することをいう。

管理間接職場では、業務が人についている場合が多く非常に見えにくくなっている。また「見える」「見る」ということは人がやることで、「見えない」「見せたくない」という心理的な抵抗感も強く、そう簡単なことではない。しかし、TQM活動において「顕在化」という言葉で表現されているように、「見えること」「見ること」は問題解決や効率化の第一歩である。また、「見える化」が、経営の思想と結びつくことでより大きな効果をもたらす。「見える化」の効果のいくつかを表3.4.1に示す。

管理間接職場の仕事は、経験則をともなったカン・コツ・ノウハウの作業が多くを占めるが、すべての業務がそうであるわけではない。業務の発生する頻度の多少はあっても定常業務の場合は標準化された手順で実行でき、その業務フローは単位作業である標準化されたプロセスの連鎖で構成されている。しかし、突発的な問題解決などのような先の見えない不確実性の高い業務については、経験則をともなったカン・コツ・ノウハウによる「判断」が必要なプロセス(以降「判断プロセス」という)が存在し、業務フローが複雑に絡み合っている。ただし、このような場合の「判断プロセス」は業務フロー全体のなかでは

表3.4.1 「見える化」の主要効果

①	ビジョンや目標値が明確になりモチベーションが向上
②	問題意識の共有化
③	業務フローが明確になることによるスピードアップとコンカレント化
④	顧客情報のタイムリーな把握
⑤	一人ひとりの経営参加
⑥	一人ひとりの業務の公平な評価
⑦	多機能人材の育成
⑧	ムリ・ムダ・ムラの排除

一部分であり、残りの部分は標準化されたプロセスの組合せであることが多い。いくつかの「判断プロセス」があるためにすべての業務フローが経験則をともなったカン・コツ・ノウハウの作業であるかのような取り上げ方をしないことが肝要である。また、熟練者の育成という観点からもやみくもに「判断プロセス」を「見える化」する必要はないと考える。ただし、少なくともどのような情報をもとに何を判断するのかということは明確にしておく必要がある。

「見える化」の一つの要素である「数値化」は、組織活動における判断基準を明確にするという意味から重要である。「数値化」は活動の方向と到達点を示し、管理者による判断を容易にする。また、経営資源の再配分や機会損失の防止などに対する判断基準ともなり得る。

さらに、もう一つ忘れてはいけない数値化がある。それは人の自主性と創造性を活性化するための目標としての数値化である。前述の判断基準としての数値化に勝るとも劣らない大きな意味をもっており、適切な運用が必要である。ここでは、判断基準の数値化に焦点を絞って説明する。

3.4.2　見える化・数値化の基本的構成要素

「業務」とは、職務分掌に定められている活動、または組織の責任者によって指示された活動である。

また、「プロセス」とは、業務を行ううえで基本単位となるものであり、経営資源(人、もの、資金、時間、情報など)を使ってインプットをアウトプットに変換する活動をいう(**図 3.4.1**)。プロセスにおいて、担当者は、顧客(後工

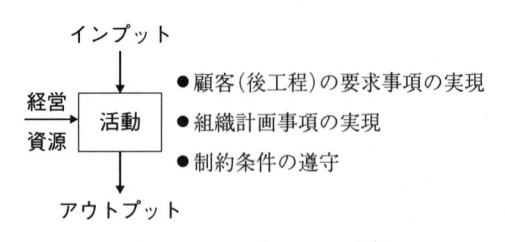

図 3.4.1　プロセスの概念

● 3.4 業務プロセスおよびその進捗・質を見える化・数値化する ●

程)の要求事項および組織の計画事項を考慮し、時間や安全などに関する制約条件を守ったうえでこれらを効果的・効率的に満たすように活動する。

「業務フロー」とは、プロセスの連鎖によって表現される仕事の流れ・つながりをいう。製造部門で用いられている「QC工程表」、医療分野で用いられている「クリニカルパス」などもその一例といえる。構成品生産計画を作成する業務フローの例を図3.4.2に示す。

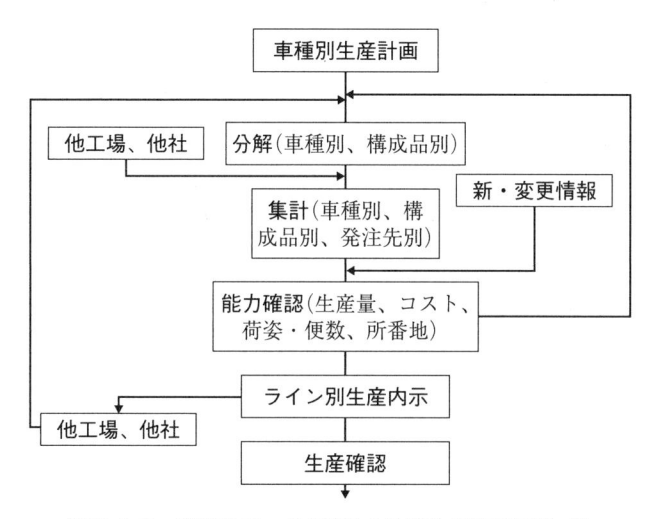

図3.4.2 業務フローの例(構成品別生産計画の作成)

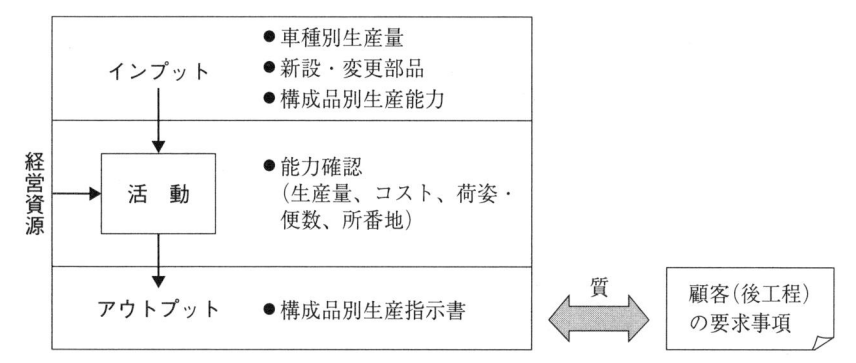

図3.4.3 業務の質とは(構成品別生産計画作成の例)

69

「業務の質」とは、業務フローの担当範囲のアウトプットの「出来映え」をいう。ここで、一つのプロセスのアウトプットは次のプロセスのインプットになるので、顧客(後工程)の要求事項に対する満足度が業務の質となる。図3.4.3は、図3.4.2の構成品別生産計画作成の業務フロー全体を一つのプロセスとしてとらえ、業務の質を模式図として示したものである。

3.4.3 業務の進捗・質の見える化・数値化の相互関係

業務の質の見える化・数値化を進める場合の手順を図3.4.4に示す。この一連の手順の基本となるのは、業務フローに含まれる個々のプロセスの見える化である。個々のプロセスは図3.4.1に示されているように、いくつかの要素によって構成されている。見える化のためには、次に、これらの構成要素を明確にすることが必要である。しかし、構成要素を明確にできたからといって見える化できたとはいえない。「質」ということを考えると、アウトプットの出来映えを図るための尺度(管理項目)と要求されるレベル(管理水準)を明確にする必要がある。すなわち、管理項目と管理水準が明確にされて初めてプロセスが見える化できたと判断できる。ここでは、図3.4.4に示すように、上記の3つ

```
┌─────────────────────────────┐
│  業務フローを明確にする         │
└─────────────┬───────────────┘
              ↓
┌─────────────────────────────┐      ┐
│ 業務フローの各プロセスの構成要素を明確にする │      │ 業務の質の見える化
└─────────────┬───────────────┘      │
              ↓                       │
┌─────────────────────────────┐      │
│ 各プロセスの管理項目・管理水準を明確にする  │      ┘
└─────────────┬───────────────┘
              ↓
┌─────────────────────────────┐      ┐
│ 各管理項目・管理水準の達成度を明確にする   │      │
└─────────────┬───────────────┘      │
              ↓                       │ 業務の質の数値化
┌─────────────────────────────┐      │
│  各プロセスの達成度を明確にする        │      │
└─────────────┬───────────────┘      │
              ↓                       │
┌─────────────────────────────┐      │
│ 業務フローの達成度を明確にする         │      ┘
└─────────────────────────────┘
```

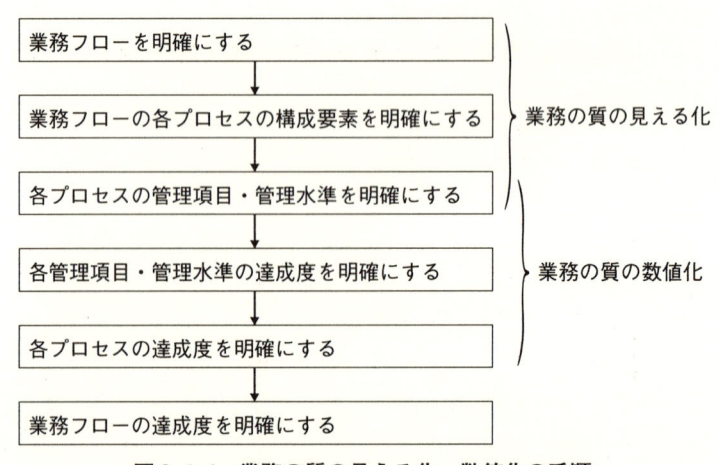

図3.4.4　業務の質の見える化・数値化の手順

● 3.4 業務プロセスおよびその進捗・質を見える化・数値化する ●

を合わせたものを「業務の質の見える化」として考える。

　個々のプロセスの管理項目・管理水準が明確になると、その達成度を考えることで業務の質を数値化できる。複数のアウトプットや管理項目があるとすると、その各々の達成度にもとづいてプロセスの達成度を考えることができる。また、プロセスの達成度が明確になれば、これにもとづいてプロセスの連鎖からなる業務フローの達成度を考えることができる。ここでは、管理項目・管理水準の明確化とこれらにもとづく達成度の導出を「業務の質の数値化」として考える。

　業務の質の見える化・数値化ができると、これにもとづいて、業務の進捗を見える化したり、数値化したりできる。以下では、これらをそれぞれ「業務の進捗の見える化」「業務の進捗の数値化」と呼ぶ。

　基本となる業務の質の見える化が実行されていない状態で業務の質の数値化を考えることは適切でない。ましてや業務の進捗については、プロセスの質が明確にされ、その連鎖としての業務フローの質が明確にされて、初めてその数値化に意味があるものとなる。

3.4.4 業務の質の見える化の手順

　管理間接職場においては、改善の対象となる業務のプロセスや質が明確になっていない場合が多い。したがって、まず、これらについての見える化が必要になる。

　業務の質の見える化とは、「活動」とその「出来映え」について誰もが同じ認識がもてるように表現することである。そのためには、業務フローを明確にしたうえで、そこに含まれる各々のプロセスについて**表 3.4.2** に示す構成要素を書き出すことが基本である。そのうえでこれらに対する管理項目・管理水準を明確にし、正しく設定することが必要である。**図 3.4.2** の業務フローに対応する業務の質の見える化の例を**図 3.4.5** に示す。

表3.4.2　プロセスの構成要素

構成要素	具体例
インプット	指示事項、データ、情報、要求事項、製品、帳票、資料
活　動	関連帳票の活用 制約条件の遵守 顧客要求事項の実現 組織計画事項の実現 責任者による承認
アウトプット	製品、資料、帳票、記録、指示書、図面、基準書、報告書

(1) 業務フローを明らかにする

図3.4.2のような業務フローは、業務を行う頻度が高くても、低くてもほとんど関係なく考えることができ、現実に存在している。業務フローを作成するときには、各プロセス間の時間軸は無視し、作業内容(インプット、アウトプットを含む)のみに着眼して考えることが大切である。また、対象の範囲は関係するすべての業務フローが原則となり、他部署、他工場、関係会社(構成品購入先、構成品供給先を含む)を含めることを忘れてはならない。さらに、プロセスの大きさは、基本的には単位作業(情報の入手、集計など、プロセスを考えるうえで基本の単位となる作業のかたまり)とするのがよい。業務フロー上で発生する問題の所在を確認できる、十分に小さなサイズとしなければならない。なお、業務フローの作成手順の詳細は3.7節を、改善活動における業務フローの活用の詳細については3.3節を参照されたい。

(2) 各プロセスのインプットを明らかにする

各プロセスの構成要素を明らかにするには、まず、活動のための「インプット」を明確にすることが重要である。このインプットは、前工程のアウトプットという性格上、そのまま受け入れてしまうことが多い。しかし、このインプットの精度を高めておかないと担当プロセスの質の見える化は困難である。特に不明瞭な言語データをそのまま受け入れると、その言語データを使用して

● 3.4 業務プロセスおよびその進捗・質を見える化・数値化する ●

分類 ＿＿＿＿＿
番号 ＿＿＿＿＿　　構成品別生産計画　　業務フロー表　　　　　　　　　　　　　　　作成 年 月 日
　　　　　　　　　　　　　　　　　　　　　　　　　部署 ＿＿＿＿＿　　　　　　　　氏名 ＿＿＿＿＿
改善指標：　　　　　　　　　　　　評価尺度：

業務フロー(作業内容)	管理項目	インプット・活動・アウトプット					記録	関連文書
		管理水準	チェック項目	頻度・精度	担当者	責任者	関連部署		
インプット 分解	車種別生産計画								
	車型、構成品、仕様	見落とし率 0%	車型数、構成品数 変更構成品数					分解リスト	
アウトプット 集計	構成品別集計リスト								
	車型、構成品、仕様	ミス 0	生産量総和					集計表	
能力確認	車種別・品番別生産計画								
	ライン別能力	乖離 0	生産能力・コスト 人・設備・タクトなど					能力確認表	
生産計画内示	生産計画								
	車型、構成品、仕様	内示漏れ 0	車型別生産計画と の整合					生産内示リスト	
生産確認	生産計画内示リスト								
	生産障害	問題点 0	生産余力 仕入れ先能力確認					生産確認チェックリスト	
	車種別・品番別生産指示書								

図3.4.5 業務の質の見える化の例

行った活動内容が曖昧となる。このような場合、効果的な質の見える化は期待できないばかりか、本来つながっていなければならない各工程間をつなぐべき「質の鎖(Quality Chain)」までも切れてしまう危険性がある。例えば、**図3.4.5**について考えれば、インプットは車種生産計画である。この車種生産計画の前月に対する増減とその内容については「若干の増減にも対応」などと不明瞭な表現ではなく、具体的な数字(±○○％など)で明確にしなければならない。

インプットのうち「指示事項」は業務への思いを含めた上司の指示事項、組織のミッションや意思などを示す会議の決定事項などである。これらは、不明瞭な言語情報となりやすいので、人によって理解した内容が異なることがないように工夫する必要がある。例えば、「他社を凌駕する」「他社に負けない」といった表現は、「○○特性は□□以上」という表現になるまでしっかり話し合っておく必要がある。

また、インプットのうち「要求事項」は、顧客、前後工程、他社、他工程などからの要求事項である。これらの多くも、言語情報が主となるので、その意味を明確にしておくことが必要である。

顧客の要求事項は、抽象的な表現で与えられるものを含め、すべて管理項目・管理水準に置き換えて具体化する。また、明確に示された顧客要求事項以外にも暗黙の期待値が含まれていることに注意する。この暗黙の期待値は関係者間で十分なコミュニケーションをとったうえで組織の計画事項として明確にしなければならない。最後に、これら明確に示された顧客要求事項と組織で定めた計画事項の両方を考慮し、管理項目・管理水準として明確にする。

各プロセスでは顧客の要求事項にもとづいて活動が行われるが、ここで使用される帳票類は過去のノウハウが集積されたものととらえ、それらを活用・充足することが重要である。

(3) 各プロセスのアウトプットを明確にする

アウトプットを明確にするには、後工程が何かをはっきりさせる。例えば、

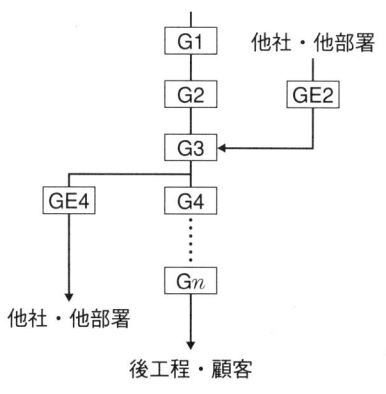

● 3.4 業務プロセスおよびその進捗・質を見える化・数値化する ●

図3.4.6 業務フローの概念図

図3.4.6は図3.4.2のような業務フローを概念的に示したものである。G3の後工程はG4とGE4であるので、G3のアウトプットはそれぞれの定められた顧客要求事項を満たす適切なものでなければならない。重要なことは顧客の期待に応えるための管理項目・管理水準について十分な「見える化」を実施し、適切なタイミングで責任者の承認を得ることである。

各プロセスを構成する要素については比較的見落としが少ない。これに加えて、プロセスをまたいだ特性や業務フロー単位で発生するような特性についても忘れずに見える化することが重要である。例えば、**図3.4.5**で、品番別生産計画内示を発行する場合、本来はその前工程で車種別生産計画が発行されており、品番別生産計画内示は車種別生産計画を保証するものでなくてはいけない。したがって、品番別生産計画内示の段階で車種別生産計画との整合性という管理項目が必要となる。

(4) 業務の質の見える化を進める場合の注意

どのような業務形態にしても業務の質の見える化が、業務の質の確保、効率化に必須である。このとき、「人には見せたくない」「人には知られたくない」「なにをいまさら」などといった感情的な反発を取り除くための仕組みが別途展開されていることが望ましい。

また、業務の効率化を推進するための全社的な仕組みが「見える化」「数値化」とは別に必要である。業務の質の見える化や、後で述べる「数値化」はそのこと自体が目的ではない。見える化や、数値化することによって明確になった成果や問題点に対していかなるアクションをとるか、あるいは、それらを使ってどのように活動を変化させるかが重要であることを忘れてはならない。

3.4.5　非定常業務の場合の質の見える化

　非定常の業務については、3.4.1項で述べたように、状況によって判断し、意思決定することが必要なプロセスが存在する。だからといって、すべての業務フローが不明確なわけではなく、多くのプロセスは定常業務のプロセスの組合せであることが多い。判断が必要なプロセス（判断プロセス）についてもどのような情報で何を判断し、どのような結論を導くのかを明確にしておくことになる。

　不確実性のある活動のなかには、先が読めない（先が見えない）、やってみなければわからない業務もある。このようなケースについては、逐次的にフローを決めていけばよい。例えば、図3.4.6の場合、G1に到達したときにG2やそれ以降のプロセスが予想できない状態であれば上司や関係者とよく話し合ってG2に到達するまでの業務フロー、プロセスを決めればよい。そして、G2に到達した時点でG3以降が確定していないなら、また、よく話し合ってG3を決める、といったように「マイルストーン」を一つずつ置いていけば仕事が終わったときには業務フローが確立されたことになる。その結果、その後に発生する類似業務に対しては、業務の見える化ができるようになる。なお、このときのマイルストーンはできるだけ普遍的な表現にしておくとよい。営業部門や研究開発部門、スタッフ部門などのマイルストーンの例を図3.4.7に示す。

　また、管理間接職場ではG3まで到達した時点で、それから先のプロセスが不確実性を増したなどといったことはよくある。このようなケースではその時点から前述の「マイルストーン方式」を採用すればよいことになる。G4ではなくGE4になるのか、新たなGF4になるのかは十分に話し合って決め、記録

3.4 業務プロセスおよびその進捗・質を見える化・数値化する

スタッフ部門	研究開発部門	営業部門	不確実性のある活動
現状把握	現状調査	現状調査	固有技術的な想い
問題意識共有化	目標の設定	範囲・対象の設定	技術の確認
目標設定	技術技能の明確化	手段の検討	
要因解析	手段・方策の立案	説明会の実施	直近のマイルストーン
対策・試行	試作・実験・調査	試作受注	
効果の把握		試作納入	適切なマイルストーンの設定
標準化と教育訓練	標準化・図面化	試作品評価	
		受注	
		納入	
効果の持続確認	量産化移行	代金回収	ゴールを目指す

※マイルストーン(Milestone):里程標、マイル標石といわれ、仕事や議論の進行を知るための重要な段階を示すものである。設定されるマイルストーンは、テーマによってそれぞれ異なる。マイルストーンは問題が発生したときにどこで問題が発生しているかを知ることができる大きさと範囲が望ましい。

図3.4.7 マイルストーンの例

に残す。

特に、不確実性のあるテーマを進める場合の一般的な業務フローを**表3.4.3**に示す。このフローは、管理間接職場のなかでも業務フローが確定しにくい、研究開発業務やスタッフの特命業務などを推進するために効果的である。プロセスの①～⑧が業務の見える化に必要な業務フローの中心的な流れを示している。このプロセスの重要なところは徹底したコミュニケーションを基軸としている点である。例えば、「②開発テーマ検討会」では、何の目的で、どのような必要性で、どのようなテーマに取り組むのかを話し合い、計画段階でマイルストーンや節目時間などのコミュニケーションのタイミングを決める。このような取組みにより問題意識の共有化と同時に組織と担当者間の納得づくの業務の見える化が実行できる。

表3.4.3 研究開発業務・スタッフ特命業務の一般的な業務フロー

プロセス	主として管理者の役割	関 係 書 類
①市場調査・分析	●情報収集・分析・現状の問題点の明確化	報告書
②開発テーマ検討会	●開発テーマ選定に関する意見交換	コミュニケーションシート
③開発テーマ推進計画書立案	●テーマの承認・登録 ●経営資材・予算処置	開発テーマ登録台帳
④開発テーマ登録	●テーマの承認・登録 ●経営資源・予算処置	開発テーマ登録台帳
⑤実　行	●テーマごとの消費時間の確認 ●テーマごとのマイルストーンの確認	開発テーマ推進計画書 推進テーマ進行表
⑥進捗状況の確認	●マイルストーン・節目時間を基軸として十分な意見交換を実施する(仮説の確認) ●成果、問題点、相談事などを記録に残す ●小集団活動要因の検討…小集団の編成	コミュニケーションシート
⑦報告・成果確認	●成果・手段・仕組み・情報確認	報告書
⑧標準化・定着	●基準資料・標準書の承認・水平展開	関係文書

　組織においては、年初に決めた重要度が年間を通じて維持されるとは限らない。このような場合もコミュニケーションの場で話し合うことで経営資源、時間配分、モラールなどといった点でムダを省き業務の効率化が可能になる。「何をやっているのか」「どこまで進んでいるのか」など、おおよそ見える化とはほど遠い悩みが納得づくで解消できる。また、担当者側でも組織の考え方が理解でき、必要な経営資源の獲得もでき、自主性も維持できるという大きいメリットがある。

3.4.6 業務の質の数値化の手順
(1) 管理項目・管理水準を明確にする

　業務の質を数値化するには、誰もが同じ認識をもてるように、客観的に評価できる管理項目・管理水準を用意する必要がある。

　管理間接職場では管理項目・管理水準の設定が困難であるという話をよく聞く。管理項目を難しく考える必要はなく、自分の仕事がうまく進んでいることを示すにはどのような評価尺度で表現すればよいかを考えればよい。例えば、発注伝票を起票することが仕事であったとすると、この仕事がうまく処理できたか否かは、「受領した依頼をすぐに処理したか」「処理の早さは適切か」「処理内容にミスはないか」などの項目を何らかの尺度で表すことで客観的に評価できるようになる。尺度を厳密に考えると難しいが、どのようなものを使うにしても細部を切り捨てることが必要と割り切ることが大切である。そのうえで、いくつかの候補をあげ、現状で本質を最もよく表し、簡便で関係者の理解を得やすいものを選べばよい。例えば、「受領した依頼をすぐに処理したか」については、受領後一定期間に処理できなかったものの割合を管理項目にすることが考えられる。また、「処理の早さ」については、単位作業時間当たりの処理件数で測ることが考えられる。ミスについては、1件当たりのミスの発生件数をとるのも一つの方法であろう。

　管理水準はこれらの項目について数字で表現できる基準を明確にすることである。例えば、「2日以内に処理すればよい」などとなる。

　研究開発などのように内容が不確実な場合は上司や関係部門とよく話し合ってどのようなことを、何時までに、どのようにしておけばよいのかを納得して決めることが重要である。管理項目・管理水準は、最初から満足のいくものは見つからない。とにかく話し合って決めること、たとえ不十分な管理項目・管理水準でも決めることが重要である。うまくいかなかったらやり直せばよい。企業や組織として将来に向けて効果的で強靱な活動を期待するには見える化のできていないプロセスや業務フローを極力少なくすることこそ重要である。

（2） 達成度を定義する

個々のプロセスについての管理項目・管理水準が明確となったら、管理項目ごとの達成度を定め、それらにもとづいて各プロセスの達成度、業務フローの達成度を定義する必要がある。

一連の業務の質は、各プロセスの管理項目ごとの達成状況を業務フローに従って集積したものであり、たいへん複雑な要素で表現される多面体的な性質をもっている。業務の質の完璧な数値化は困難であるが、プロセスの各要素が標準化され、すべての管理項目が管理水準内に保持されているならば、そのプロセスのアウトプットの質は100％であり、一連の業務フローの質も100％と考えることができる。

業務の進行途中の段階での業務の質の数値化を行う考え方には、次のようなものがある。

① プロセスの各要素の管理水準に対する達成度合いの単純平均値
② 重点志向したプロセスの各要素の管理水準に対する達成度合いの単純平均値
③ その他、組織で取り決めた計算方法

（3） 改善を進める場合の数値化

業務フローに関する改善を進める場合の数値化についていえば、一般的に目的や目標が単純化されており、評価尺度も設定されている場合が多いので、その達成度合いを用いて数値化すればよい。例えば、作業性の効率化の場合は単位時間当たりの作業量などを用いればよい。

他方、表3.4.4に示すような質意識の改善や原価低減を進める場合には注意が必要である。例えば、質意識の向上20％という目標値を設定したとすれば、構成要素のすべてについて20％の目標値を達成するのか、構成要素の20％について100％の目標値を達成するのかを明確にすることが必要である。

原価低減などといった組織の横断機能の改善活動を進める場合の数値化についても、まず構成する要素を明確にし、見える化することが必要である。例え

表3.4.4 横断機能とその構成要素の例

質意識	原価
作業ミス	資材・調度品
後工程苦情	作業時間
顧客クレーム	副資材
問題解決件数	設備・機器
教育受講科目・時間	生産性
自己作業への関心度	運搬、保管

ば、設備・機器についても専用か汎用か、汎用の場合は原価負担比率はいくつかなどといったことである。そのうえで、業務の質として単独の指標で考えるのか、いくつかの構成要素で代表するかを明確にし、必要に応じていくつかの構成要素で評価し、それらの合計なり平均値なりで数値化することが現実的であろう。どのような構成要素で、どのような計算方法にするかは組織が考え判断することである。

(4) 複数のプロセスにまたがって質が完成する場合の数値化

一つのプロセスである特性の質が完成すれば問題はないが、複数のプロセスにまたがって質が完成する場合、特にそれらのプロセスを担当する人が異なる場合には質の保証が難しく、数値化も困難さを増す。このような場合、一つのプロセスのなかで質の確保を可能にするか、一人の担当者の作業範囲のなかで必要とされる特性の質が完了するように手順や業務フローを組む必要がある。すなわち、自工程完結の工程を組むことが必須になる。

例えば、人員採用時に、社内の部署から「理系3名、うちB系2名、C系1名、ただし、C系がだめならB系2名だけでよい」という要望が出され、中間部署が本部へ送った書類から「ただし、C系がだめならB系2名だけでよい」という項目が抜けてしまったとする。結果として理系3名が優先してB系2名X系1名となった。これは、人員採用の要望書について自工程完結になっていなかった結果といえる。最終的な要望内容を申請部署が書くようにするか、申

請部署が書いた申請書を添付するような配慮が必要である。

3.4.7 非定常業務の場合の質の数値化

定常的な業務は、組織の基礎体力という点で重要であり、管理項目・管理水準の維持・改善がそれを支えている。このような定常時な業務に関する質の数値化は、いままでに述べてきた方法で実施できる。

3.4.5項で述べたような非定常の業務の場合、数値化は困難であると思われているが、前述したように、業務フローが不明確であったり、明確にできないと思われたりしているために困難となっている場合が多い。しかし、これらの業務フローをよく見ると、そのほとんどが過去に経験したプロセスの組合せで構成され、ほんの一部分が「判断」を含むいわゆる「判断プロセス」となっていることが多い。したがって、このような場合の業務の質の数値化は、これらの「判断プロセス」を除いたうえで、関係するプロセスの各要素について管理項目・管理水準を設定することでその達成度合いを数値で表すのが良い。残った「判断プロセス」については、関係者全員の主観的な判断で数値化を行うことが有効だと考えられる。

不確実性のある活動の数値化は、表3.4.3に示した一般的な業務フローを参考にしたうえで、徹底したコミュニケーションが必要である。結果として関係者間の意識の共有化による目標の設定、質の数値化が実施され、効率的な組織運営による企業目的の達成が期待できる。この場合、何がどうなったときに質をどのように数値化するかについては、組織の重要性、緊急性などを考慮して決めるべきである。

非定常業務や不確実性のある業務などについては「競争力のある質」として次のような項目についても数値化を考える必要がある。

① 組織の基本理念への貢献度
② 社会への貢献度
　社会的要求事項(例えば、環境)の満足度
③ 顧客要求事項および暗黙の期待値の満足度

● 3.4 業務プロセスおよびその進捗・質を見える化・数値化する ●

必要条件および十分条件、妥当性、タイミングで数値化
④ ブランド力の維持
先進性、独自性、信頼性で数値化

これらの数値化は完璧を期することはまず困難であるので活動のなかでできる範囲で数値化すべきである。これにより数値化できないまでも組織内で十分に議論が尽くされ認識の共有化がなされる。

3.4.8 業務の進捗の見える化の手順

業務フローが明確になっている業務について、その進捗を見える化するには、業務フローを構成する各プロセスのインプット、アウトプットを明らかにしたうえで、それがどこまで完了しているか（インプット、アウトプットが完成しているか）が誰の目にも明らかになるようにしておけばよい。例えば、**図 3.4.6** において、G1～G4 の一連の業務の進捗の見える化を行うには、まず、この業務フローを構成している G1～G4 の各々のプロセスについて、**表 3.4.2** に示す構成要素（インプット、活動、アウトプット）の内容を書き出す必要がある。そのうえで、今行っている作業が G1 なのか、G2 なのか、G3 なのか、どこまで完了しているかを知ることで進捗を把握することができる。

言い換えれば、業務の進捗を見える化するには、業務フローとともに、**表 3.4.2** に示すプロセスの各要素の内容が標準として明確にされていなければならない。ところが、管理間接職場では、これらが不明確であるケースが多い。これは、定常業務について言えば、使用する帳票・基準書などに過去の経験やノウハウが集積され、仕事の手順そのものはさほど複雑ではなく、人から人へ伝えられ、複数回の経験ですぐに記憶できるためと考えられる。また、個人が実行した業務の善し悪しが比較的早いタイミングで表面化しないことも理由の一つである。このような場合、個人によって定められた手順が守られている保証はなく、時間の経過とともに変化していることがしばしば見受けられる。また、非定常業務について言えば、定常業務に比べて、プロセスの組合せや追加、業務フローの変化などがあるのが普通であり、個人の力量によって業務フロー

の構成の仕方が異なる場合が多い。

　業務フローと各プロセスの構成要素を明確にすることが、業務の進捗の見える化には不可欠であるし、（改善をした）変化は標準化され、持続されることが前提条件である。その意味では、業務の進捗の見える化ができるかどうかは単位作業レベルでの標準化とその遵守にかかっているともいえる。

3.4.9　業務の進捗の数値化の手順

　業務の進捗を数値化することによってその確認を容易にすることは、組織活動のなかで経営資源の配分、機会損失の低減、競争力の確保などといった点から経営の判断として重要である。業務の進捗の数値化は業務の進捗の見える化が実施されていることが基本となる。

　管理間接職場における定常業務、あるいはそれに近い業務については、業務フローや各プロセスの構成要素によって、どのプロセスまで完了しているかという意味の進捗を把握することは、比較的容易であるが、それを数値化するとなると必ずしも容易でない。

　業務の進捗の数値化の基本は、先に述べた「業務の質の数値化」がなされていることが前提である。この場合、進捗を数値化する方法として、次の2つを考えることができる。

　① 対象とする業務フローに含まれるプロセスのうち、完了したプロセスの比率
　② 各プロセスのなかの重点として設定した活動のうち、完了したものの比率

　上記のうち、②を考える際には、重点となる活動内容の設定が必要である。例えば、**図3.4.3**でいえば、活動のうちコスト、生産量、荷姿を重点に設定するなどである。これら重点を設定した活動が完了すれば、このプロセスは完了したと考える。①についても、最終的にはプロセス全体として100％完了が必要であるが、現実的にはいくつかの要素に限定して数値化を考えるのが妥当と考えられる。すなわちタイミングが遅れると大きな問題になりそうな活動を重

3.4 業務プロセスおよびその進捗・質を見える化・数値化する

点的に進め、経営的な判断をすることが大切である。進捗の判断は、必要とされる期日に対する判断であるので、その業務(テーマ)の背景によって変化することを考慮しておかなければならない。

業務の進捗の数値化を進める場合に最も重要なことは、上司(組織)と担当者(関係者)が同じ認識にもとづいて双方が納得づくの数値化でなければならない点である。そのためには定められた間隔で充実した双方向のコミュニケーションを行うことが不可欠である。また、すべての業務・テーマについて同程度の進捗確認や数値化の努力を行うのは現実的ではなく、優先順位をつけて活動すべきである。このためには管理者に今まで以上の重点志向能力が必要とされる。

非定常的な業務の進捗は、基本的に図 3.4.7 に示したようなマイルストーンを用いて進捗を知ることができる。進捗を知る一番良い数値化の尺度は時間(進度(％))であると考えることもできるが、「あの業務は十分に時間をかけた」とか、「もう何百時間も費やしている」など、ある業務に何時間を消費したかを知り、それによってのみ業務内容の進捗を管理するのは、効果が少ない。業務の進捗と時間の関係は重要であり、無視するわけにはいかないが、時間は業務の進捗について上司と担当者がコミュニケーションを行うタイミングを知るためのものと考えるべきである。例えば、あるテーマについて、ある業務フローで進められていた場合、どこの時点でコミュニケーションをとるか、あるいは何時間経過したときにコミュニケーションをとるかということをあらかじめ上司と担当者が話し合って決めておくためのもの(節目時間)と考えるのがよい。

業務の進捗の数値化によって、進捗がどの程度か、何％程度か、あとどれくらいで結論が得られそうか、経営資源の再投入、削減の必要性、組織としての優先順位の変更など、その進捗についての双方の共通認識にもとづいた話し合いが可能になってくる。当然のことながら、これから先をどのように進めるかについて意思の疎通が図られることになる。

3.4.10 業務の進捗・質の見える化・数値化の手順のまとめ

最後に、3.4.3～3.4.9項で述べた業務の進捗の見える化、数値化、業務の質の見える化、数値化の手順についてまとめておく。

(1) 業務の質の見える化の手順

① 対象とする業務フローの選定

質的に問題を発生させている、または問題とはなっていないが不明瞭で不安を感じているような点を含む業務フローを選ぶ。範囲は基本的に担当範囲とする。

例：生産量の変化が比較的多回数発生しており、関係先が非常に多く、リードタイムも決して長くない。このため、安定した生産が必要であると考え、**図3.4.4**に示す業務フローを選定した。

② 見える化すべきプロセスの選定

すべてのプロセスについて、今、見える化が必要であるか否かについては判断が必要である。必要と判断されたプロセスについてはそのインプット・活動・アウトプットを具体的に記述する。特にインプットについては精度の高いものが得られるようにする。先の見えない業務やテーマについては**表3.4.3**などを参考にして明確にする。

例：**図3.4.2**に示すプロセスすべてが一連の活動として発生しており、分解から生産計画内示に至るまでのプロセスはすべて見える化する必要がある。そのなかで「能力確認」のプロセスについて**図3.4.3**のように見える化した。

③ 管理項目・管理水準の明確化

対象となるプロセスの構成要素の管理項目・管理水準を明確にする。先の見えない業務やテーマについては**表3.4.2**などを参考にして十分な話し合いで決める。

例：「能力確認」のプロセスのインプットは全社生産会議の情報や設計指示事項であり、具体的な数字として与えられている。顧客要

3.4 業務プロセスおよびその進捗・質を見える化・数値化する

求事項の主たるものは車型別制約条件を加味した生産計画の明確化である。人については人数と出勤率、タクトは上限の設定、残業時間も上限の設定、コストは±0スタートというように管理項目・管理水準を設定した。

④ 評価方法の明確化

対象となるプロセスの管理水準を判定するための評価方法を明確にする。

例：この業務フローの場合は難しい評価方法はなく、車種別生産計画に対して±0ということになる。

⑤ 記録媒体の明確化

関連する記録が何かを明確にし、保持する。

例：**図 3.4.2** において、ライン別生産計画内示を行った後、必要に応じて打合せを行い、議事録として関係双方に記録を残す。

（2）業務の進捗の見える化の手順

① 見える化が必要な業務の選定

すべての業務についていっせいに見える化を進める必要はないので、ⓐ著しい遅れが出たり、ⓑ何らかの問題が発生したり、ⓒ流れが大変複雑であったりする業務やテーマを重要度や緊急度の高いものから順次選定する。

② 業務フローの明確化

選定した業務については、関連した業務フローを含め、対象となる業務フローを中心にできるだけ詳細化する。これはプロセスを明確にするということである。他部署、他工場、他社との関係を忘れないこと。

③ 活動内容の確定

プロセスの内容を漏れなく記載し、その内容のすべてについて標準を見直し、管理項目・管理水準を確定する。

④ 見える化の範囲の設定

営業職場における見える化・数値化

　自動販売機を飲料メーカー・飲料ボトラー・乳業メーカーに訪問営業しているS社は、国内営業部門のセールス生産性を3年間で50%向上させることを目的として、SPM（Sales Power-up Management）と呼ばれる、営業部門の訪問活動への科学的アプローチを1997年より導入した。そのなかで、「顧客の見える化」「営業プロセスの見える化」「顧客キーマンの満足度の見える化」を3営業部および17支社・支店で同時展開した。SPMの基本は営業担当者による「売りながら調べる」「調べながら売る」である。具体的には次の8つのステップで実施した。

ステップ1
　担当するエリアの全得意先の「自販機年間購入実績台数」「自社店内シェア」「購入決定キーマン」を年1回ヒアリングし、「顧客カード」を作成する。

ステップ2
　全顧客を年間購入実績で「Lグループ」「Mグループ」「Sグループ」に三等分する。また、自社店内シェアで「平均より高いグループ」「平均より低いグループ」に二等分する。年間購入実績×店内シェアにより全顧客を六等分し、グループ化する。

ステップ3
　6グループについて、前年実績を考慮しながら、今年の自社の販売の計画、および訪問件数の計画を立案する。

ステップ4
　訪問計画は購入規模と拡販余地の視点から全国統一基準で設定する。
- 規模Lで店内シェア低い：月4回訪問
- 規模Lで店内シェア高い：月2回訪問
- 規模Mで店内シェア低い：月2回訪問
- 規模Mで店内シェア高い：月1回訪問
- 規模Sで店内シェア低い：月1回訪問
- 規模Sで店内シェア高い：2カ月1回訪問

支社長・支店長および本社の担当役員の訪問基準も合わせ、設定する。

ステップ5
　営業担当者の行動基準を以下のように全国統一で設定する。
- 社内滞在日は月3日以内。会議1日＋請求事務1日＋教育訓練1日

3.4 業務プロセスおよびその進捗・質を見える化・数値化する

- 外出日には1日当たり顧客訪問5件。1件当たり顧客面談時間30分
- 月当たり顧客訪問は90件(＝1日5件×18日)。年当たり顧客訪問は1,080件(月90件×12カ月)
- 顧客訪問件数の80％以上をキーマンとのアポイント面談に充てる。
- キーマンとの面談の最後に次回訪問のアポイントと回答事項の確認をとる。

ステップ6
　顧客6グループ別の訪問基準にもとづき、年間訪問計画の立案→月間訪問計画の立案→週間訪問計画の確定→訪問の実施と面談結果の提出を行う。

ステップ7
　毎週月曜日、朝一番で営業課長を交えて顧客情報および同行訪問の必要性を確認する。

ステップ8
　全顧客のキーマンの当社への好意度を担当者レベルから役員レベルまでの5レベルに層別し、担当、営業課長、支社長・支店長判断でランク付けを実施する。会社対会社の関係を重視し、5レベルの役員訪問が自由にできる状況の実現を目指す。

　SPM導入前の営業担当者の訪問活動を分析すると、購入規模Sで店内シェアが高い顧客への訪問件数が一番多く、重点顧客である購入規模Lで店内シェアが低い顧客への訪問が一番少ないことが判明した。この訪問件数のばらつきが営業担当者の生産性の向上を阻害している真因と判断できたので、上記の重点顧客の要求する新製品開発を自販機事業部の最重点課題と位置づけ、早期開発によるセールスサポートとトップマネジメントの重点訪問を継続実施した。
　この結果、事業部と支社・支店の営業担当者の連携プレーができるようになり、新製品による重点顧客の店内シェア・アップとそれによる営業担当者の生産性の継続的向上を達成した。なかでも最大の効果は営業担当者が「訪問は営業担当者の最大の財産であり、意思があれば、常に100％達成できる」と自信をもったことである。3カ月先の受注を目指して今月訪問するという優秀営業担当者の行動パターンが全支社・支店に定着した。

(岩崎　正俊)

活動内容のすべてを見える化するのか、どれかの活動に特化して見える化を実行するのかを決める。どの範囲まで実行するのかはそれを扱う人たちの技術レベルによって決める。

⑤ 標準化、水平・垂直展開

従来の標準に対して追加したり、廃止したり、新しく設定したりした手順は標準化し、関係部署に漏れなく展開することで関連部署の業務フローとの整合を図る。

(3) 数値化の手順

① 数値化すべき進捗・質の選定

すべての活動について数値化することがよいが、現実的ではない。したがって、本当に必要な活動を関係者とよく話し合って、また組織の必要性の共有化を図って選定することが重要である。

② 進捗・質の定義の確定

どこまでなら進捗何％というのか、どのようになっていれば何％の質というのかを定義し、それに従って評価することが大切である。この定義の考え方も関係者の間で意思統一をはかり確定すべきである。組織の一方的な要求であっては効果が薄い。

③ 数値化方法の明確化

達成した項目の比率とするのか、達成度で判断をするのかそれぞれの組織に合った方法を決める。

④ 記録媒体の明確化

活動の経過を知るにはどの記録を見ればよいのかを明確にし、いつでも誰でも確認できるよう維持する。

⑤ 進捗・質の数値化の活用方法の明示

進捗・質を知り、数値で表現することは経営上の判断を的確に行うために重要であるが、どのように活用して経営に、職場運営に役立てていくのかを明確にしなければならない。例えば、進捗率が計画に対して

50％であれば関係者を集めて対策会議を開き経営資源の再配分を検討する。

3.5　職場に合った適切なテーマを選ぶ、選び方を示す

小集団プロセス改善活動のテーマを設定するにあたり、その状況から、
① 具体的なテーマが与えられている
② テーマの方向性が与えられている
③ テーマについての指示が与えられていない

といったケースがある。
一方、対象とするテーマの範囲から見れば、
ⓐ その職場の本来業務またはその周辺の領域を対象とするケース
ⓑ 本来業務から少し外れた領域や本来業務以外の領域を対象とするケース

がある。通常の職場ではⓐのケースがほとんどであるが、研究開発部門のように本来業務から離れた広範囲な情報・知識・技術を重要視し、自由闊達な意見・考えを広く求めようとするケースもある（**4.2節**の推進事例を参照）。この場合、その職場の本来業務から少し外れた領域や本来業務以外の領域まで対象範囲を広げることで、活動内容を多様化することができる。

①～③とⓐ～ⓑは次の関係がある。①および②のケースではⓐの本来業務またはその周辺の領域を対象とするケースが、③のケースではⓑの本来業務から少し外れた領域や本来業務以外の領域を対象とするケースが多いと考えられる。この２つでテーマの選び方が大きく異なるので、ここでは、それぞれのケースに分けて述べる。

3.5.1　職場の本来業務またはその周辺の領域をテーマ対象とする場合
（１）　方針管理と一体となったテーマ選定

職場の本来業務またはその周辺の領域をテーマ対象とする場合には、職場の

課題を組織的・系統的に扱う方針管理などのマネジメントの仕組み(以下、方針管理という)と一体となったテーマ選定を行うのがよい。図3.5.1に、方針展開の例(コマツの旗管理)を示す。

　方針管理では、上位職から下位職へ方針・課題が展開される。上位職から展開された方針管理書に取り上げられている課題・問題を受け、それらの課題・問題そのものやその一部、あるいはそれらの課題・問題をさらに展開したものなどをテーマとして取り上げる。

　また、方針を展開することで適切なテーマが選定されるようにするには、管理者が自職場の方針・管理指標を明確にし、会社・部門の課題を自職場の課題・問題にブレイクダウンして課題・問題に関する情報をわかりやすい形で明示する必要がある。

　テーマの選定にあたっては、まず職場のミッションを再確認したうえで、自職場の業務を洗い出し、各経営要素(品質、生産性、安全性、CS、ESなど)の視点から、自職場の課題・問題を明確にする必要がある。また、自部門・自部署が確保すべきコアコンピタンスを明確にして、強化すべき技術・専門性、継承・伝承すべき技術・技能などの視点からも、課題・問題を浮かび上がらせることも必要である。

　こうしたディスカッション、すり合わせのとき、方針管理書という目に見えるものを中心に置くことで、取り組むテーマへの背景、ねらいなどの共有が可能となる。また、職場の課題・問題を共有し、メンバーが納得して取り組むことができるので、やらされ感を排除することができる。

　方針管理から展開されたテーマの場合、トップダウンでテーマが与えられるケースがある。この場合もメンバーが納得して取り組むことが重要であり、また、やらされ感を排除するためにも前述のような、方針のすり合わせの場が重要となる。

　次に、現状の業務を洗い出し、業務プロセスのフローを書き出して、各プロセスの管理項目を明らかにする(業務の見える化)。このように、各経営要素からの課題・問題を具体的な形にしていくことで、チームが取り組むべきテーマ

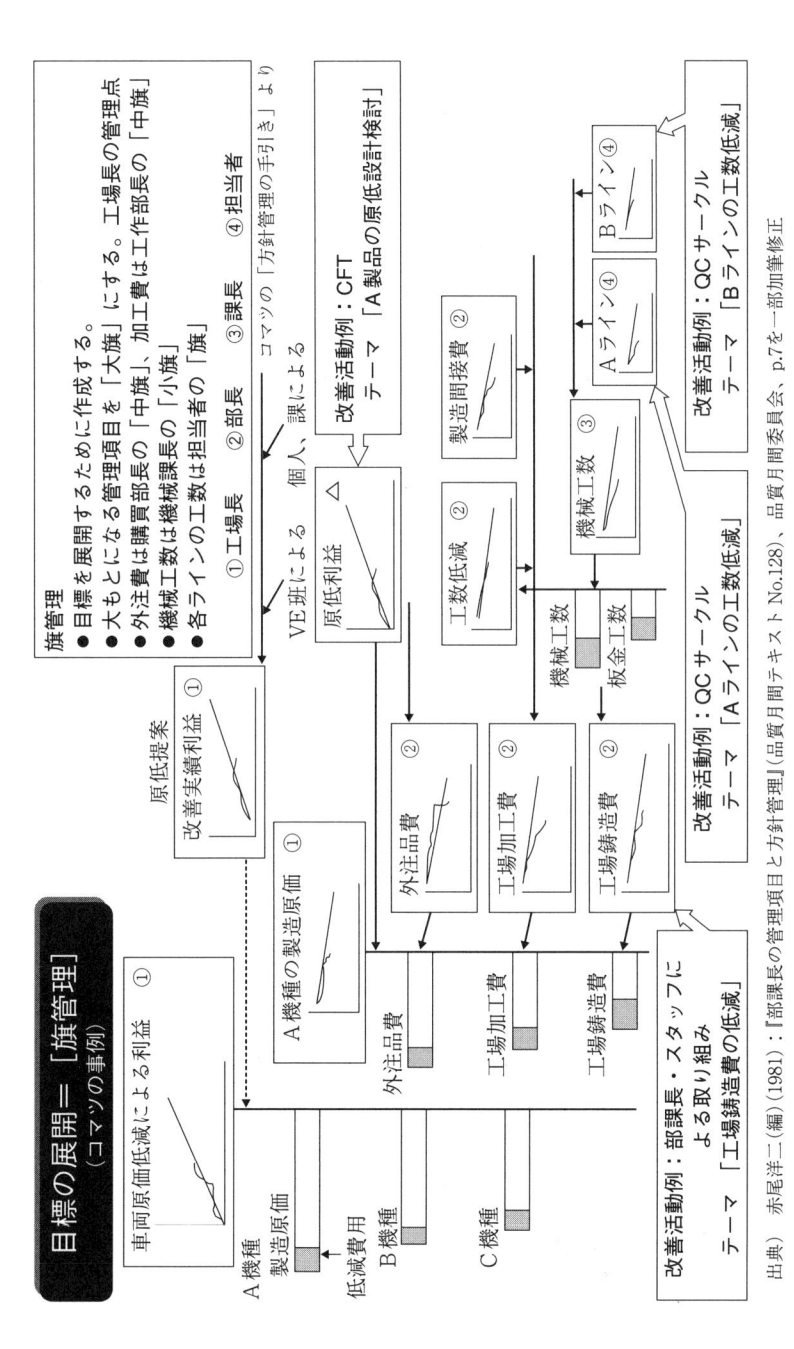

● 3.5 職場に合った適切なテーマを選ぶ、選び方を示す ●

旗管理
- 目標を展開するために作成する。
- 大もとになる管理項目を「大旗」にする。工場長の管理点
- 外注費は購買部長の「中旗」、加工費は工作部長の「中旗」
- 機械工数は機械課長の「小旗」
- 各ラインの工数は担当者の「旗」

①工場長　②部長　③課長　④担当者

コマツの「方針管理の手引き」より

図 3.5.1 方針展開の例（コマツの管理）

出典）赤尾洋二（編）(1981):「部課長の管理項目と方針管理」(品質月間テキスト No.128)、品質月間委員会、p.7を一部加筆修正

が明確になる。

　管理間接職場では、業務プロセスが明確でない場合が多いため、業務の見える化に優先的に取り組むことが重要である。業務の見える化については**3.4節**を参照されたい。

　職場の問題・課題を解決するにあたって、小集団で活動することはベテランや能力のある人が個人ベースで行う場合よりも時間がかかり、一見非効率的にみえる場合もある。しかし、技術・ノウハウの横展開・継承、あるいは管理間接職場の多能工化などといった長期的観点から、小集団による活動の有益性を理解し、課題・問題を捉えることが必要である。

　以下のように、テーマ選定と方針管理とを一体とすることで、業務時間のスケジューリングに小集団による活動をしっかりと組み入れ、業務全体のなかへ取り込むことができる。さらに、業務全体の時間配分を適切に行うことで、小集団による活動時間が別物とか付随的なものという考えを取り除くことができる。

(2)　職場課題検討会

　テーマ選定をするにあたり、「職場課題検討会」を開催するとよい(**図3.5.2**)。職場課題検討会とは、会社・職場を取り巻く環境、会社や部門の方針、職場の課題、職場の前期の反省などについて、管理者、リーダー・メンバー、スタッフなどの関連する人たちがすり合わせ・共有を図る場である。

　方針管理の重要な仕組みとして、方針・施策を決定するにあたり、上位職と下位職で調整・すり合わせ(キャッチボール)が行われる。このキャッチボールを関連する人たちが集まり、広範囲に行うことで、職場課題のすり合わせ・調整・共有が効果的かつ効率的に行える。

　さらに、方針管理という仕組みを基本に置き、対応すべき職場の課題を洗い出して関係者で討議することにより、職場の課題よりテーマを設定し、テーマの特質に応じたチームを編成をする。すなわち、洗い出したテーマの特質に応じて、組織中心型の小集団(職場型のチーム)に任せるテーマ、あるいはプロ

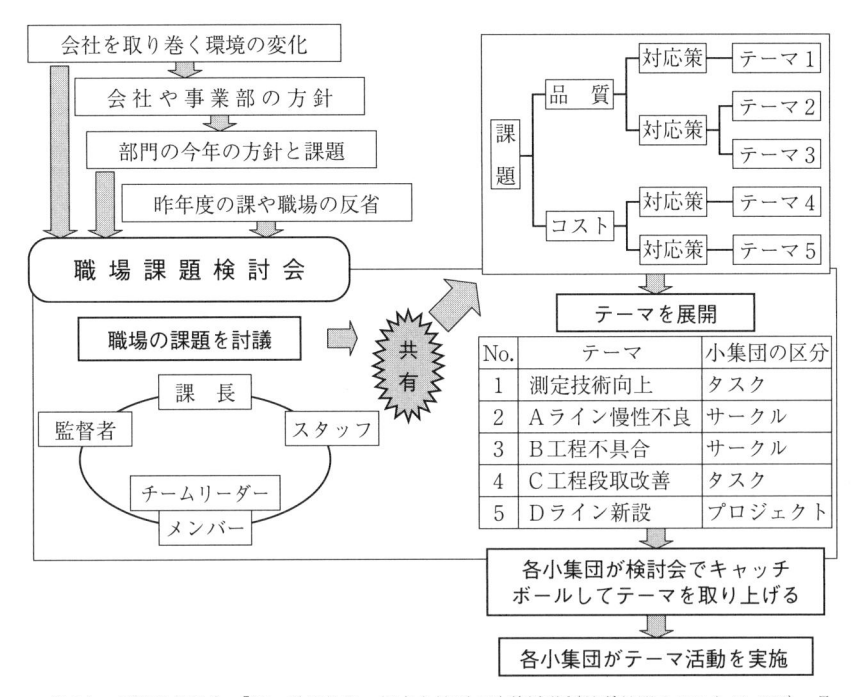

● 3.5 職場に合った適切なテーマを選ぶ、選び方を示す ●

出典) 杉浦忠(2004):『打つ手は無限　視点を拡げて改善活動』(品質月間テキスト No.327)、品質月間委員会、p.7を一部加筆修正

図3.5.2　職場課題検討会の概要図

ジェクト型のクロスファンクショナルなチームを編成して対応するテーマなどに分類し、担当を分担して取り組む。同時にテーマの優先度、期限などもすり合わせることで、組織全体の活動を整合のとれた活動として推進できる。なお、チーム編成に関しては、**3.6節**を参照のこと。

　担当者自身が普段、日常的に捉えている業務のムダや効率化のアイデアなどのボトムアップ的テーマや課題も、この職場課題検討会の検討対象に取り上げると、トップダウン的テーマとボトムアップ的テーマの整合をとることができる。

　職場課題検討会は、通常、自職場のメンバーで構成されるが、場合によっては異職場のメンバーも巻き込んだ検討が有効である。自職場のメンバーだけで

は、検討対象の領域も限定されてしまうが、異分野の異質なメンバーを加えることで、従来なかなか気がつかなかった新たな領域・視点での課題・アイデアが見えてくる可能性がある。

（3） クロスファンクショナルなテーマ

それぞれの職場に合ったテーマを選ぶだけでなく、経営要素(品質クレーム、生産性、安全性など)に着目すると、広範囲にわたる課題が見えてくる。このように課題が、自職場だけでなく広範囲にわたる場合は、他職場にまたがるクロスファンクショナルなチームを編成して、取り組むことが有効となる(**表3.5.1**)。

こうしたクロスファンクショナルな課題・テーマの設定、およびその活動に必要なチーム編成などは、管理者の重要な役割であり、他職場をいかに動かすか、巻き込めるかの力量が問われるところでもある。

（4） 課題のブレイクダウン

テーマをブレイクダウンするレベルは、予定されるチームのメンバーの力量に応じて、工夫することが必要である。つまり、問題解決の力量が高ければ、高いレベルのテーマが好ましいし、力量の不足が懸念されるのであれば、より細分化されたレベルが好ましい。チームメンバーの問題解決力の育成という観

表3.5.1　クロスファンクショナルなテーマのイメージ

テーマ(例) ＼ 部門	営業部	生産管理部	購買部	第一生産部	第二生産部	品質保証部	生産技術部	開発設計部
製品Aの売上高向上	○	○		○		○	○	○
新製品Bの短期垂直立ち上げ	○	○	○		○	○		○
新品在庫の削減			○	○	○		○	
メンテナンス用部品の納期短縮	○		○	○	○		○	

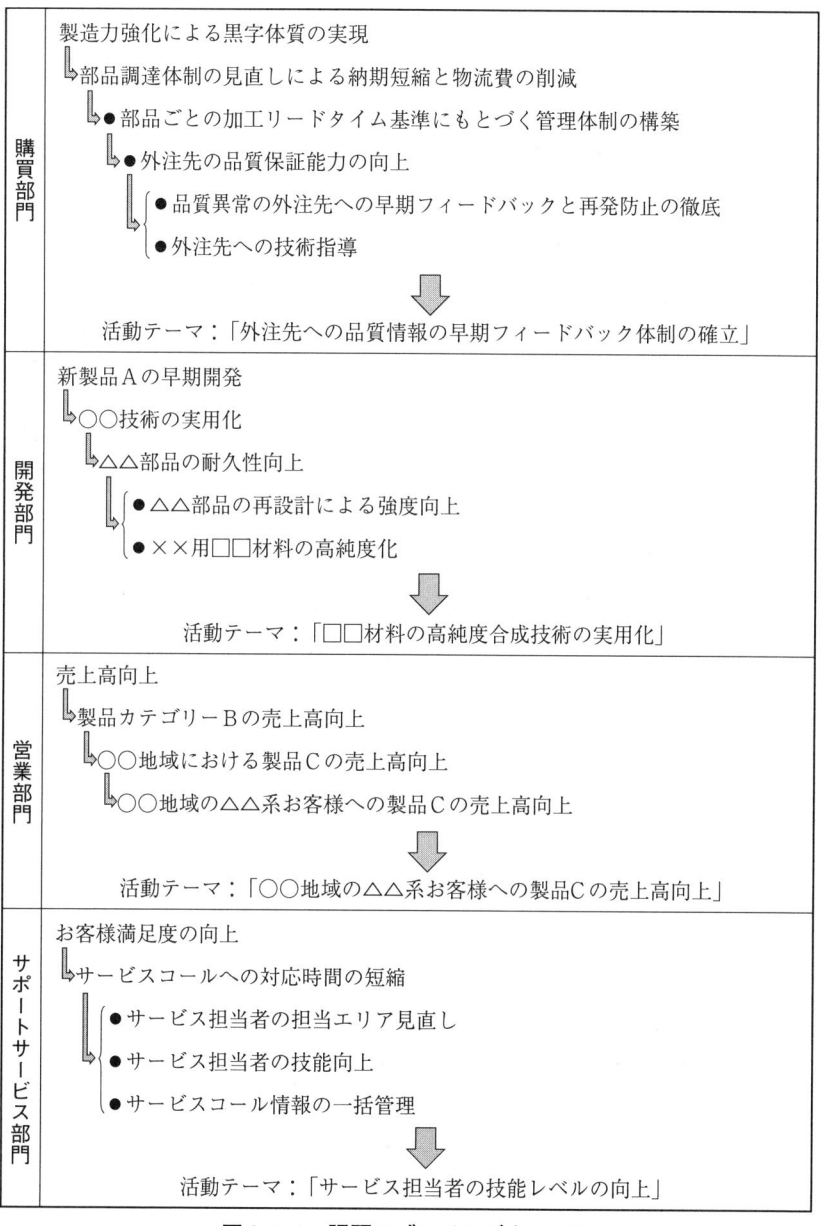

● 3.5 職場に合った適切なテーマを選ぶ、選び方を示す ●

部門	課題のブレイクダウン
購買部門	製造力強化による黒字体質の実現 ↳部品調達体制の見直しによる納期短縮と物流費の削減 　↳●部品ごとの加工リードタイム基準にもとづく管理体制の構築 　　↳●外注先の品質保証能力の向上 　　　{●品質異常の外注先への早期フィードバックと再発防止の徹底 　　　 ●外注先への技術指導 　　　　　　　⇩ 活動テーマ：「外注先への品質情報の早期フィードバック体制の確立」
開発部門	新製品Aの早期開発 ↳○○技術の実用化 　↳△△部品の耐久性向上 　　{●△△部品の再設計による強度向上 　　 ●××用□□材料の高純度化 　　　　　　⇩ 活動テーマ：「□□材料の高純度合成技術の実用化」
営業部門	売上高向上 ↳製品カテゴリーBの売上高向上 　↳○○地域における製品Cの売上高向上 　　↳○○地域の△△系お客様への製品Cの売上高向上 　　　　　　⇩ 活動テーマ：「○○地域の△△系お客様への製品Cの売上高向上」
サポートサービス部門	お客様満足度の向上 ↳サービスコールへの対応時間の短縮 　{●サービス担当者の担当エリア見直し 　 ●サービス担当者の技能向上 　 ●サービスコール情報の一括管理 　　　　　　⇩ 活動テーマ：「サービス担当者の技能レベルの向上」

図 3.5.3　課題のブレイクダウンの例

点からも、各テーマのレベルを配慮すべきである。**図3.5.3**に、さまざまな職場における課題のブレイクダウンの例を示す。

(5) 管理者の果たす役割の重要性

　小集団プロセス改善活動は、自職場の課題・問題を共有化することが重要であり、共有化には上司・部下・メンバー間でのキャッチボールが必要である。方針管理はトップダウンで行うものだからと、一方的な上意下達ではやらされ感が出てしまう。また、問題意識が希薄になり、問題を探す、取り上げるといった能力が養われない。

　管理者は、メンバー(部下)に対し、課題・問題が理解・納得できるような情報やヒントを与え望ましい方向へ誘導するとよい。また、通り一遍のやり方でテーマを押しつけるのではなく、取り組む人が納得できるようにしなくてはいけない。

　また、方針管理の課題にこだわりすぎると、課題・問題の対象範囲を狭く捉えすぎてしまい、方針を上位職から下位職に展開していく過程で、何段にも分解され細分化されすぎて、大本の方針やその主旨・ねらいからずれてしまう場合が時々ある。このような場合、その職場のミッションに立ち返り広い視点で捉えることが有効であり、コア技術の開発、ブランド力向上へつながるような本来的なテーマを見出すことができる。

　こうした職場の課題・問題を設定する力、すなわち課題設定力(課題認識力)は、まさしくマネジメント力そのものである。管理者は、組織を引っ張る立場にあることを認識し、職場のミッションを反芻して会社の置かれている状況から、自職場の課題・問題にブレイクダウンして職場のメンバーと共有を図ることが重要である。管理者が、本来行うべきことをチームへ丸投げし、手抜きをしてはならない。

　方針管理などのマネジメントの仕組みが、有効に運営・実施されておらず、方針管理が形骸化したり、方針管理書を作成するだけにとどまったりしている場合には、現状の仕組みに頼っていては、良い結果をもたらさない。マネジメ

● 3.5 職場に合った適切なテーマを選ぶ、選び方を示す ●

ントの仕組みをあるべき姿に近づけるように努力することも管理者の重要な役割である。

3.5.2 本来業務から少し外れた領域や本来業務以外の領域をテーマ対象とする場合

(1) 自由闊達な意見・考えを尊重する

　研究開発部門のように、自由闊達な意見・考えが尊重され、そうした考えや意識を醸成する目的で、自由度の高い小集団プロセス改善活動を展開する場合は、方針管理などが対象とする本来業務以外の領域から、テーマを発掘し、取り上げることが良い結果につながる場合も多い。

　方針管理などで取り上げられる課題・問題は、既存の業務領域、知識・技術領域に限定されるのが常であり、研究開発部門のように既存領域以外にも関心をもつことが重要視される職場の場合は、方針管理などが対象とする本来業務以外の領域をテーマ対象として小集団で活動に取り組むことは、有効な施策である(表3.5.2)。

　テーマの見つけ方はさまざまであるが、有用な視点としては次のようなものがある。

① **周辺技術や業界情報、特許情報を勉強してみる・整理してみる**：普段はなかなか時間がとれず、興味はあるものの調べることができない本来

表3.5.2 本来業務から少し外れた領域や本来業務以外の領域を対象とした場合のテーマ例

部門	テーマ例
研究開発部門	〇〇技術の自社製品分野外△△製品への適用の可能性検討
	未開拓のA材料群の技術特許マップの作成
	最近注目を浴びている他業種のB技術の将来動向検討
	自社では未経験のC加工技術の他社動向調査
	最近マスコミで注目を浴びている新規D技術の勉強会

業務に関連した周辺技術や業界情報、特許情報を勉強してみる、まとめてみる。

② **既存の技術の新分野への応用を考える**：普段の業務のなかで、「この技術はここにも使えるのではないか」「こうした使い方をするとまた新しい製品に結びつくのでは」などといった普段ちょっと気にとめたアイデアを技術の卵を育てるようにより具体化してみる。

③ **お客様の声をヒントにする**：日頃から聞くお客様の声から、こんな製品を実用化したら事業になるのではといった、ベンチャー事業のきっかけを検討してみる。

④ **2つの研究の間を埋める**：新製品のための可能性の高い2つの方式を重点課題として取り上げ、組織的に検討しているときに、可能性は少ないものの、おもしろそうな別の方式を検討してみる。

（2） この指とまれ式に、チームを編成して活動する

多様なテーマが提案されたら、それぞれのテーマへの賛同者・協力者をこの指とまれ式に募り、小集団を形成して活動を行う。仲間どうしで意見交換をし合って、テーマという形にまでまとめ上げるような場合は、当初からテーマ提案者が複数となる場合もある。採用されたテーマとチームのメンバーを登録し、期日までに活動内容を何らかの形にまとめて、報告・発表を行う。

こうした自由度の高い活動を推進し続けるためには、活動の意義を理解し、業務全体の時間配分のなかに、活動のための時間を組み入れることを組織的に認める仕組みが必要である。

また、このように自主的な面が強い活動を、組織的に継続して進めるには、強力な推進リーダー（アジテーター）と、その活動の主旨に賛同する何人かの強力な賛同者(仲間)、さらにその上司・トップの理解が必要である。

こうした活動では、幅広い分野の、多様な情報・視点・アイデアが必要であり、メンバー構成は自部門に限定せず、臨機応変に必要な人を広範囲に巻き込む柔軟性が求められる。活動のなかで発想が広げられるかどうかがポイントで

あり、取り組むメンバーが興味をもてて、楽しめることが大切である。

(3) 研究開発部門の人材育成に向けて

方針管理のような既存のマネジメントの仕組みは、とかく成果・効率が重要視され、「ちょっとこんな検討もしてみたら」という余裕がないのが現状ではなかろうか。研究・開発者は、優先度の高い、差し迫った目先の成果を効率よく達成することに追われ、技術シーズの探索や種々のアイデアを育むといった時間的余裕はほとんどない。

研究開発部門において小集団プロセス改善活動を推進することは、世の中の技術・情報を幅広く収集し、アイデアを育み、技術シーズを探索して、研究テーマを見つけ出し、設定していく能力の育成といった人材育成にも有効である。

3.6 職場・継続型の活動と横断・時限型の活動を同時に進める

管理間接職場では、取り組むテーマの選定にあわせて、テーマ解決ができる適切なチームが編成される。管理間接職場の問題解決・課題達成は、製造現場の第一線で実績のある同一職場内の比較的固定されたメンバーによる継続的な管理・改善に加えて、部門横断的なチーム編成や期限付きの活動を適宜織り交ぜてテーマ解決を進めることによって実効が高まる。

本節では、管理間接職場のチーム編成にあたり考慮しなければならない課題を整理したうえで、問題解決・課題達成を効率的に進めるためのチーム編成の方法について次の5項目に分けて述べる。

① チーム編成上の課題
② チーム編成の仕方
③ 問題解決・課題解決のための諸活動
④ チーム編成の手順
⑤ 良いチームをつくるための考慮事項

3.6.1　チーム編成上の課題

　管理間接部門の職場は、プロセスや成果が自分以外の人々に左右されるという特徴がある。そのため、選定されたテーマの解決にあたって、次の点を十分に考慮し、問題解決・課題達成を適切に行うことのできるチームを編成する必要がある。

① 活動の相互関係が複雑になる。
② 相手の状況に応じて対処する業務が多い。
③ 部門にまたがったテーマは個人の力量だけでは取り上げることが難しい。
④ 上司の協力なしでは成果が出にくいものが多い。
⑤ 外部要因が多く、スケジュール管理が難しい。
⑥ 管理間接職場と製造などの直接部門との問題意識が一致しない場合は、共同での行動がとりにくい。
⑦ 自分一人での活動が難しい場合が多く、人的なネットワーク構築に時間がかかる。
⑧ 関係する部門が多岐にわたり、情報を発信しても意思疎通がしにくい。
⑨ チームのリーダーがメンバーのスケジュールを把握しにくい。

　なお、ここでいうチームは、「テーマ解決という共通目的のために、異なった知識・技能・考えをもった2人以上の集まり」である。外見上、担当者一人が活動しているかのように見える改善活動であっても、上司が適切にかかわり、改善が進められている場合や、協力体制が整っている場合は、チームを形成していると判断し、小集団プロセス改善活動に含める。

3.6.2　チーム編成の仕方

　チームの編成の仕方についてはさまざまなものが考えられる。

● 3.6 職場・継続型の活動と横断・時限型の活動を同時に進める ●

■**チーム編成のタイプ**
① 「職場型」と「横断型」
　同一職場内でほぼ同じ仕事をしている人々によってチームを編成する場合を「職場型」、職場をまたがる場合や職域が異なる人々によってチームを編成する場合を「横断型」と呼ぶ。
② 「継続型」と「時限型」
　問題解決・課題達成の後も、引き続き同じ編成のチームで違ったテーマに取り組む場合を「継続型」、問題解決・課題達成の後にチームを解散する場合を「時限型」と呼ぶ。
③ 「職場型」・「横断型」と「継続型」・「時限型」
　管理間接職場における問題解決・課題達成の効率と有効性を高めるためには、「職場型」・「横断型」や「継続型」・「時限型」の編成タイプを画一的に行うことは避け、改善するテーマに合わせて「職場型」・「横断型」や「継続型」・「時限型」をうまく組み合わせた改善活動が重要である。

　「職場型」・「継続型」の典型的な小集団プロセス改善活動は、同一職場内でチームを編成し、職場における問題・課題の管理・改善を継続的に行うものである（図3.6.1(a)）。テーマの決定以前にチームが既に編成されており、チーム

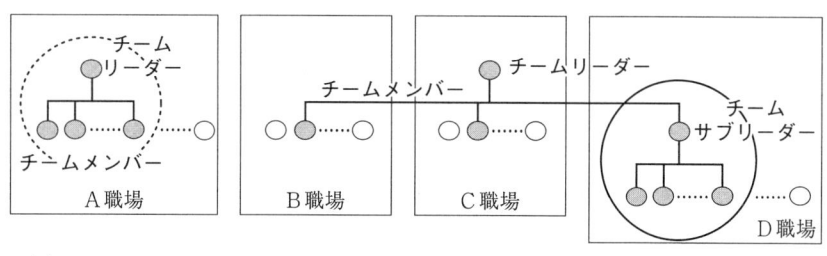

(a) 同一職場内でチーム編成　(b) 職場をまたいでチームを編成　(c) 既存のチームによるチーム編成

図3.6.1　チーム編成の例

の責任・権限と力量に見合った、自責で解決できるテーマを取り上げる場合が多い。「職場型」・「継続型」は問題・課題発見能力／問題解決・課題達成能力の向上、技術・技能の伝承、職場の変化への対応力の向上、職場の一体感・士気向上、チームビルディング、勉強する小集団などの人材育成を視野に入れた活動でもある。

　「横断型」・「時限型」の問題解決・課題達成のための小集団プロセス改善活動は、テーマを効率的に解決できる適任な人材でチームを編成する（図3.6.1(b)）。このチームのテーマには、経営課題の解決に直結した高い目標値を掲げ、しかも厳しい解決期限を設定する場合が多く、テーマが決定されてからチームが編成されるのが一般的である。また、テーマに最もかかわりのある職場の方針管理の一環として、テーマに見合った責任・権限と予算がチームへ付与されたり、当該職場からチームリーダーが選定されることも多い。部門横断的に集められるメンバーは兼務の場合もあるが、テーマの重要性・緊急性などを勘案して専任の場合もある。テーマ解決の後、チームを解散するのが一般的であり、問題解決・課題達成を最優先にした職制にもとづく活動が主体となる。

　その他の型としては、大きなテーマをいくつかのサブテーマに分け、該当する職場の既存のチームが改善を分担する「横断型」・「継続型」（図3.6.1(c)）、同じ職場内で臨時にチームを編成してテーマ解決を期限付きで解決する「職場

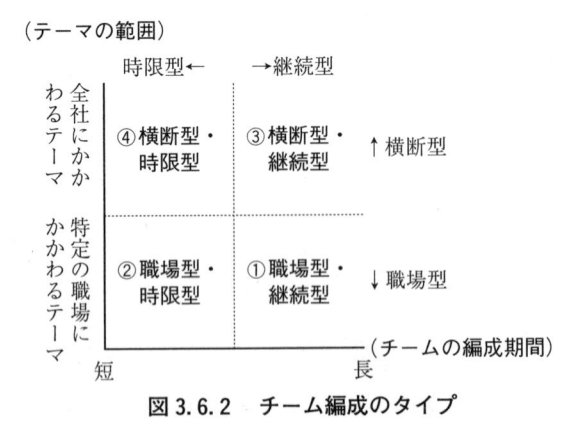

（テーマの範囲）

	時限型←	→継続型	
全社にかかわるテーマ	④ 横断型・時限型	③ 横断型・継続型	↑ 横断型
特定の職場にかかわるテーマ	② 職場型・時限型	① 職場型・継続型	↓ 職場型
	短	長	（チームの編成期間）

図3.6.2　チーム編成のタイプ

● 3.6 職場・継続型の活動と横断・時限型の活動を同時に進める ●

型」・「時限型」がある。

　経営環境が激しく変化し、管理間接職場の組織変更などが頻繁に行われていることからも、取り上げたテーマによって、①職場型・継続型、②職場型・時限型、③横断型・継続型、④横断型・時限型のチーム編成を柔軟に行うことが改善活動の実効を高め、効率化を促進すると考えられる。

　テーマの範囲とチーム編成の期間の違いによるチーム編成のタイプ(型)を図3.6.2に示す。

3.6.3　問題解決・課題達成のための諸活動

　実際の企業・組織においては、問題解決・課題達成のために、いろいろな形のチーム編成による改善の取組みが行われている。代表的な小集団プロセス改善活動を表3.6.1に示す。

　チーム編成のタイプ(型)とさまざまな小集団プロセス改善活動の関係を図3.6.3に示す。この図に示されているように、e-QCC（進化したQCサークル活動）の進展につれて、QCサークル活動の領域が、クロスファンクショナル活動やQCチーム活動の領域へと拡大している。

3.6.4　チーム編成の手順

　図3.6.4にチーム編成の手順を示す。テーマ解決のための組織化に必要な責任・権限と予算を付与されている職場の管理者は、次の事項を考慮してチームの編成を行うことが望ましい。

(1)　テーマ解決に最も有効なチーム編成の型を選択する

■テーマ解決に有効なチーム編成の型を選択するためのポイント
①　職場方針とテーマとの関係性を明確にするとともに、小集団プロセス改善活動への管理者の関与を明示する。

表3.6.1 代表的な小集団プロセス改善活動

活動名称の例	チームの特徴
QCサークル活動、JK(自主管理)活動、ZD運動、TPM活動など	職場の問題に関して継続的に管理・改善を行うために、職場第一線で働く人々が数人でチームを編成する。通常はテーマ解決後もチームを維持し、職場の問題に対して継続的に管理・改善を行う。【「職場型・継続型」が主体であるが、「横断型・継続型」もある】
QCチーム活動、スタッフ改善活動、タスクチーム活動など	品質などの重要問題をプロジェクト的に解決するために、専門性の高い人々が集まり、チームを編成する。通常はテーマ解決後にチームを解散する。【「横断型・時限型」、「職場型・時限型」が主体である】
クロスファンクショナル活動、部門横断活動、全社横断チーム活動など	特定の職場単独では解決・達成が困難な難しいテーマに対して、必要な知識や技能をもつ人々によって部門または職制をまたがったチームを編成する。通常はテーマ解決後にチームを解散する。【「横断型・時限型」が主体であるが、「横断型・継続型」もある】
シックスシグマ活動	直接部門だけでなく、従来数値化が難しかった間接部門を含めたビジネスプロセス改善のための活動。通常はチャンピオン(実質的な責任者として、経営の立場からシックスシグマを推進する経営者)、ブラックベルト(プロジェクトリーダーに相当する問題解決の専任者)、グリーンベルト(ブラックベルトをサポートし、現場改善を進める兼任者)と呼ばれる組織内の推進者によりチームを編成する。通常はテーマ解決後にチームを解散する。【「横断型・時限型」が主体である】

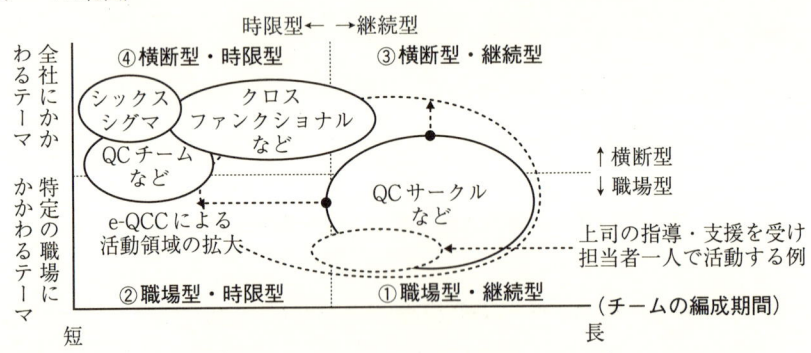

図3.6.3 チーム編成のタイプとさまざまな小集団プロセス改善活動との関係

● 3.6　職場・継続型の活動と横断・時限型の活動を同時に進める ●

> ②　テーマ、目標値、解決期限などを考慮した、チームの活動範囲を明確にする。
> ③　職場型・継続型、職場型・時限型、横断型・継続型、横断型・時限型のチーム編成方針を決める。

　小集団プロセス改善活動のテーマを選定した職場の管理者は、選定したテーマが自職場の分掌や責任・権限をふまえた職場の方針においてしめる重要性を確認したうえで、当該テーマ解決の責任者として小集団プロセス改善活動を指導・支援する姿勢を示す。これは、テーマ解決を確実なものとするために重要である。

```
┌──────────────────────────────────┐
│            テーマの選定              │
└──────────────────────────────────┘
                 ↓
┌─┬────────────────────────────────┐
│ │ (1) テーマ解決に最も有効なチーム編成の型を選択する │
│チ│  横断型・時限型     広い      横断型・継続型   │
│ー│        短 ←─── チームの編成期間 ───→ 長      │
│ム│              ↕ テーマの範囲                │
│の│  職場型・時限型     狭い      職場型・継続型   │
│編├────────────────────────────────┤
│成│ (2) チームリーダーを特定し、認知する        │
│ │   (職場型・継続型のチームの場合、既存チームの  │
│ │    リーダーが指名されることが多い)          │
│ ├────────────────────────────────┤
│ │ (3) テーマ解決のためのメンバーを選任する     │
│ │   (職場型・継続型のチームの場合、既存チームを  │
│ │    母体にメンバーが編成されることが多い)      │
│ ├────────────────────────────────┤
│ │ (4) チーム運営方法をチームへ周知する        │
└─┴────────────────────────────────┘
                 ↓
┌──────────────────────────────────┐
│          小集団プロセス改善活動           │
└──────────────────────────────────┘
```

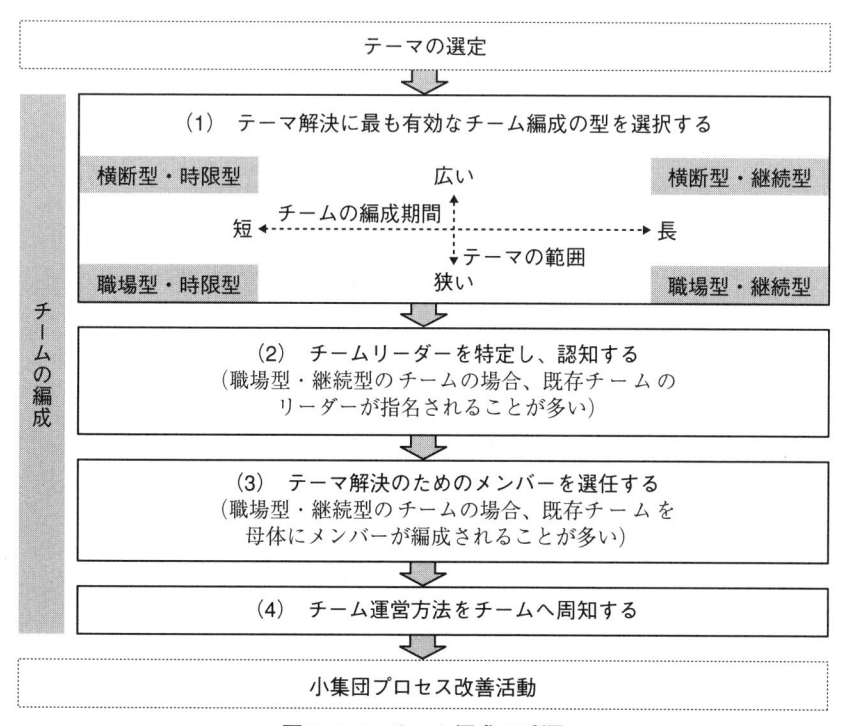

図 3.6.4　チーム編成の手順

● 第3章 管理間接職場における小集団プロセス改善活動の進め方 ●

　当該管理者は、チームの編成にあたり、解決しなければならないテーマの内容・領域・難易度、目標値と解決期限との関係などを考慮し、編成するチームの活動範囲を明確化し、職場型・継続型、職場型・時限型、横断型・継続型、横断型・時限型などのチーム編成方針を決める。図3.6.5にチーム編成の型を選択する手順を示す。また、選定したテーマによるチーム編成の例を表3.6.2に示す。

　表3.6.2では改善テーマごとにチームが編成される例を示したが、改善テーマの領域が広い場合は、サブテーマに分けてサブチームを編成し、テーマ解決の効率化を図ることもある。そのイメージを図3.6.6に示す。

　ある職場が取り上げるテーマ数は、テーマを選定する管理者の責任・権限、活用できる経営資源などによって異なってくる。

　図3.6.7はこのような手順によって得られた小集団プロセス改善活動の課

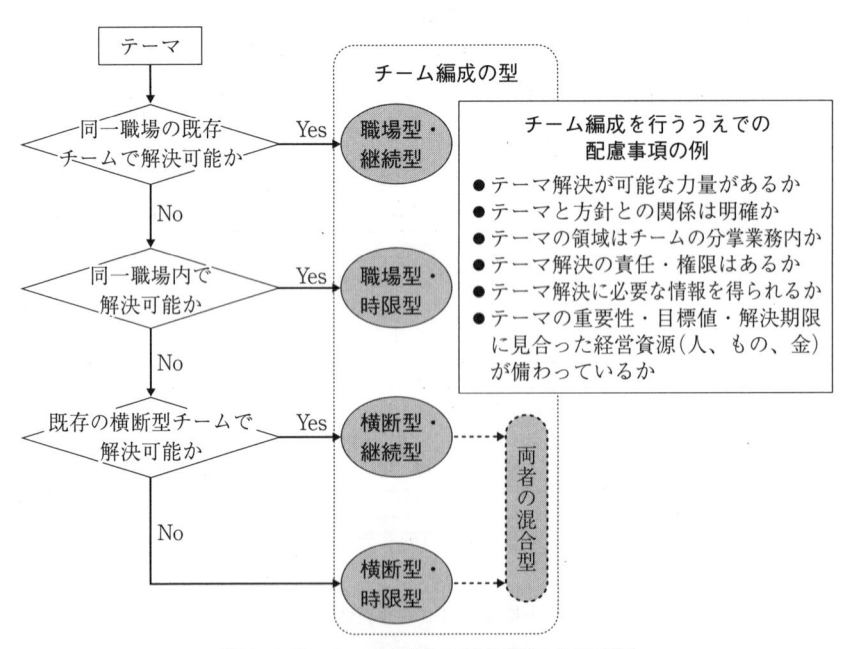

図3.6.5　チーム編成の型を選択する手順

3.6 職場・継続型の活動と横断・時限型の活動を同時に進める

表 3.6.2　テーマとチーム編成の例

改善対象テーマの概念	職場型	横断型	継続型	時限型	テーマの領域	活動期間	チーム編成例
A 業務における後工程の満足度向上	○		○		特定職場	長	職場型・継続型
B 苦情における担当業務の質改善	○			○	同上	短	職場型・時限型
C 製品売上げ30％増のための担当業務のプロセス改善		○	○		同上	長	横断型・継続型
D システムのプロセス改善		○		○	全社的	短	横断型・時限型
E 苦情の撲滅		○		○	同上	短	同上

横断型・時限型

チームリーダー
大テーマ「全社システムのプロセス改善」

サブチーム

サブチームリーダー

チームメンバー

A 職場
サブテーマ
「A 職場の
プロセス改善」
（職場型・継続型）

B 職場
サブテーマ
「B システムの
プロセス改善」
（職場型・時限型）

C 職場
サブテーマ
「C システムの
プロセス改善」
（横断型・時限型）

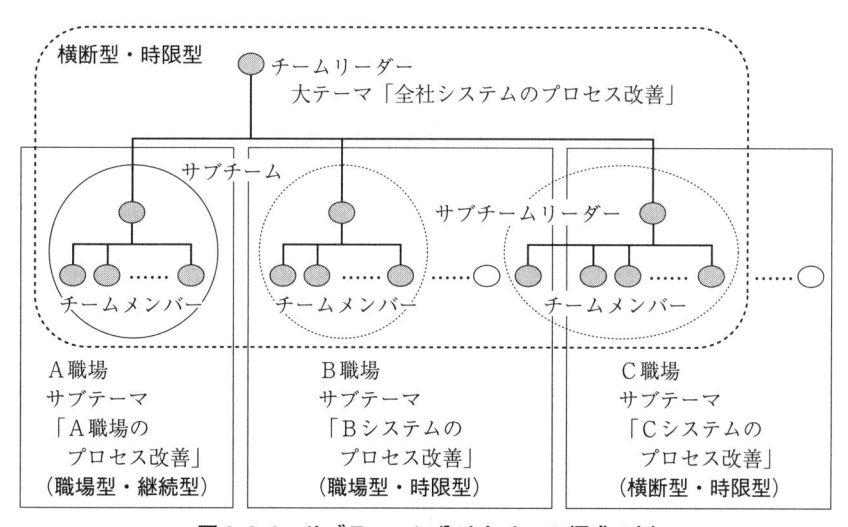

図 3.6.6　サブテーマに分けたチーム編成の例

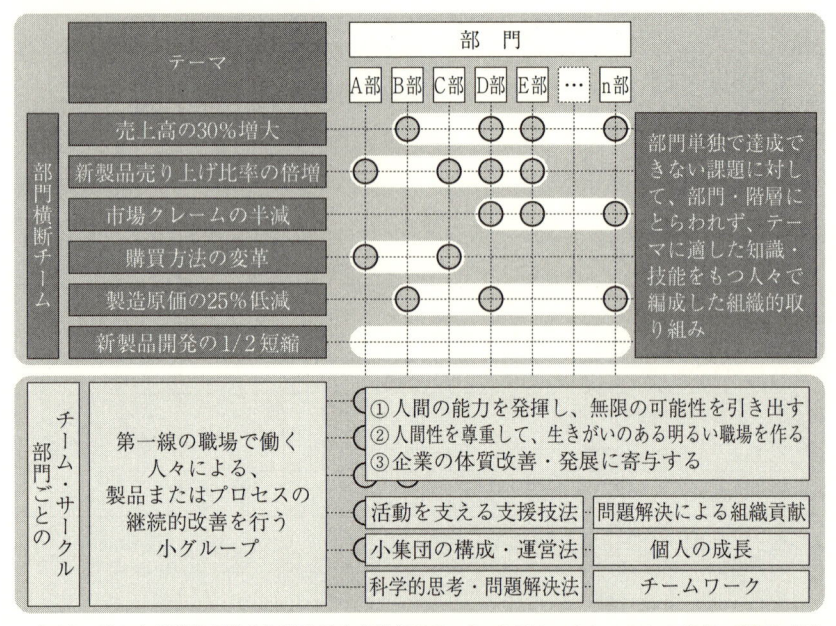

● 第3章　管理間接職場における小集団プロセス改善活動の進め方　●

	テーマ	部門						
		A部	B部	C部	D部	E部	…	n部
部門横断チーム	売上高の30%増大	○	○	○		○		○
	新製品売り上げ比率の倍増	○		○	○			○
	市場クレームの半減		○	○	○	○		○
	購買方法の変革	○	○	○				○
	製造原価の25%低減	○		○	○	○		○
	新製品開発の1/2短縮		○		○	○		○

部門単独で達成できない課題に対して、部門・階層にとらわれず、テーマに適した知識・技能をもつ人々で編成した組織的取り組み

チーム・サークル 部門ごとの

第一線の職場で働く人々による、製品またはプロセスの継続的改善を行う小グループ

① 人間の能力を発揮し、無限の可能性を引き出す
② 人間性を尊重して、生きがいのある明るい職場を作る
③ 企業の体質改善・発展に寄与する

活動を支える支援技法	問題解決による組織貢献
小集団の構成・運営法	個人の成長
科学的思考・問題解決法	チームワーク

出典）㈳日本品質管理学会標準委員会（編）(2006)：『マネジメントシステムの審査・評価に携わる人のためのTQMの基本』、日科技連出版社、p.114

図 3.6.7　横断型・時限型のチーム編成例と職場型・継続型のチーム編成例

題と組織化の概念図である。図の上段が横断型・時限型のチーム編成例、下段が職場型・継続型のチーム編成例である。

（2）チームリーダーを特定し、認知する

■チームリーダーを特定し、認知するためのポイント
① 小集団プロセス改善活動のリーダー適任者を特定し、認知する。
② リーダーが小集団プロセス改善活動を滞りなく運営するための責任・権限と予算を付与する。

小集団プロセス改善活動のテーマを選定した職場の管理者は、テーマ解決を

効率的に進めるためのチーム編成の方針に沿って、チーム運営を任せられる力量のあるリーダーを指名する。選任にあたっては、チームの活動の重要性・範囲などを考慮して兼務・専任を決め、必要に応じて関係部門と協議を行い、リーダーの組織的な位置づけを認知する。

横断型・時限型チームの場合は新規のリーダーが指名され、職場型・継続型チームの場合は既存チームのリーダーが指名されることが多い。難易度の高いテーマ解決にあたるチームでは、固有技術をもった人望のあるベテランがリーダーを務めるように配慮することが大切であり、例えば営業の職場では、トップセールスマンがリーダーになることによって有効な改善ができる可能性が大きくなる。

リーダーへは、小集団プロセス改善活動を運営するための責任・権限と予算を適切に付与しなければならない。

(3) テーマ解決のためのメンバーを選任する

> **■テーマ解決のためのメンバーを選任するためのポイント**
> ① メンバーに求められる力量を明確にし、その力量をもったメンバーを選任する。
> ② メンバーの責任・権限を明確化する。
> ③ メンバーに対する人事考課などの評価方法を確定し、メンバーが所属する部門長と調整する。

職場の管理者は、リーダーと相談しながら、人材の力量を示したマップなどを活用してテーマ解決に必要な力量に見合ったメンバーを選ぶ。

横断型・時限型チームのメンバーは、一般に異なる職場から新規に指名され、異質の協力により、同一職場のメンバーだけでは解決できない難しいテーマの効率的な解決を行う。メンバーの兼務・専任は、小集団プロセス改善活動の重要性・範囲などによって決まることが多く、指名されたメンバーが所属する部

門長との調整が不可欠となる。これに対して、職場型・継続型のチームのメンバーは、既存チームのメンバーにより編成されることが多い。

　チームのメンバー数は、テーマによって異なるが、概ね5～8名程度が適当であり、10名以下が望ましい。メンバーが多すぎるとコミュニケーションの齟齬やテーマ解決のための役割分担の均等性を損ね、また少なすぎるとテーマ解決のための専門性が弱くなり、分析力が低下するなど、効果的で効率的なチーム運営での難しさが増大する。

　選任されたメンバーに対しては、その役割をまっとうすることのできる責任・権限を付与し、小集団プロセス改善活動への貢献度を人事考課などで適切に評価するなどのきめ細かい配慮が必要である。

（4）チーム運営方法をチームへ周知する

■チーム運営方法をチームへ周知するためのポイント
① 進捗評価や報告の方法などを明確化する。
② 計画未達成の場合のチーム編成の変更方法を取り決める。
③ チームの運営方法を周知する。

　小集団プロセス改善活動の進捗評価や報告のタイミング、内容などに関して、既存の仕組みを応用できない場合は、職場の管理者とリーダーは、月次などの定期的な進捗報告や異常時の報告の方法を協議し、小集団プロセス改善活動が始まる前に活動計画に盛り込んでおくとよい。

　また、進捗評価は、小集団プロセス改善活動の達成状況だけではなく、改善のプロセスが計画に沿ったものかを評価できるようにすることが望ましい。

　さらに、進捗が未達成の場合は、職場の管理者はチームの再編成（チーム編成の型の変更、リーダーの変更、メンバーの変更・補強など）、経営資源の再投入などの適切な処置を講ずることができるようにあらかじめ決めておくとよい。

（5） チームを運営する

> ■チームを運営するためのポイント
> ① 改善活動の進捗評価や予算管理を確実に行う。
> ② チームビルディング、リスクマネジメント、コミュニケーション、力量向上に配慮する。
> ③ 改善活動の効率化のための施策を実施する。

チームリーダーは、承認されたチームの運営方法(改善活動計画、定期的な報告など)にもとづきチームを運営する。進捗評価やチームの予算管理をはじめ、チームの機能を最大に発揮するためのチームビルディング、改善活動中に想定されるリスクへの評価と対応、改善活動に関係する利害関係者とのコミュニケーションなどへの特別な配慮が必要である。

各メンバーは、改善成果の最大化を目指して各々の責任範囲を相互協力のもとで効率的にまっとうするとともに、自らの力量向上の機会として活かすことに留意する。

改善テーマの解決に責任をもつ職場の管理者は、チーム運営が計画どおり進捗していることを確認するとともに、活動の停滞時など、適宜活動の効率化のためにアドバイスや支援を行い、必要に応じて他の関係部門との調整を行う。

3.6.5　良いチームをつくるための考慮事項

> ■良いチームをつくるための考慮事項
> ① 職場・職務の特性に合わせて、いろいろな小集団プロセス改善活動の共生を進める。
> ② 時限型活動と継続型活動との連携の仕組みをつくる。
> ③ 小集団プロセス改善活動の関係を見える化し、相互学習を促進する。

● 第3章 管理間接職場における小集団プロセス改善活動の進め方 ●

　職場が取り組むテーマに応じて、最も効率的に解決できるチーム編成を柔軟に行い、いろいろな型のチームが同時並行して改善に取り組むことが、改善力が高く活力のある組織づくりに直結する。例えば、取り上げたテーマ解決に賛同した意欲あるメンバーによるチーム編成(「この指とまれ」式など)は、テーマ解決の迅速化への貢献が著しい。このような良いチーム編成を行うことのできる仕組みづくりが重要である。

(1)　職場・職務の特性に合わせたいろいろな小集団プロセス改善活動の共生
　管理間接職場では表3.6.1に示したようないろいろな活動が、図3.6.3に示した多様な場面で進められている。選定されたテーマの改善を行うための小集団プロセス改善活動は、職場で既に行われているさまざまな改善活動と矛盾することなく、相互補完する形で進められなければ経営資源の最適活用は望めない。

　本節で選択された職場型・継続型、職場型・時限型、横断型・継続型、横断型・時限型などのチームによる活動がばらばらにならないように、小集団プロセス改善活動のコラボレーションを組織の意思として示すことが重要である。

　例えば、QCサークルとシックスシグマを両輪にして改善活動を推進するとか、ボトムアップで推進する職場型・継続型の小集団プロセス改善活動と、トップダウンで推進する横断型・時限型や職場型・時限型のプロジェクト活動をそれぞれの特質に合わせて推進することなどを、組織として明確化して表明することが望ましい。

　また、ライン技能者はQCサークル、スタッフやタスク技術者はシックスシグマなど、職能によってチーム編成のやり方を分けることも考慮する必要がある。同様に、ボトムアップでチームを編成する製造部門や、トップダウンでチームを編成する研究開発部門など、職場によってチーム編成のやり方を分ける場合もある。

(2) 横断型・時限型活動と職場型・継続型活動との連携の仕組みづくり

経営環境に合わせて今後ますます事業活動の変化が激しくなることが予想される。これにともない、小集団プロセス改善活動のテーマも複雑になるとともに、解決期間短縮の要請が強まるであろう。また、経営方針の効率的な達成という面から、上位部門でテーマを決め、組織横断的なチームを編成し期間限定で行うプロジェクト的な活動が多くなる傾向がある。管理間接職場のテーマは特にこの傾向が強い。このため、横断型・時限型のチーム編成の仕組みを構築しておくことが重要である(**3.6.4項**を参照)。この際、これら横断型・時限型の活動とQCサークルなどの職場型・継続型の活動とがうまく連携できるように相互の位置づけを明確にしておくことが大切である。例えば、プロジェクトの一部をQCサークルが担当できるようにするなど、当該組織の実態に即した仕組みとなるように配慮するのがよい。

(3) 小集団プロセス改善活動の関係の見える化と相互学習

さまざまな小集団プロセス改善活動が進められている組織では、組織構成員全員にそれらの活動の基本的な考え方は共通であることを気づかせなければならない。そのためには、職場における継続型の改善活動と横断型の改善活動とを共存させ、小集団プロセス改善活動の参画者に対して両者の関係を実態として見えるようにすることが重要である。また、異なる職場間の交流を積極的に行い、さまざまな小集団プロセス改善活動を相互学習する場をつくるなど、内部コミュニケーションを良くすることが必要である。クロスファンクショナルな活動も気づきの場の一つであり、この活動をとおして職場間協力による小集団プロセス改善活動の成果と形態を学ぶことができる。

管理間接職場が取り上げたテーマの解決には、一人ひとりの個人がテーマ解決を担当する場合、同一職場内のチームがテーマ解決を図る場合、複数職場からテーマ解決にふさわしい力量をもったメンバーでチームを編成する場合、いくつかのサブテーマに分けて各々のサブテーマごとにサブチームを編成する場

合など、テーマ解決を最も的確に実行できる推進方法を採用する必要がある。そして、これらのさまざまな型の小集団プロセス改善活動を同時並行し、相互に補完しながら進めることが、問題解決・課題達成の実効を高めるために不可欠という意識と組織風土を醸成することが重要である。

3.7 管理間接職場に適した改善ステップやツールを活用する

第2章で述べたように、管理間接職場は、担当者が専門化・細分化され、一人ひとりが別の仕事をしている、業務が非定型で同時並行型である、新規性が高く繰り返し行うことがない、などの職場特性をもっており、それらの職場特性が小集団プロセス改善活動の推進にさまざまな影響を与え、その推進を困難にしている。この困難さを克服する一つのポイントは、改善のステップや改善のためのツールの活用である。本節では、管理間接職場にマッチした問題・課題解決のステップやその中で活用できるいくつかのツールについて、次の3項目に分けて述べる。

① 改善の進め方の基本
② 管理間接職場のための改善のステップ
③ 改善のステップで活用できるさまざまなツール

3.7.1 改善の進め方の基本

どの職場においても、基本的な改善の手順は**図3.7.1**のようになる。この図はPDCAサイクルが基本となっており、テーマについて計画、実施、チェック、是正を繰り返し行うことによって改善が達成されることを示している。

管理間接職場において、このような改善を行う第一の困難さは、製造職場と比べると、改善の対象となるプロセスが標準化されていないことである。業務が非定型・同時並行型で進められるために、案件ごと、担当者ごとにやり方が異なっている場合が多く、業務＝プロセスという捉え方をすることができていない。また、プロセスの中で扱われているものも、ハードウェアなどの目に見

● 3.7 管理間接職場に適した改善ステップやツールを活用する ●

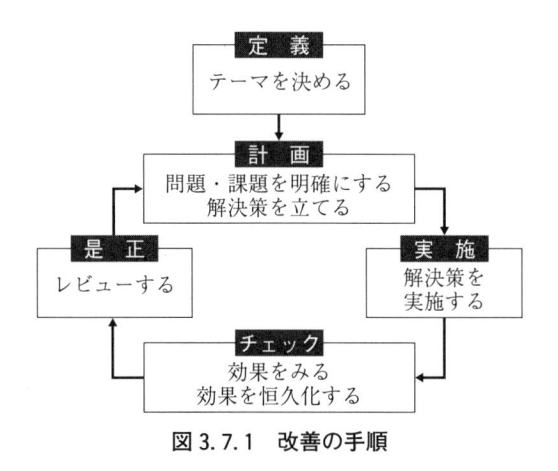

図 3.7.1　改善の手順

えるものではなく、情報や文書など、抽象度の高いものが多い。さらに、組織全体の中で当該職場が果たすべき役割そのものが曖昧になっている場合も少なくない。これらがあいまって、改善の対象が何なのかが明確に認識されないまま、成果だけを追い求める活動になりやすい。この困難さを克服するためには、改善に先立って、職場の役割・ミッションや業務フロー・アウトプットを明確にすることが重要となる。

　管理間接職場において改善に取り組む場合の第二の困難さは、**図 3.7.1** の活動を効果的・効率的に進めるためには、「ファクトコントロール(事実にもとづく管理)」を基本とし、問題・課題やその原因をデータで表し、そのデータを解析することで原因の究明、解決策の立案・実施、効果の確認を行う必要があることに関係している。管理間接職場では、事実が数値データではなく、言語データで表現・伝達されることが多い。「言語データ」も立派なデータであるが、数値データと言語データではその特性が大きく異なる(**表 3.7.1**)。このため、言語データの分析には数値データを扱うための手法とは別の手法が必要となる。言語データの分析手法としては、新 QC 七つ道具(通称、N7)という優れた手法が提案されており、これらの手法を複数で連携して使うことで、事実を基盤とした改善が十分に行えることが既にさまざまなところで実証されてい

117

表 3.7.1　データの種類と特徴

データの種類	特　徴
数値データ	● 事実を数値で把握するために、統計的方法などで数学的に処理できる。
言語データ	● 事実の状況を言葉として表現し、個々の表現の親和性や因果関係、目的・手段などの関係で集約・整理して全体像を定性的に明確化するために、内容の確認に差異が出ることがある。
映像データ	● ビデオや写真、スケッチなどの画像で視覚情報化した事実を把握し、その画像によって事実を伝達する。 ● 見る側が判断するために、内容の認識に差異が出ることがある。

るにもかかわらず、その活用法に関する十分な理解がないまま、諦めてしまっている場合が多い。

　第三の難しさは、管理間接職場では、現状行っている業務の維持・向上だけでなく、今まで行っていなかった業務を新たに作り上げたり、従来の業務のやり方を根本的に変えたりする取組みが求められることである。そのため、図 3.7.1 における「計画」の部分のウェイトが高く、製造職場に比べると、この部分についてどのように進めるかの詳しい指針が必要となる。

　図 3.7.1 の手順をもう少し詳細化したものとしては、次に示す QC ストーリーと呼ばれる方法が既に考案され、活用されている。

① 問題解決型 QC ストーリー
② 課題達成型 QC ストーリー
③ 未然防止型 QC ストーリー・施策実行型 QC ストーリー

これらの QC ストーリーは、取り上げるテーマの種類により詳細化され、最適化された改善のステップをもっている。図 3.7.2 に 3 つのストーリーのステップと、テーマによって使うべき QC ストーリーを判定するためのフロー図を示す。

　QC ストーリーの使い分けを考える場合の第一のポイントは、従来から行ってきた仕事かどうかである。従来から行ってきた仕事の場合には、過去に経験

● 3.7 管理間接職場に適した改善ステップやツールを活用する ●

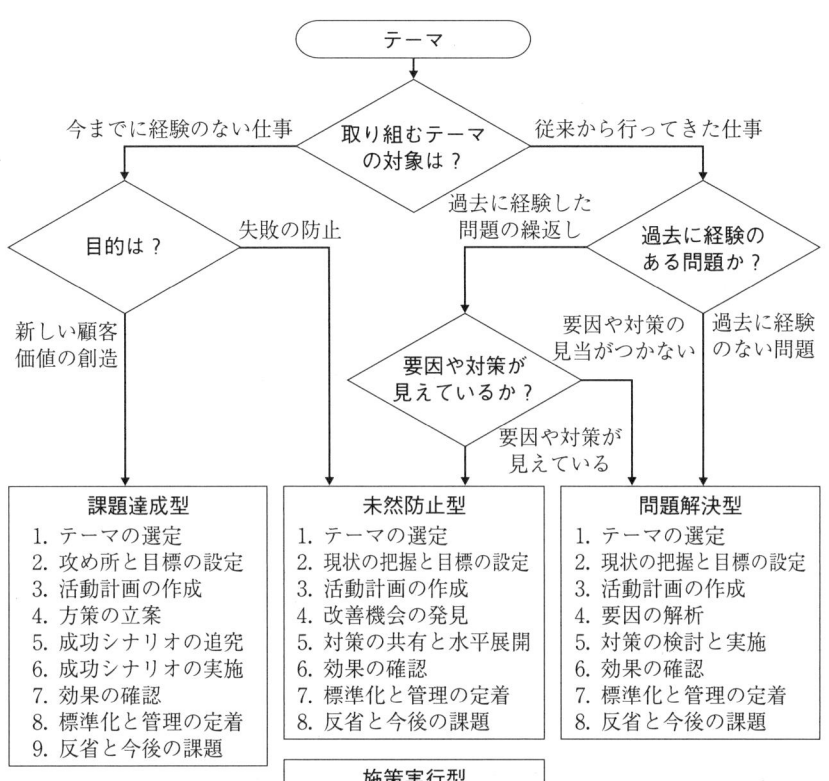

```
                              テーマ
                                │
        今までに経験のない仕事 ┌─取り組むテーマ─┐ 従来から行ってきた仕事
        ┌─────────────────────┤   の対象は？   ├─────────────────────┐
        │                     └───────────────┘                     │
        │                  過去に経験した                            │
        │      失敗の防止  問題の繰返し         過去に経験の          │
    ┌─目的は？─┐         ┌──────────┐       ┌─ある問題か？─┐
    │         │         │          │       │             │
新しい顧客               要因や対策の        過去に経験
価値の創造              見当がつかない       のない問題
                   ┌─要因や対策が─┐
                   │  見えているか？│
                   └───────────────┘
                      要因や対策が
                       見えている
```

課題達成型	未然防止型	問題解決型
1. テーマの選定 2. 攻め所と目標の設定 3. 活動計画の作成 4. 方策の立案 5. 成功シナリオの追究 6. 成功シナリオの実施 7. 効果の確認 8. 標準化と管理の定着 9. 反省と今後の課題	1. テーマの選定 2. 現状の把握と目標の設定 3. 活動計画の作成 4. 改善機会の発見 5. 対策の共有と水平展開 6. 効果の確認 7. 標準化と管理の定着 8. 反省と今後の課題	1. テーマの選定 2. 現状の把握と目標の設定 3. 活動計画の作成 4. 要因の解析 5. 対策の検討と実施 6. 効果の確認 7. 標準化と管理の定着 8. 反省と今後の課題

施策実行型
1. テーマの選定
2. 現状の把握と対策のねらい所
3. 目標の設定
4. 活動計画の作成
5. 対策の検討と実施
6. 効果の確認
7. 標準化と管理の定着
8. 反省と今後の課題

注）「施策実行型」は、①従来から行ってきた仕事における、②既知の問題（過去に経験した問題）で、③要因や対策が見えている場合、が該当する。この場合、要因の解析などを考えないで、対策をさっさと打とうというのが「施策実行型」である。ただし、もう少し広い視野で捉え、対策の必要なところを系統的に洗い出し、あらかじめ対策を打つという「未然防止型」につなげるのがよい。

図 3.7.2　QC ストーリー選定のためのフロー図

のある問題か、要因や対策が見えているかを考える。過去に経験のない問題や、過去に経験した問題だが要因や対策の見当がつかない場合は、「問題解決型」を使う。これに対して、過去に経験のある問題で、しかも要因や対策が見えている場合には、「未然防止型」「施策実行型」を使う。他方、今までに経験のない仕事の場合には、テーマの目的を考える。新しい顧客価値の創造をねらう場合は、「課題達成型」を使うのがよく、失敗の防止をねらう場合には「未然防止型」「施策実行型」を適用する。これらの中では、問題解決型QCストーリーが基本であるが、管理間接職場では、課題達成型や未然防止型のテーマも多く、必要に応じて、これらを問題解決型と同時に活用することが求められる。

3.7.2　管理間接職場のための改善のステップ

図3.7.3は、前項で述べた管理間接職場における改善の難しさを考慮してまとめた、「管理間接職場のための改善のステップ」である。ただし、このステップは主な改善活動に対して汎用的に適用できることをねらっており、すべての改善活動がこのステップで実行できると考えるべきではない。実情に応じ

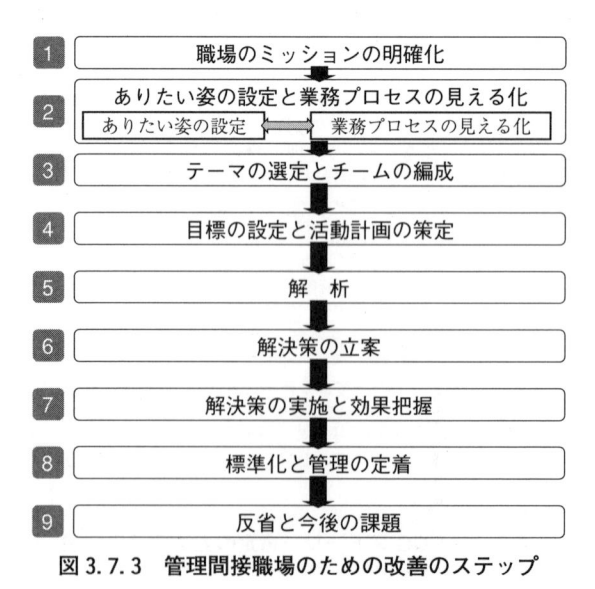

1	職場のミッションの明確化
2	ありたい姿の設定と業務プロセスの見える化 ありたい姿の設定　⇔　業務プロセスの見える化
3	テーマの選定とチームの編成
4	目標の設定と活動計画の策定
5	解　析
6	解決策の立案
7	解決策の実施と効果把握
8	標準化と管理の定着
9	反省と今後の課題

図3.7.3　管理間接職場のための改善のステップ

● 3.7 管理間接職場に適した改善ステップやツールを活用する ●

て手順の並びを変えるなど柔軟に使っていただきたい。また、このように改善のステップを一つにまとめてしまうと、前項で述べたような各QCストーリーがもつ特徴が薄れ、典型的な問題解決、課題達成、未然防止・施策実行のテーマに対して有効性が下がることが予想される。そうしたときには、個別に最適化されたQCストーリーを解説した書籍を学び、これらを適宜併用してほしい。以下では、**図3.7.3**の各ステップの詳細について述べる。

(1) 職場のミッションの明確化

　小集団プロセス改善活動をとおして得られた成果は、職場に活かされなければ意味がなく、職場や経営に貢献することが強く求められる。言い換えれば、担当する業務に直結した改善に取り組むことが必要であり、そのためには、業務を体系的に整理し、職場の業務、その目的、達成すべき水準を明確にしたうえで活動に取り組むことが必要になる。

　自職場で担当する業務を、抽象レベルの高いミッションから具体的な個々の業務へと体系的に洗い出し、整理する。このとき、自職場の業務の範囲、それぞれの業務の目的、ねらいとする水準を明らかにするよう心がける。また、この展開は、自職場の役割を明確にするために行うものなので、実施している業務を具体的に記述し業務の漏れがないように注意する。

　このステップは、テーマに取り組む際に毎回行う必要はなく、職場として小集団プロセス改善活動をスタートさせたとき、最初に取り組むのがよい。また、組織の変更があった場合、職場のメンバーが入れ替わった場合などには、適宜見直しを行う。

(2) ありたい姿の設定と業務プロセスの見える化

　次に、(1)**項**で明確にされた自職場の業務について、その実施プロセスを見える化する。まず、業務フロー(業務の進め方と業務を進めるうえで連携を図るべき関連部門)を明確にする。このとき、プロセスのつながりだけでなく、各プロセスのインプット・アウトプットや活動、活用するマニュアルや帳票、

顧客を明らかにするとともに、アウトプットの質を測るための管理項目・管理水準を明らかにする（詳細は 3.4 節を参照）。新規業務の場合、対応する業務プロセスがまだ存在しない場合も多い。このような場合には、わかっている範囲で業務プロセスの「計画」を書き出し、これをもとに議論を進めるのがよい。

業務プロセスの見える化と並行して、ありたい姿の設定を行う。ここでは、職場や組織に要求されること、そのレベルを検討し、ありたい姿の全体像を明確にする。

まず、顧客（後工程）が誰かを明らかにする。そのうえで、顧客がどのようなニーズをもっているかを把握するために、「お客様は何を望んでいるか」という観点で言語データを集め、整理する。その結果を図や表を用いて一覧にして目に見える形にする。そのうえで、結果を顧客や顧客をよく知っている人に見せて内容を確認してもらい、漏れているニーズ、誤解しているニーズ、その他の意見を聞き取り、必要に応じて修正する。これに、職場の人材・技術などの状況を勘案し、戦略的にありたい姿を決定する。

業務プロセスの見える化とありたい姿の設定は独立に進めるのでなく、相補的に進めるのがよい。業務プロセスを見える化しないまま、ありたい姿の議論を行うと、抽象的なものになる傾向が強い。他方、ありたい姿の議論をしないで、プロセスの見える化だけを進めようとすると、狭い範囲の検討からなかなか抜け出せない。両者を交互に進めることで、広い視野に立ちながら、しかも具体的な業務に結びついた形での議論を行うことができる。

すべての業務プロセスを一度に見える化する、ありたい姿の全貌を一度に明らかにしようとするには無理があるので、組織の方針などをもとに、取り組むべき領域を絞ったうえで行うのが効果的・効率的である。

(3) テーマの選定とチームの編成

テーマの選定にあたっては、職場の構成員が認識している職場・組織の課題や問題を洗い出し、整理する。そのうえで、(2)項で整理した、ありたい姿や業務プロセスと見比べ、業務プロセスにおけるボトルネック、すなわち改善す

● 3.7 管理間接職場に適した改善ステップやツールを活用する ●

べき業務プロセスを明らかにする。

　まず、構成員が認識している課題や問題を洗い出すときには、制約をおかずに、気になっていることやうまくいった経験などを思いつくまま言ってもらう、書き出してもらうのがよい。そのうえで、似たものを集めて整理することで、課題・問題の共有化が図られる。

　次に、職場のありたい姿、構成員が認識している職場・組織の課題・問題、業務プロセスの3つを関連づける。これは以下のように進めるとよい。

　① 職場のありたい姿と業務プロセスの関係を議論する。
　② 構成員が認識している職場・組織の課題・問題と業務プロセスの関係を議論する。

　①でありたい姿を業務のパフォーマンス(生産性、品質、コスト、納期など具体的な指標)に落とし込み、現状とのギャップの大きいものをピックアップしたうえで、これと業務プロセスの関係を整理し、改善すべきプロセスを絞り込む。そして、②で整理した各々の課題・問題がどの業務プロセスに関係するものかを明らかにし、改善すべきプロセスを絞り込む。

　上記①②によって、改善すべき業務プロセスを絞り込んだら、今までの検討結果および改善すべきプロセスに関する標準類や管理資料などを参考にして、そのプロセスにおいて取り組むべきテーマの候補(例えば、顧客・後工程の満足度を向上させる、人による誤りを減らす、実施に要する時間・人数・費用を削減する)を列挙し、年度方針、あるべき姿の達成や職場・組織の課題・問題の解決への効果、活動に参画するメンバーの能力、予算などの視点から評価を行って優先順位を決める。この結果をもとに、取り組むべきテーマを選び、当該のプロセスの「何を、どこまで、どのように」改善したいのかをまとめる。

　テーマ名は、活動の中身が見えるようなものにする。わかりやすいテーマ名は活動の内容を理解しやすくするだけではなく、ねらいの共有化によってメンバーの参加意識が高まり、活性化の気運を高めることができる。テーマ名の基本は、次の3つを盛り込むことである。

　① 何を改善するのか(改善対象)

② 到達すべきレベル(改善の程度)
③ どのような方法で改善するか(改善の方向性)

　テーマ名は具体的な目標が決まった後、再度見直し、修正して具体化を図るのがよい。
　テーマの選定にあたっては、常に一定の考え方・方法で行うというのではなく、職場の種類・状況に応じて複数の方法を併用するのがよい(**3.5節**を参照)。
　テーマを選んだら、そのテーマが職場レベルで取り組めるものなのか、全社レベルの取組みが必要になるのか、活動に取り組むチームはテーマを解決したら解散する時限型がよいのか、テーマが完了しても継続的に活動する継続型がよいのかなどを考慮し、チーム編成を行う(**3.6節**を参照)。
　テーマの選定とチームの編成の順序は、状況に応じていろいろなケースがあってよい。ただし、管理間接職場では、業務の範囲や種類が広く、個人作業が多いという職場特性を考慮してチーム編成を考える必要がある。そのため、あらかじめチームを編成し、そのメンバーの守備範囲のなかからテーマを選ぶのではなく、職場の問題・課題からテーマ候補を抽出し、そのテーマを解決するために適切な人を選び、チームを編成するのがよい。なお、このような活動形態では、テーマが完結したらそのチームは解散することになり、全員参加や改善活動の継続といった活動が活性化する要因が崩れやすい。そこで、管理者がこの点をフォローして、改善活動に参加しない社員がいる、職場の改善活動が継続しないなどといったことが発生しないように、マネジメントすることが強く求められる。
　実際のチーム編成では、職場の課題・問題を検討したときに、管理者あるいはリーダーシップをとった人が中心になって、テーマへの取り組みを成功させるためにはどのような能力が必要になるか、どのような職場の人に参画してもらう必要があるかなどを十分に考え、活動に参加してもらうメンバーを募ることになる。

（4） 目標の設定と活動計画の策定

　改善は、目的やねらうレベルによってやり方が変わってくる。このため、「誰のために行うのか、何のために行うのか」を討議する。そのうえで、（2）項の結果の関連する部分をさらに掘り下げるために、顧客(後工程)をより具体的に特定するとともに、そのテーマにかかわる意見やニーズを聞いて期待を明確にする。

　現状の把握は、改善活動の基礎をつくる重要なステップである。現状の把握が不十分だったり、偏っていたりすると、改善全体がゆがんでしまい、科学的に改善することができなくなる。現状の把握を行う場合には、どのようなデータを用いて現状を把握するか十分に議論し、メンバーの衆知を集める。この際、数値で表現されるデータだけでなく、事実を言葉や映像で表すことも含めて考える。現状を表すデータが収集できたら、そのデータを適切な手法で分析して内容の見える化を行い、現状を明らかにする。

　顧客(後工程)およびその期待を明確にし、現状を把握したら、これらにもとづいて目標を決める。目標は達成度合いが明確になる数値で設定するのがよく、通常、顧客の期待レベルをそのまま目標とすることが多い。しかし、改善を実行する業務の環境や実行するメンバーの力量などが達成するレベルに影響するので、改善へのニーズとチームの改善に対する力量の両方を考慮して決める。

　活動計画は、活動をスムーズに進めるための道標となる。活動のステップをマイルストーンにして日程計画を作成する。活動のステップは、**図3.7.2**で示したように、テーマの内容、目標とするレベルで変わる。現状の把握で明らかにした悪さ加減とありたい姿を比較してギャップを明確にする。そのうえで、このギャップを解消するためには、既存のプロセスを解析・改善することで対応できる範囲か、新しいプロセスを開発・設計することで初めて達成できる範囲なのかを明確にする。既存のプロセスの改善で対応できる場合は、「問題解決型ストーリー」、新しいプロセスを開発することで初めて達成できる場合は「課題達成型ストーリー」が基本となるが、原因・対策がわかっている場合や既知の失敗の防止を目的とする場合には「未然防止型ストーリー」「施策実行

型ストーリー」を選ぶ。選んだストーリーをベースに改善のステップを決める。なお、場合によっては、「課題達成型」+「未然防止型」、「問題解決型」+「未然防止型」など、複数のストーリーを組み合わせることが必要になる。

　活動計画は、活動を順調に進めるために重要である。活動計画に盛り込む内容は、改善活動を進める役割だけでなく、チーム運営上の役割もあるので、この2つの面を検討し決定する。役割は、担当する人の得意な分野や本人の要望を優先して決めるとよい。活動が計画どおり進んだかどうかは反省の材料になる。

　解析や解決策の立案・実施に成功するためには、プロセスに関する固有技術が必要である。メンバーがもっている固有技術と解析や解決策の立案・実施で必要となる技術を洗い出し、両者を対比して欠落している部分、不足している部分がないかどうかをチェックする。具体的には必要なスキルや知識の保有度合いを個人別にスキルマップを用いて見える化し、その結果と業務遂行に必要なスキルや知識レベルとを比較して不十分な部分があれば、どのように補えばよいかの方法を考え、活動計画に含める。

（5）　解　　析

　解析は、既存プロセスまたは新規プロセスのなかの、どこの、どの条件（X_1, X_2, …）が結果 Y のありたい姿と現状とのギャップを生み出す原因となっているか、両者の因果関係 $Y = f(X_1, X_2, …)$ を究明するステップである。

　まず、メンバーや管理者、関係者の意見を集め、原因と思われるものを列挙・整理する。そのうえでさまざまな情報をもとに重要要因を絞り込む。絞り込んだ重要要因については、当該の要因に関する事実を数値データや言語データ、映像データとして集め、層別やQC手法で解析し、検証する。検証を行う場合の基本は、選択した要因に対する対策を一部でも実際にやってみて、思いどおりの結果（成果）を得ることができるかどうかを事実で確認することである。

　解析の具体的な手順は、問題解決型、課題達成型、未然防止型で異なる。問題解決型では、既存のプロセスについてのデータを収集・活用し、仮説の設定、

仮説の検証を繰り返す。課題達成型では、顧客(後工程)のニーズをもとに新規プロセスを計画し、そのプロセスをもとに因果関係を整理し、より詳細に議論すべき部分を絞り込む。未然防止型では、過去に経験した問題を整理して類型化し、これを用いて結果に影響を与え得るプロセスの改善すべき点を洗い出し、その重要度を評価する。ただし、いずれの場合もプロセスに関する因果関係 $Y = f(X_1, X_2, \cdots)$ の解明を行っているという点では同じである。

(6) 解決策の立案

　解決策の立案は、解析のステップで明確になった重要要因に対して、解決策を立案するステップである。有効な解決策を立案できるかどうかがポイントとなるため、アイデア発想法などを活用し、できるだけ多くの解決策の案をつくったうえで、有効性や実現性を評価して実施する解決策を選ぶ。なお、案をつくる場合には、過去に役立った対策を整理・体系化しておき、活用するのがよい。また、有効性や実現性を評価する場合には、評価項目とそれぞれの項目についての評価基準を明確にしたうえで、段階評価を行い、その結果をもとに総合的な評価を行うのがよい。

(7) 解決策の実施と効果把握

　選定した解決策については、実施時に思わぬ事故など障害が発生する可能性があるので、あらかじめ起こりそうな問題を予測し、その対応方法を検討しておく。チームメンバーで「解決策実施時のリスクにはどんなものがあるか」「予想されるリスクの効果的な防止策はどのようなものがあるか」を論議し、リスクを想定し、対応表をつくっておくと、実際にリスクが発生したときに早急に対応ができ、被害を小さくすることができる。

　解決策の実施は、業務の手順や仕組みを変えることにつながる。業務の手順や仕組みは業務標準や手順書などで標準化され、管理資料に指定されていることもあるので、解決策を実施するときは管理者に報告し、承認を受け、所定の手続きに沿って実施する。

解決策を実施する計画(誰が、いつ、どこで、何を、どのように行うのか、それはなぜか、など)を立て、その計画にもとづいて解決策を確実に実施する。実施計画においては、実施の制約事項(納期、費用、工数、組織の問題、その他、盛り込む必要のある項目)を明確にする。また、効果の把握や副作用の有無の確認をどのように行うのかについても明確にする。

実施計画を立てたら、それに従って解決策を忠実に実施する。実施計画と実績が乖離したときは、その内容や原因を究明して記録する。なお、解決策の効果やリスクの発生が気がかりなときは、一部で解決策を試行してみて、その結果で解決策やその実施計画を見直す。たとえ一部でも実際に実施することで不確定な要素を少なくすることができ、成果の予測を確実にすることができる。

解決策を実施し成果が出てくる時期を見計らって、効果や副作用の有無を把握するデータを収集し、目標を達成しているかどうかをチェックする。目標未達成の場合は、その原因を検討し、状況に応じて前のステップ(ありたい姿の設定と業務プロセスの見える化～解決策の立案)に戻り、再度、不十分な部分を検討し直す。また、効果を金額換算して自分たちの実施した改善活動の大きさが実感できるようにする。さらに、目標とした効果以外の波及効果や数字では表しにくい無形効果も把握すると、実質的な改善成果が体感できる。

(8) 標準化と管理の定着

効果のあった解決策に対して歯止め(効果のあった解決策が複数の人が働く組織のなかで確実に実施できる方策)を施し、活動の成果を継続させる。歯止めは、解決策をマニュアルなどに文書化することと誤解されていることが多い。文書化は歯止めの重要な要素の一つである。しかし、成果を継続させるためには文書化だけでは不十分で、継続的に実施しやすい工夫を行うこと(エラープルーフ化など)、文書化した内容を周知・教育・訓練すること(知識・スキルレベルの評価を含めた教育・訓練の仕組みなど)、実施およびその成果が持続しているかを監視するシステムを構築すること(管理図などを用いた定期的な実施状況・結果の確認など)などがポイントとなる。

(9) 反省と今後の課題

　活動の結果やプロセス(活動の経過)を振り返って、良かった点(強み)と悪かった点(反省点、弱み)の両面から、活動を率直に反省する。自分たちの活動の実態をつかむことで、次の活動において良かった点を継続し、反省点を修正できるようにする。活動をとおしてどれだけメンバーの能力が向上したか、チームの能力が向上したかについてもまとめておく。これによって、次の活動に向けた着実な能力向上が図られる。

　次回の活動計画を考えるにあたっては、反省で取り上げた良かった点は継続し、悪かった点は再発させないための方策を盛り込む。また、改善活動は、たえず分析やアイデア発想を繰り返し進めていくのがよい。このためにやり残した問題や課題をまとめておき、今後どうするかを検討してリストなどに記録しておくのがよい。

　最後に、活動の満足度をチェックする。改善活動は、活動成果を出すことも大切であるが、活動をやり遂げ、自らが決めた目標を達成して得られる充実感・達成感・満足感を味わい、自らの姿勢を前向きに活性化することも重要である。

3.7.3　改善のステップで活用できるさまざまなツール

　改善活動の質の確保・向上のためには、QC七つ道具や新QC七つ道具を始めとして、統計的方法、品質保証の手法、信頼性手法などの手法をうまく活用することが大切である。ここでは、これらに加えて、管理間接職場の小集団プロセス改善活動において有用と考えられるいくつかのツールについて紹介する(表3.7.2)。

(1)　業務展開シート

　「業務展開シート」は、職場の業務を目的・手段の連鎖で体系的に展開し、一つの単位業務まで細分化すると同時に、単位業務を「名詞(対象)と動詞(作用)」で表現することで、業務として行っている機能(働き)を漏れなく明確に

表 3.7.2　管理間接職場の小集団プロセス改善活動において有用なツールの例

ツール	説　明	主に使用される改善のステップ
業務展開シート	職場の業務を目的・手段の連鎖で体系的に展開し、業務として行っている機能（働き）を漏れなく明確にするツール	①　職場のミッションの明確化
プロセス体系シート	業務の5W1Hを明確にするツール	②　ありたい姿の設定と業務プロセスの見える化
問題プロセス抽出シート	業務で発生する可能性のある問題を予測するとともに、予測した問題の発生頻度や影響度を評価し、改善の必要性を明確にするツール	②　ありたい姿の設定と業務プロセスの見える化 ⑤　解析
問題・課題整理シート	抽出された問題・課題、各々についての検討内容を整理し、テーマ選定を行うためのツール	③　テーマの選定とチームの編成
スキルマップ	メンバーの能力を評価し、解析や解決策の立案・実施のために必要なスキルをメンバーがもっているかどうかを判定するツール	③　テーマの選定とチームの編成 ⑨　反省と今後の課題
解決要件シート	解決策のアイデアを集める前に、解決策に求められる要件をまとめるためのツール	⑥　解決策の立案
解決策アイデア評価シート	解決策としてメンバーから提案されたアイデアを評価選択するためのツール	⑥　解決策の立案
業務マニュアルシート	業務のやり方について標準を決めてこれを活用することで、業務の均一化をはかるためのツール	⑧　標準化と管理の定着
業務モニタリングシート	プロセスの管理項目や関連する原因系の点検項目を明確にし、異常に対する確実な検出・処置が行われるようにするためのツール	⑧　標準化と管理の定着
図解プロファイリング	新QC七つ道具のなかの複数の手法を、一定の手順で組み合わせることで、言語データを用いた問題・課題や解決策の明確化を行うための手法	③　テーマの選定とチームの編成 ⑤　解析 ⑥　解決策の立案

するツールである。さらに、業務を表す名詞と動詞に修飾語をつけることで、業務の質を明らかにできる。そのうえで、職務の範囲やレベル、あるいは、上位方針を履行する観点で管理項目（モニタリング項目）の的確な設定を行うために用いることができる。図 3.7.4 に業務展開シートの例を示す。

　業務展開シートを作成することで、業務全体が俯瞰できる。また、業務の分担をはっきりさせ、責任の所在が明確になる。このような利点がある反面、抽象的な内容の粗いものになるおそれがあるため、業務を行うプロセスの詳細を整理した「プロセス体系シート」と合わせて活用するのがよい。

（2） プロセス体系シート

　どのような活動であっても、内容を 5W1H（What、Who、When、Where、Why、How）で示すと具体的になる。「プロセス体系シート」は、管理間接職場における業務の 5W1H を明確にするためのツールである。図 3.7.5 に例を示す。プロセス体系シートは、提供している商品やサービスの質を確保するための品質保証活動の全体像を整理する場合に用いられる「品質保証体系図」を参考にしている。

　プロセス体系シートは、縦軸に企画・開発→生産→販売→アフターサービスといった組織活動のステップを、横軸に営業、技術、製造などの組織部門を記述した表のなかに、提供する商品やサービスの質を保証する活動を流れ図として配置することで、5W1H の Who、When、Where を明確にしている。各活動は、名詞と動詞を用いた機能表現で記述する。縦軸は活動のステップが時間軸をもとに配置されているので、このような記述を行うことで 5W1H の What、How が明らかになる。残る Why は、後述する「問題プロセス抽出シート」で明確にする。

（3） 問題プロセス抽出シート

　職場の業務を滞りなく実践するためには、業務で発生する可能性のある問題を絶えず予測するとともに、予測した問題の発生頻度や影響度を評価し、改善

図 3.7.4 業務展開シートの例

業務範囲	ねらいの業務水準	担当職務（担当業務）	職務内容	一次業務（名詞＋動詞）	二次業務（名詞＋動詞）	業務を保証する内容（修飾語＋名詞＋動詞＋修飾語）	業務モニタリング項目（意図する保証項目の内容）	業務範囲	重要度	緊急度	方針適合	総合評価
市民・業者が不動産の評価証明を必要とするとき（不動産売買や登記などのため）、評価額を記載した証明書を交付する	申請の不備は、すぐに知らせ（混んでいるときは、担当者が申請書を見るまでに時間がかかる）、なるべく待たせない。交付時に身分証明書を確認するが、もっていない人がいるので、窓口に来る以前に周知する	評価証明書の発行	窓口準備	窓口をチェックする	好感度をチェックする	気持ちのよい窓口かをチェックする	好感度合い	○	△	○	○	4
					清掃状況をチェックする	窓口の清掃状況をチェックする	清掃状況	○	○	○	◎	6
					機材状況をチェックする	窓口の機材準備状況をチェックする	機材準備状況	◎	◎	◎	○	15
			申請書受理	申請書を受け付ける	申請書内容を確認する	記入漏れのない申請書を受理する	記入状況	△	△	◎	○	14
					早く受理する	申請書を早く受理する	受理時間	○	○	○		2
			申請書確認	申請書内容を確認する	証明書発行申請書を受け付ける	証明書発行範囲の申請書を受理する	申請内容	◎	△	◎	◎	13
					申請範囲を確認する	妥当な申請範囲か確認する	申請範囲	○	○		○	7
					記入漏れを確認する	記入漏れのない申請書か確認する	申請内容	△				1
			申請書送付	申請書を送る	誤記なく送る	誤記のない申請書内容を確認する	記入先	◎	◎	◎	◎	20
					担当部署へ送る	申請書を間違いなく送る	送付先	○	○	◎	○	11
					滞留させずに送る	申請書を滞留させずに送る	滞留時間	○		○	○	6
			証明書発行	証明書を発行する	申請内容をインプットする	正確な証明書を発行する	正確度	△	○	○		8
					証明書をデザインする	きれいな証明書を発行する	仕上がり具合	△				1
					申請内容を確認する	内容をていねいに確認する	正確度	◎	◎	○	◎	16
					迅速に発行する	証明書を迅速に発行する	発行時間	○		○		3
			証明書交付	証明書を交付する	名前を呼び上げる	名前を大きな声で呼び上げる	確実性	○	○	△	△	9
					名前を確認する	名前を正確に確認する	正確性	◎	◎	◎	◎	20
					証明書を交付する	証明書を素早く交付する	手渡し時間	◎	△	△	○	7

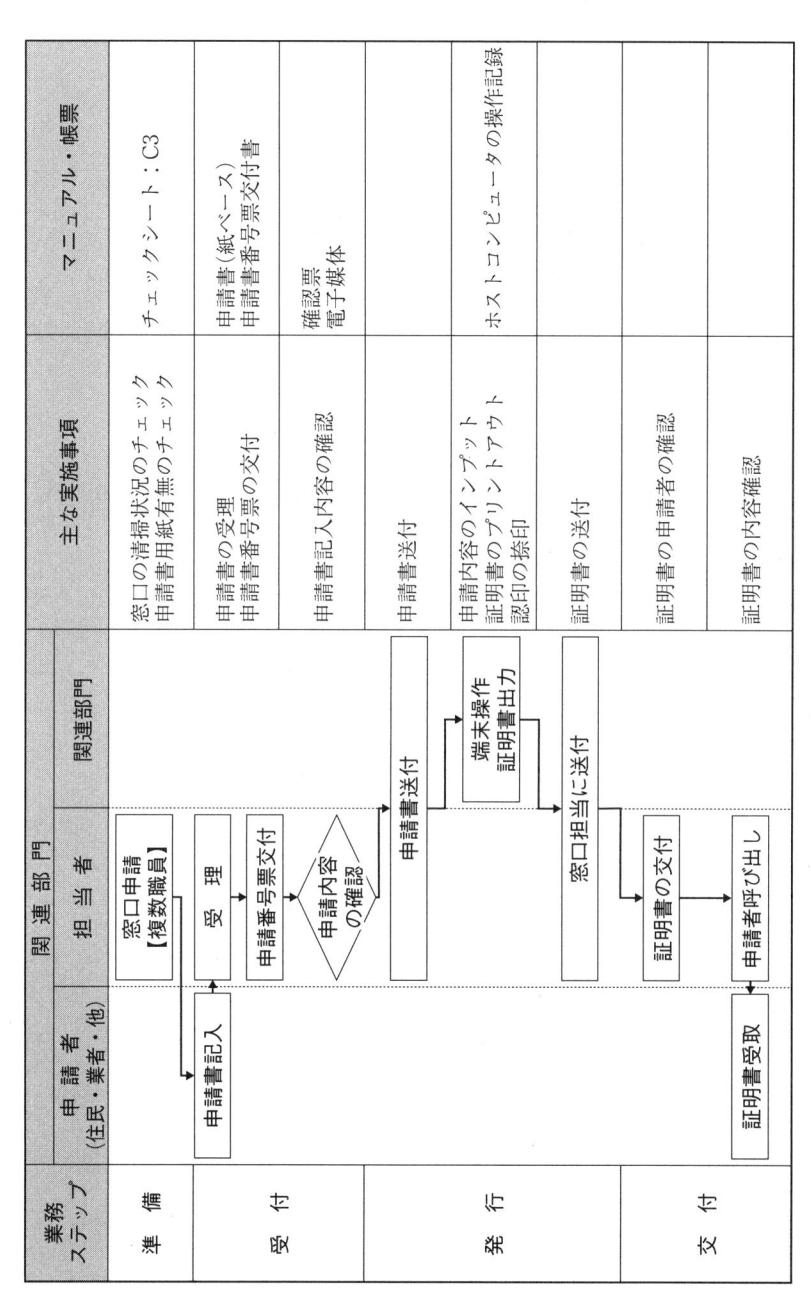

● 3.7 管理間接職場に適した改善ステップやツールを活用する ●

業務ステップ	関連部門 申請者（住民・業者・他）	関連部門 担当者	関連部門 関連部門	主な実施事項	マニュアル・帳票
準備		窓口申請【複数職員】		窓口の清掃状況のチェック 申請書用紙有無のチェック	チェックシート：C3
受付	申請書記入	受理 申請番号票交付 申請内容の確認		申請書の受理 申請番号票の交付 申請書記入内容の確認 申請書送付	申請書（紙ベース） 申請書番号票交付書 確認票 電子媒体
発行			申請書送付 端末操作 証明書出力 窓口担当に送付	申請内容のインプット 証明書のプリントアウト 認印の捺印 証明書の送付	ホストコンピュータの操作記録
交付	証明書受取	証明書の交付 申請者呼び出し		証明書の申請者の確認 証明書の内容確認	

図3.7.5　プロセス体系シートの例

の必要性を明確にする。また、無視できないものについてはあらかじめ対策を講じておくことが大切である。

「問題プロセス抽出シート」は、プロセス体系シートと、業務において発生する典型的な問題を整理した一覧表を使って、問題の発生が予測されるプロセスを把握するためのツールである。図3.7.6に例を示す。このシートは、信頼性工学の分野で活用されているFMEA (Failure Modes and Effects Analysis、失敗モード影響解析)を参考にしている。

(4) 問題・課題整理シート

「問題・課題整理シート」は、「問題プロセス抽出シート」で抽出された問題や、職場課題検討会(職場の構成員が認識している職場・組織の問題や課題を洗い出すための会合)で検討された内容などを整理し、テーマ選定を行うベースをつくるために用いるツールである。図3.7.7に例を示す。このシートを活用することで、チームで検討している問題・課題を一覧表にまとめ、漏れを防ぐことができる。また、各々の問題・課題についてチームで既に議論した内容の記録としても役立つ。

(5) スキルマップ

「スキルマップ」は、メンバーの能力(コンピテンシー)を評価し、解析や解決策の立案・実施のために必要なスキル・知識をメンバーがもっているかどうかを判定するとともに、補強すべき不足しているスキル・知識を明確にするためのツールである。図3.7.8に例を示す。評価する能力の項目は、業務展開シートをもとに、当該の業務を遂行するのにどのような能力が必要になるかを分析・整理することで明確にできる。

(6) 解決要件シート

「解決要件シート」は、解決策のアイデアを集める前に、解決策に求められる要件をまとめるためのツールである。図3.7.9に例を示す。このシートは、

● 3.7 管理間接職場に適した改善ステップやツールを活用する ●

プロセス名称	プロセスの機能	問題の様態(不具合モード)	想定原因	問題発生時の影響	不具合モードの重要度 発生頻度	影響度	検出難易度	総合評価	是正の方向性	備考
申請書受付	申請内容を記入する。	記入不備(記入漏れ、記入間違い)	申請書の記入内容の不理解	受付窓口でチェックに時間がかかり、申請者の書き直しが発生し、証明書発行時間が長引く。	5	5	3	75	申請窓口に記入見本を設置する。	
証明書発行	証明書を作成する。	内容の誤記	申請書の記入内容が読みにくい。	申請書が無効になる。	3	3	5	45	記入文字を楷書体で書く。	
証明書交付	証明書を交付する。	誤交付	申請者と証明書名義の未確認	証明書が無効になる。	1	5	3	15	呼出し時にフルネームを確認する。	

図 3.7.6 問題プロセス抽出シートの例

プロセス名称	問題点	改善の方向性・改善案							検討会主催者	検討会での意見	改善優先度	対策実施予定	現状工数	対策実施結果	改善後工数
		廃止	統合	標準化	精度向上	IT化	その他	改善案							
申請書受付	申請書内容が整わず、チェック時間がかかる			○				標準記入見本を作成し、申請窓口に備え付ける。	山田	標準記入見本をつくるときに、今までの記入ミスを調査し、不具合原因を究明してから施策を考えること	B				
証明書発行	証明書の発行時にデザインが整わずに苦労する。					○		IT化してフルインザブランク形式に必要項目を打ち込むとデザインできるようにする。	古田	専門的なリテラシーを使わなくてもすむようにシステムデザインすること	A				

図 3.7.7　問題・課題整理シートの例

● 3.7 管理間接職場に適した改善ステップやツールを活用する ●

対象者の氏名 コンピテンシー				
中分類	小分類			

評価マーク 個人別に小分類のコンピテンシー（スキルなど）を評価する	
無表示	必要がない
⊕	必要だがまったく知らない
⊕	知っている程度
⊕	支援を受けながら実施する
⊕	日常的に実施している
⊕	指導ができる

図 3.7.8　スキルマップの例

解決すべき要件項目	内　　容
問題点の大きさ	
問題発生の要因	
解決の方向性	
解決策の構想	

図 3.7.9　解決要件シートの例

品質保証の分野で活用されている QA 表の概念を参考にしている。

(7)　**解決策アイデア評価シート**

「解決策アイデア評価シート」は、解決策としてメンバーから提案されたアイデアを評価選択するためのツールである。図 3.7.10 に例を示す。

(8)　**業務マニュアルシート**

顧客(後工程)の満足を確実なものにし、問題の発生を防止するためには、業

第3章 管理間接職場における小集団プロセス改善活動の進め方

番号	解決策のアイデア	質のチェック					総合評価
		妥当性	魅力向上	固有技術	費用	実施時間	
1							
2							
3							
4							
5							
6							

図3.7.10　解決策アイデア評価シートの例

務のやり方について標準を決め、これを活用することで、業務の均一化を図ることが重要である。

「業務マニュアルシート」は、製造部門で技術標準書、作業標準書、作業要領書、作業指導書、作業指示書などと呼ばれているものと同じであり、職場・組織において、業務のやり方についての共通の理解を得るために役立つツールである。**図3.7.11**に例を示す。

業務マニュアルシートの作成目的には、以下のものがある。

- 業務の遂行方法を一定にして担当者によるばらつきを少なくする。
- 企業や組織が独自にもっているノウハウを目に見える形で蓄える。
- スキルの習得や習熟を早くする。
- 新規担当者に対する教育用のテキストとなる。
- 改善の対象である業務の内容が明確になり、しっかりした改善が行える。
- 業務指導の中核的な資料として活用できる。
- 標準時間算定の基礎資料になる。

（9）業務モニタリングシート

業務の均一化を図るためには、業務マニュアルを定めるとともに、通常ど

● 3.7 管理間接職場に適した改善ステップやツールを活用する ●

所属	行政管理部 契約室		No.	改訂日付	改訂概要	改訂者	承認	Management Qualtx
業務の範囲	市民・業者が不動産の評価証明を必要とするとき(不動産売買や登記などのため)、評価額を記載した証明書を交付する		1					承認 審査 作成
			2					
ねらいの業務水準	申請の不備は、すぐに知らせ(混んでいるため、担当者が申請書を見るまでに時間がかかる)、なるべく待たせない、交付時に身分証明書を確認するものがいるので、窓口に来る以前に周知する		3					
			4					
			5					

工程作業 No.	業務内容	業務遂行のポイント (急所、やりやすく、安全、禁則など、必要に応じて図・表・写真などを活用)	質のチェック		使用記録用紙
			チェック方法	管理水準	
1	窓口準備 受付の準備をする	① 事務所内の清掃状況をチェックする ② 必要機材の準備状況をチェックする ③ 申請書記入見本の有無をチェックする	目視	ゴミの有無、必要機材、記入見本の欠品ゼロ	チェックシート
2	申請書受理 申請書を受け付ける	① 必要記入項目が記入されているかチェックする ② 申請が交付に該当する内容かチェックする	目視チェック 申請内容が交付に該当することを	不備事項皆無	申請書番号票 交付申請書(紙ベース)
3	申請内容確認 申請書の記入内容をチェックする	① 必要記入項目が記入されているかチェックする ② 記入内容に誤記入漏がなく、理解できるかチェックする	目視チェック 申請書記入誤記と記入漏れなきこと	交付該当度100%	確認票 電子媒体
4	申請書送付 申請書を送付封筒に入れ、電算システム課に送る	① 書類の収納状況をチェックする		受付後10分以内	ホストコンピュータの操作記録
5	証明書発行 証明書を作成する 証明書を送付封筒に入れ、交付窓口に送る	① 証明書の記入項目をチェックする ② 証明書の仕上がり状況をチェックする			
6	証明書交付 申請書と証明書の内容を比較する	① 申請書どおりに仕上がっているか再確認する	目視チェック 申請書と比較		

図 3.7.11 業務マニュアルシートの例

おりの結果が得られているかどうかを判定するための尺度と判定基準、すなわち管理項目と管理水準を明確にし、これを用いて異常を早期に発見し、その原因を追究して再発防止の対策をとることが重要である。

「業務モニタリングシート」は、製造部門で用いられているQC工程表と同じであり、プロセスの管理項目や関連する原因系の点検項目を明確にし、異常に対する確実な検出・処置が行われるようにするためのツールである。**図3.7.12**に例を示す。

業務モニタリングシートには、管理項目、管理水準のほか、関連する業務マニュアルシートや記録などを記す。業務モニタリングシートの用途としては、次のものがある。

- 業務プロセスを設定する、明確にする。
- 業務プロセスの質の作り込みの要点を決める。
- 業務プロセスの管理に関わる資料類を一覧する。
- 業務で苦情、作業不具合、不良などが発生したときの原因追究のための検討資料
- 業務プロセスを改善する場合の検討資料
- 作業者交替時の引き継ぎのための資料
- 新人、異動者の教育のための資料
- 固有技術を伝承するための資料

(10) 図解プロファイリング

図解プロファイリングとは、新QC七つ道具の複数の手法を一定の手順で組み合わせることで、言語データを用いた問題・課題や解決策の明確化を行う手法である。

図解プロファイリングの流れを**図3.7.13**に示す。大きくは4つのステップで構成されている。

① 言語データを収集する。
② 収集した言語データを目的に合わせて整理・統合する。

● 3.7 管理間接職場に適した改善ステップやツールを活用する ●

業務のフロー			業務名	管理方法			
申請者(住民・業者・他)	担当者	関連部門(上司・他部門)		モニタリング項目(点検項目を含む)	モニタリング水準	チェック方法(頻度を含む)	マニュアル・書式・記録
	窓口準備【複数職員】		窓口準備	機材準備状況	欠品 0件	チェックシートによるチェック	チェックシート
申請書作成	受理、受付番号票交付		申請書受理	必要記入項目(申請内容)	不備事項皆無	目視チェック申請内容が交付に該当すること	申請番号票交付書申請書(紙ベース)
	申請内容の確認		申請書確認	交付当該事項(記入内容)	交付該当度100%	目視チェック申請書に誤記と記入漏れがないこと	確認票電子媒体
	端末操作担当に申請書を渡す		申請書送付	送付先への発送時間	受付後10分以内	砂時計(10分計)	
		端末操作証明書出力	証明書発行	内容確認(正確性)	誤発送 0件	目視チェック申請書と比較	ホストコンピュータの操作記録
	窓口担当に渡す						
	申請者呼び出し		証明書交付	交付先確認(正確性)	交付間違い 0件	目視チェック申請書と比較	
証明書受取							

図 3.7.12 業務モニタリングシートの例

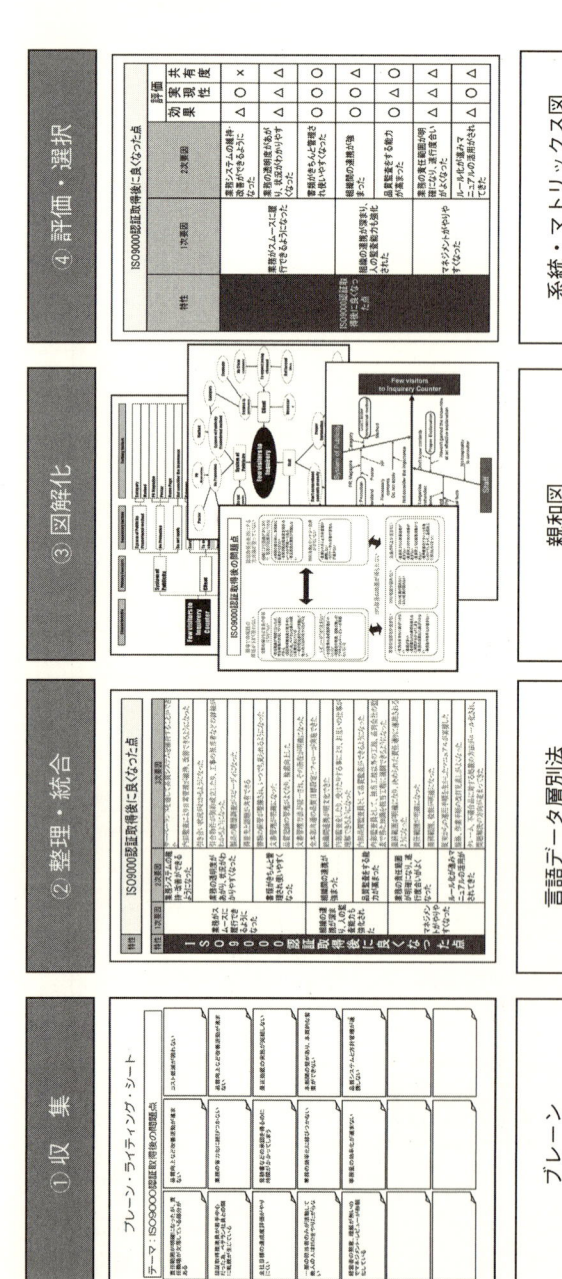

● 第3章　管理間接職場における小集団プロセス改善活動の進め方 ●

図 3.7.13　図解プロファイリングの流れ

● 3.7 管理間接職場に適した改善ステップやツールを活用する ●

③ 整理・統合された言語データを図解化して、内容を理解しやすくする。
④ 整理・統合した言語データを目的に合わせて評価・選択する。

①では、メンバーが個々にもっている情報を表出化して言語データとしてカード化する。この際、BS（ブレーンストーミング）法やBW（ブレーンライティング）法を用いると効果的である。BW法とは、BWシートに決められた時間内に各自がそれぞれ思いついたものを記入し、さらにその用紙を回覧しながら逐次意見を記入する方法である。BW法は、電子メールを活用して意見を集める場合にも活用できる。

②では、集めたカードを表現を統一したうえで(悪さを表す表現を良さを表す表現に置き直すなど)親和性でグループ化し、整理・統合する。カードを1枚ずつ読みながら、相互に似通った意味合いのものを近くに集める。集まったものはグループ化し、その全体を表すラベルをつける。これを繰り返すことで、すべてのカードを空間的に配置していく。BWシートを切り離し、机の上で物理的に行ってもよいし、パソコンを活用してもよい。例えば、表計算ソフトのExcelを活用すると、言語カードの並び替えが容易にでき、上下に隣り合わせに表示し比較して読み合わせると親和性の判断がしやすい。さらに言語データが電子化してあるので、その後の図解化のステップや評価・選択のステップを効率的に実行できる。

③では、②の結果を親和図や特性要因図などで図解する。図で表すことにより、分析結果の全体が把握しやすくなり、データから分析者がどのような結論を引き出したかが容易に理解できるとともに、内容に異論がある場合には図を用いて議論することで、メンバー間の相互の理解が促進し、共有や合意を得やすくなる。また、もとの言語データを提供してくれた人やその他の関係者に示して整理・統合した結果の確認をしてもらう際にも理解しやすい。

④では、整理・統合したものを目的に沿った複数の評価項目で評価し、重要なものは何かを明確にする。ここでは、系統図やマトリックス図が役立つ。整理・統合した結果を系統に示し、これに評価項目のマトリックスをつくって評価を行い、高得点を得たものを重要な選択肢として抽出する。評価項目は目的

に応じて選ぶのがよく、評価項目を系統図を用いて整理しておくことで、評価項目の妥当性が検証しやすくなる。

3.8 改善能力・運営能力を評価し、その向上を図る

　一つの小集団プロセス改善活動が成功するかどうかは、メンバーの総和であるチームの集団としての能力によって決まる。このもとになるのは、チームを構成する個人の能力が必要である。したがって、小集団プロセス改善活動を実践するためには、各個人にはどのような能力が必要で、それらの能力はどのようなレベルであるべきかを明確にし、それらの能力を向上するために、どのような方策、つまり手段としての教育をどのように準備すればよいかを考えることが重要となる。

　本節では、成果を生むための個人の改善能力・運営能力を評価し、その向上を図ることに焦点を絞り、次の4項目について述べる。

　① 必要とされる能力を明確にする。
　② 能力のレベルを評価する。
　③ 能力評価の結果を活用する。
　④ 能力を向上させるための教育・研修を行う。

3.8.1　必要とされる能力を明確にする

　まず、管理間接職場において求められる能力を明確にする必要がある。表3.8.1に求められる能力の例を示す。能力は大きく分けて「固有技術」に関するものと「管理技術」に関するものがある。「固有技術」とは、業務に固有の技術であり、業務の内容によって必要となるものが異なる技術である。これはさらに、ビジネス文書作成能力、外国語会話力などの「基本能力」、自分たちが提供している製品・サービスに関する「商品知識と活用力」、自分が行っている業務に関する「専門能力」の3つに分けられる。他方、「管理技術」とは、業務の内容に依存せず、あらゆる職場で共通に必要となる技術である。こ

● 3.8 改善能力・運営能力を評価し、その向上を図る ●

表3.8.1 管理間接職場で求められる能力の一覧(例)

能　力		項　　目
固有技術の能力	基本能力	● 高い志、積極性、持続力、明るさ、創造性、一般常識、理解力 ● ビジネス文書作成能力、プレゼンテーション能力、論文作成能力 ● コミュニケーション能力、話す・聞く力、読む・書く力、理解力 ● IT活用能力：ワード、エクセル、PPT、ネットワーク ● 外国語会話力：英語、ドイツ語、フランス語、スペイン語、中国語
	商品知識と活用力	● 自社の主要製品、主要サービス、使用されている技術の理解 ● 市場、顧客、顧客の業務、製品・サービスの使われ方・利用のされ方 ● 競合となる製品、サービス
	専門能力	● 企画・研究　　：経済動向、市場動向、最新技術動向、学術動向 ● 開発　　　　　：要素技術、設計、試験研究、材料、電気、故障解析 ● 製造生産技術：機械加工、熱処理、板金溶接、組立、塗装、電気 ● 管理部門　　　：生産管理、原価管理、人事、情報処理、財務 ● 品質保証　　　：品質保証、信頼性、故障解析、検査技術 ● 購買　　　　　：購入品、外注品、素材 ● 営業サービス：顧客情報管理、接客、商品 ● 共通項目　　　：危機管理、製品安全、製造物責任、法規、社規、技術標準、ISO、環境
管理技術の能力	基本能力	● 情報収集能力 ● 問題課題設定能力 ● 仮説設定能力
	改善能力	● 改善手法：QC七つ道具、新QC七つ道具、VE、IE、アイデア発想、実験計画法、多変量解析、品質工学(タグチメソッド)、信頼性工学 ● 改善手順：問題解決の手順、課題達成の手順、施策実行の手順
	チーム運営能力	● 決断力、実行力、先見性、見識、人脈のネットワーク ● リーダーシップ、調整力、協調性、統率力、説得力 ● プロジェクト運営、最大化力 ● 指導力、人材育成力
	組織運営能力	● 方針管理 ● 日常管理 ● 小集団プロセス改善活動
	経営方針の理解と展開力	● 企業理念の理解と展開 ● 中長期方針の理解と展開 ● 年度方針の理解と展開

れはさらに、問題課題設定能力などの「基本能力」、改善手法や改善手順などの「改善能力」、リーダーシップ、調整力などの「チーム運営能力」、方針管理などの「組織運営能力」、企業理念や年度社長方針などの「経営方針の理解と展開力」の5つに分けられる。

(1) 基本能力(固有技術)

業務を遂行するときの基本となる能力である。高い志、持続力、創造性などは資質的な要素もあろうが、努力によって磨かれる。また、プレゼンテーション能力、コミュニケーション能力、IT活用能力などは組織人として必要な能力であり、外国語や海外経験は、グローバルに業務を遂行するために必要とされる能力である。これらの能力は、最初の段階では集合教育が行われ、OJT (On the Job Training)で養われる。また業務でも、さまざまな部門の経験、役職の経験で能力が向上、獲得される。その向上のためには、いかに多くの研鑽の機会を得るかの個人的努力と、経験させる企業側の仕組みが大切である。

(2) 商品知識と活用力

開発部門の直接開発に携わった人や営業、サービス部門の人たちは多くの商品知識をもっているが、それ以外の部門の人たちは、意外に自社商品の情報を知らない。営業だけでなく、開発、生産、サービス、品質保証などあらゆる部門の人が自社商品の情報をもっている必要がある。そのうえで、業務があり、業務の改善があり、チーム活動がある。

商品知識は、中堅社員になる段階での集合教育で獲得しておく必要がある。新商品については、都度、開発部門が情報を流す必要がある。

(3) 専門能力

各部門の業務を遂行するために必要なスキル・知識が専門能力である。そのため、部門により担当業務によって必要な能力が違う。この能力は業務遂行のために必要不可欠なものであり、そのレベルで業務の質の善し悪しが決まる。

この能力は、担当事業部門ごとの集団教育によってそれぞれ必要なものが獲得され、業務のなかの OJT で養われる。

（4） 基本能力（管理技術）

　管理技術とは、固有技術を支援するものであり、この能力があると業務を効率的に進めることができ、改善活動もスムーズに実施することができる。これには、組織やチームを運営するときに必要な能力も含まれる。管理技術における基本能力は、業務改善を実行するために最低限身につけておくべきスキル・知識である。この能力は業務に就いた早い時期に獲得すべきものである。

（5） 改善能力

　管理間接部門の業務の大きな柱の一つは「改善」である。商品の改善はもとより、そのためのプロセスの改善が重要な業務である。その改善を合理的に、効率的に進めるための能力が改善能力であり、改善の手法や改善の手順を駆使するためのスキル・知識などが該当する。この能力も、業務に就いた早い時期に獲得すべきものである。

（6） チーム運営能力

　チーム運営能力は、組織のなかで活動するとき、特に小集団プロセス改善活動を運営するときに必要な能力である。小集団プロセス改善活動を運営するには、リーダーとしての決断力、実行力、先見性、調整力、統率力が必要である。また、メンバーの力を発揮してもらうための最大化力、指導力、人材育成力が必要になり、推進のためのマネジメント力が問われる。この能力はチームリーダーになったときに体系的に獲得すべきものであり、チームメンバーのときに養われる。

（7） 組織運営能力

　組織運営能力のなかで特に重要となるのは「方針管理」と「日常管理」をう

まく実践できる能力である。また、小集団プロセス改善活動が経営手法の一環として位置づけられているのであれば、その内容をよく理解し、小集団プロセス改善活動を推進する能力も必要になる。

（8） 経営方針の理解と展開力

企業は社会的責任を果たすために「商品」を社会に提供する。どのような商品をどのような考えで提供するかを示した「企業理念」があり、理念を具体化するため当年度で果たすべき「方針」がある。組織で仕事をするためには、全従業員が企業理念や方針を理解しておく必要があり、小集団プロセス改善活動も企業理念や方針にもとづいて実践されなければならない。理念の伝達は企業に入る前から始まり、入社直後の新入社員教育で刷り込まれる。年度方針は、基本的に組織側から年初に伝達されるが、各自は、その内容を理解し自分のものとするよう努力しなければならない。

3.8.2　能力のレベルを評価する

管理間接職場で業務および小集団プロセス改善活動を遂行するためには、前項の能力が必要になる。特に、スタッフ部門では、これらの能力について高いレベルが要求される。

能力を育成するためには、まず、現在の能力を正しく評価・把握することが重要となる。これによって計画的な能力の育成・向上が可能となる。能力を評価するためには、職場で働いている一人ひとりについて、表3.8.1で示した能力の各項目について、そのレベルを評価すればよい。この場合、最初から厳密な評価を考えるのではなく、3〜7段階の段階尺度を用いた評価から始めるのがよい。

表3.8.2に表3.8.1に対応した段階尺度の例を示す。中堅と呼ばれるスタッフがチーム活動を実践するには、表3.8.2のすべての項目について③のレベルが要求される。また、チームリーダークラスは④のレベルを目指すのがよい。

段階尺度は表3.8.2に示したように評価項目により表現の仕方を変える工

表 3.8.2　能力のレベル評価のための段階尺度（例）

能力		段階尺度	
固有技術	基本能力 — 高い志、ビジネス文書作成能力、コミュニケーション能力など	①まったく自信なし ③かなり自信あり	②少し自信あり ④大いに自信あり
	IT活用能力	①ほとんど使わない ③手助け不要	②手助けが必要 ④人を指導できる
	外国語会話力	①まったく喋れない ③半分意志疎通できる	②日常会話程度 ④十分意志疎通できる
	商品知識と活用力	①ほとんど知らない ③十分理解	②ある程度理解 ④指導できる
	専門能力	①ほとんど知らない ③十分理解	②ある程度理解 ④指導できる
管理技術	基本能力	①まったく自信なし ③かなり自信あり	②少し自信あり ④大いに自信あり
	改善能力	①ほとんど知らない ③十分理解	②ある程度理解 ④指導できる
	チーム運営能力	①まったく自信なし ③かなり自信あり	②少し自信あり ④大いに自信あり
	組織運営能力	①ほとんど知らない ③十分理解	②ある程度理解 ④指導できる
	経営方針の理解と展開力	①ほとんど知らない ③十分理解	②ある程度理解 ④指導できる

夫が必要である。また、評価項目自体も業種や部門ごとに違うので、企業により、ねらう目標を勘案して、必要に応じて表現を工夫するのがよい。**図3.8.1**に例を示す[1]。

3.8.3　能力評価の結果を活用する

　個人の能力を評価する項目を決め、レベルを評価するための段階尺度を決めたら、一人ひとりのレベルを把握する。まず、一人一枚の評価表を準備し、そ

● 第3章　管理間接職場における小集団プロセス改善活動の進め方 ●

評価実施部署		工事部		技　術　能　力　評

技術能力の名称			評価段階		
			5 点	4 点	3 点
専門技術	品質向上	1. 技術資格の取得	技術士・博士、ダム管理者などの取得レベル	公害防止管理者などの上積みレベル	1級土木施工取得レベル
		2. マルチ施工能力	連壁・基礎処理など関連全工種で技術コンサルできる	一部指導を受けるが数工種以上の施工計画を作れる	最低1工程の施工計画を作成でき、課題解決能力が高い
		3. 地中壁の計画・設計	関連法令を熟知し技術提案の指導ができる	関連法令を理解し、技術提案ができる	地質等周辺条件を理解し計画に反映できる
		4. 地中壁の現場管理	豊富な施工経験を有し大概の突発事態に対処できる	沿道、交通、埋没にも留意し、客先に代わり交渉できる	工程上の課題を抽出し改善活動を進められる
		5. ダム基礎処理の現場管理	ジャミング・大量注入など不測事態の処理を指導できる	施工計画書を一人で作成できる	施工数量の管理ができ全体工程表を作成運用できる
		6. ダムグラウトのデータ解析	データ解析より設計変更の提案ができる	データより設計見直しを指摘できる	注入仕様の適否を一人で判断できる
	原価低減	1. 工事の収支管理	工事原価を把握し、利益改善に手を打てる	工事原価を把握し、最終予測が立てられる	実行予算を一人で作成できる
		2. 積算・購買業務	購買の価格交渉ができ受注・発注金額を見積もれる	購入資機材の価格折衝ができる	新規工事の受注・発注金額を積算できる
		3. VE提案力	幅広い知識と管理改善能力を有し、部下を指導できる	各分野の工事について改善能力を有し改善提案を進められる	機能展開より課題発見をし改善提案ができる
	工期	工期の短縮	人員計画、作業指示・指導ができる	工程能力指数の把握ができる	工程管理手法を使いこなせる
	安全	現場安全管理	法定資格を保有し安全教育・指導ができる	安全教育はできるが法定資格取得前(安衛法の知識)	施工計画を作成し安全管理を進められる(計画策定力)
	士気	職場活性度評価点	評価点5点	評価点4点以上5点未満	評価点3点以上4点未満
管理技術		1. 管理能力	管理レベル評価点 5点	管理レベル評価点 4点以上5点未満	管理レベル評価点 3点以上4点未満
		2. 問題解決力	改善活動レベル評価点 80点以上	改善活動レベル評価点 70点以上80点未満	改善活動レベル評価点 60点以上70点未満
		3. 現場の管理技術	不具合の予測予防を管理に具体化できる	品質不具合の再発防止が確実にできる	計画段階で品質不具合を予測できる
		4. 情報化活用力	パソコンのほぼ全機能を自由に使いこなし指導できる	パソコンのほとんどの機能は使いこなせ指導できる	必要なソフトはほとんど使いこなせる

出典）　細谷克也(編著)(2002)：『品質経営システム構築の実践集』、日科技連出版社、p.383

図 3.8.1　技術能力

● 3.8 改善能力・運営能力を評価し、その向上を図る ●

評 価 表

承認 辻井 01.02.23 / 作成 丸山 01.02.20

2 点	1 点	斉藤	上村	本川	渋谷	田中	石黒	平均
2級土木施工取得レベル	公的資格なし	4	4	3	3	3	2	3.2
部分計画は作成でき、創意工夫による改善を進められる	指導を受けながら部分計画を作成できる	4	4	4	4	3	2	3.5
壁体設計、エレメント計画ができる	各種数量の算出ができる	3	3	4	4	4	2	3.3
月間工程を作成し、材・外・労を手配し、客先と打ち合わせができる	日報を整理し、翌日の作業予定を作成し、下請けと打ち合わせができる	4	4	4	4	4	2	3.7
機器・工具に精通し臨機応変な機械配置ができる	各種現場立会いができ日報のチェックができる	4	4	2	2	1	1	2.3
追加基準に沿って追加孔の配置ができる	各種帳簿を読み理解できる	4	4	2	2	1	1	2.3
指導を受けながら実行予算を作成できる	出来高調書を作成できる	4	4	5	3	3	1	3.3
積算基準に従った積算はできる	指導を受けながら積算ができる	5	4	5	3	3	1	3.5
指導を受けながら機能展開し課題を発見できる	指導を受けながら改善提案を進められる	4	4	4	4	3	1	3.3
作業工程・手順書が書ける	作業標準書が書ける	4	4	5	3	3	2	3.5
作業手順書を作成できる(危険状態の検出力、処置力)	現場巡回のポイントを把握している	4	4	4	4	4	1	3.5
評価点2点以上3点未満	評価点1点以上2点未満	4	4	4	4	4	1	3.5
管理レベル評価点　2点以上3点未満	管理レベル評価点　1点以上2点未満	4	4	4	4	4	2	3.7
改善活動レベル評価点　40点以上60点未満	改善活動レベル評価点　40点未満	4	4	4	4	4	2	3.7
日常業務の中で品質不具合を検出できる	不具合を層別して整理できる	4	4	4	4	4	2	3.7
数種類のソフトを中級レベルで使える	2〜3種類のソフトの基本入力ができる	3	3	3	3	3	1	2.6
平　　均		3.9	3.9	3.8	3.4	3.2	1.5	

評価表の例

れにもとづき最初に担当者自身が自己評価し、次に上司が評価して、各自が受けるべき必要な教育・研修を決めるための判断材料として使う。さらに、一人ひとりが計画的に育成されているかどうか、各自が獲得した能力を活用しているかを評価するためにも評価表を活用する。

また、評価表をもとに、能力に応じて改善テーマを担当させたり、プロジェクト活動のメンバーに参加させたりする。そして、さまざまな形態のチームのリーダーに登用したり、支援者(メンター)としての地位を与えたりするための、判断材料として活用する。また、資格を認定する場合にも活用する。

さらに、評価表をもとに個人別の能力向上の履歴をまとめたデータベースをつくり、年度や期ごとに上司との面談による達成度評価の資料として活用し、昇給昇格の判断材料とする。

図 3.8.2 にこのような仕組みの例を示す。

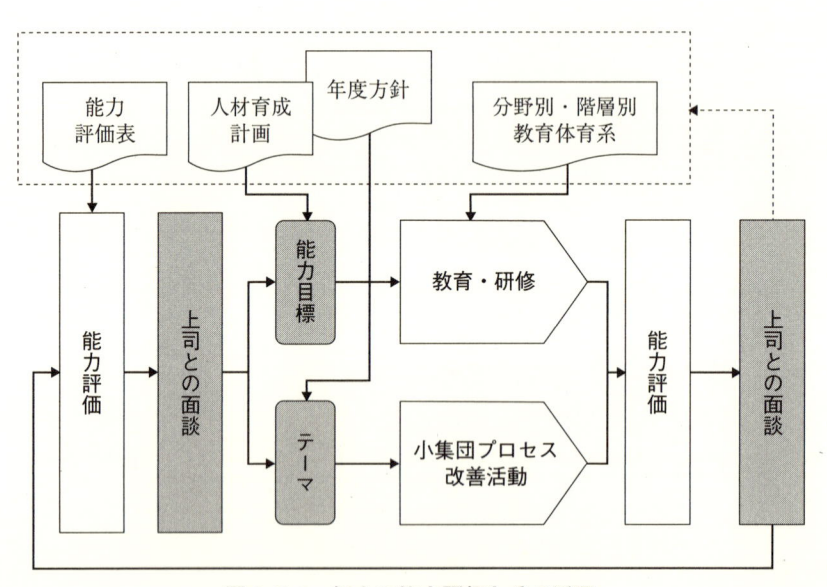

図 3.8.2　個人の能力評価とその活用

3.8.4 能力を向上させるための教育・研修を行う

各メンバーの能力レベルが把握できたら、これをもとに適切な教育・研修を計画・実施する。所属の部門、業務経験年数、レベル評価の結果を勘案して、実施すべき教育・研修内容が決まるが、企業の状況や背景により教育・研修の内容は異なる。ここでは、全体をカバーした概略を紹介するので、各々の企業の状況に合わせて取捨選択、付加していただきたい。

(1) 小集団プロセス改善活動のための分野別・階層別教育体系

企業はさまざまな教育コースをもっている。企業の理念により教育に対する考え方は違い、それにより、準備する教育コースの層別の仕方も違う。

大きく分けると、昇格要件として全従業員必須の教育と、専門知識として個人が必要に応じて受講する選択教育とがある。昇格要件の必須教育は、インセンティブ(刺激策)としての教育の意味もある。また、業種によっては、専門教育を部門ごとに必須で行う場合もある。

近年、企業理念や企業文化を総合的に伝達する場が企業内教育という考え方が定着しつつあり、長い目で見て、教育と人材育成が企業発展の基礎であると考えている企業が増えている。これらの企業では、教育のねらいを明確にして、各コースの位置づけを整理し体系化している。**図3.8.3**～**図3.8.4**に分野別・階層別教育体系の例を示す[2]。

なお、TQMなどの全社的活動の導入時期と、定着維持の時期では準備する教育コースも違う。導入時期は、導入した全社的活動の考え方とそのための手法を集中的に全従業員に対して実施する必要がある。

(2) 社内教育コースの種類

社内教育を階層別に分けると、次のようになる。
- 新入社員教育
- 初級教育
- 中堅教育

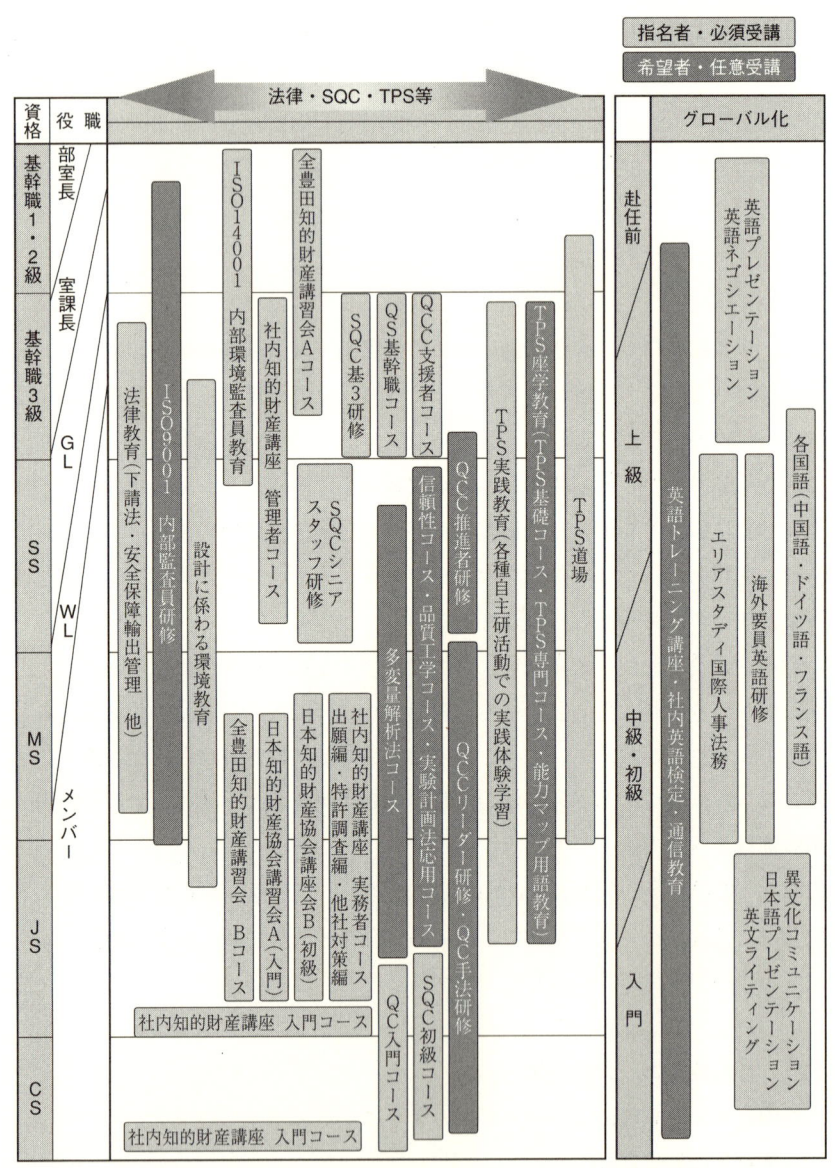

● 第3章　管理間接職場における小集団プロセス改善活動の進め方 ●

出典）日本ものづくり・人づくり質革新機構第7部会(編)(2003):『職場第一線の人づくり実務ノート』, p.19

図 3.8.3　分野別・階層別教育体系の例(1)

● 3.8 改善能力・運営能力を評価し、その向上を図る ●

図 3.8.4 分野別・階層別教育体系の例(2)

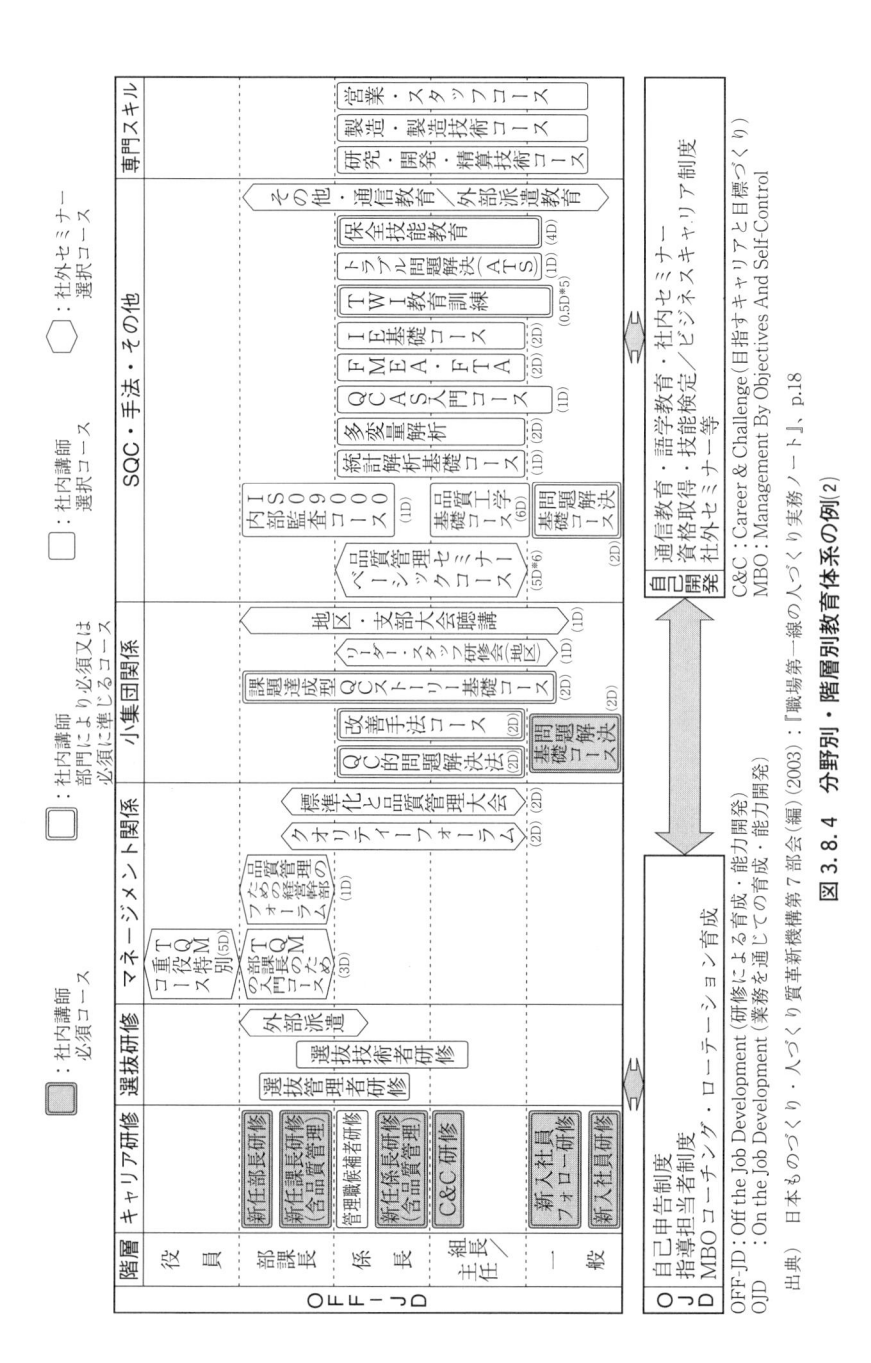

出典) 日本ものづくり・人づくり質革新機構第7部会(編)(2003):『職場第一線のひとづくり実務ノート』, p.18

OFF-JD：Off the Job Development (研修による育成・能力開発)
OJD　　：On the Job Development (業務を通じての育成・能力開発)
MBOコーチング・ローテーション育成

○ 自己申告制度
J 指導担当者制度
D MBOコーチング・ローテーション育成

C&C：Career & Challenge (目指すキャリアと目標づくり)
MBO：Management By Objectives And Self-Control

自己開発：通信教育・語学教育・社内セミナー・
　　　　　資格取得・技能検定／ビジネスキャリア制度
　　　　　社外セミナー等

- 上級教育
- 役職教育
- 役員教育

　それぞれのコースでは、業務の経験や職位により必要な事項が網羅される。コースの受講が昇格要件になることもある。
　社内教育の方法としては、下記の5つがある。
- 集合教育(社内講師・社外講師)
- e-ラーニング
- OJT、徒弟教育、ブラザー制
- 社外教育機関への派遣
- 通信教育

　それぞれの教育・研修内容によって、教材、教育場所、講師が違う。規模の大きい企業では、教材、教育場所、講師を社内で準備し徹底して教育する場合が多い。また、企業によっては、社内教育を行わず、社外教育機関や通信教育への自発的な参加を促し、受講者へは受講料などを補助する場合もある。また、経営者養成のため、候補者を選抜して、集中教育を実施する企業もある。

(3)　教育効果を上げるためには、実務の実践

　最近では集合教育も、講師による一方通行の座学に加え、演習やシミュレーションゲーム、ロールプレイといった実践に近い内容を盛り込んだコースが増えている。座学で学んだ内容を、実践に近い演習やシミュレーションゲームで疑似体験し、より理解を深める工夫をしている。
　しかし、実践の最良の場は業務であり、より効果的な方法が小集団プロセス改善活動での業務改善である。学んだことを実践でき、行き詰まったときに仲間がおり、知恵の出し合いでブレイクスルーが比較的容易にできるよさがある。人材育成の基本は教育であるが、企業は教育機関ではない。企業理念や企業文化を集中的に伝えるのに集合教育は有効であるが、企業での人材育成の基本は業務での実践におくのがよい。

● 3.8 改善能力・運営能力を評価し、その向上を図る ●

表3.8.3に実践教育の場の設定の例を示す。

(4) 資格認定制度

教育・研修を受け、実務で実践することによって、各個人が能力を獲得したことを証明するための一つの方法として、資格認定制度がある。

例えば、シックスシグマでは、ブラックベルト、マスターブラックベルト、

表3.8.3 階層別教育に応じた実践教育の場の設定

職　位	品質管理教育のねらい	実 践 教 育 の 場
経営幹部	●TQMの基本コンセプトの理解 ●TQM推進のリーダーシップへの動機づけ ●TQMの視点から経営課題の整理とベクトル合わせ	●経営者によるグループディスカッション ●TQM推進の重要課題への取り組みの舵切りを行うステアリングコミッティ ●改善発表会への参画とコミットメント ●QC指導講師による指導会
管理者	●TQMのコアマネジメントの理解（方針管理、機能別管理など） ●改善プロセス・手法の理解と指導力の向上 ●チームビルディングの進め方の習得 ●TQMの運用技術の理解	●TQMのフレームワークを理解した経営者層による診断 ●方針管理の実践 ●従業員が体験し成長していく場作りと改善活動の指導 ●主管する部門・機能に関する管理のしくみの改善 ●QC指導講師による指導会
従業員	●TQM・品質管理の全般的な理解 ●改善のプロセスの習得 ●改善に必要な統計的手法などの技法の習得 ●実務での改善活動（問題解決）の実践	●改善のプロセスと技法の職場での実践と成果発表会 ●QCサークルなどへの参画を通した継続的な改善活動の実践 ●協力会社に対する改善活動の指導 ●QC指導講師による改善活動の指導

出典　日本品質管理学会標準委員会（編）（2006）：『マネジメントシステムの審査・評価に携わる人のためのTQMの基本』、日科技連出版社、p.126

グリーンベルトなどと呼ばれる資格を設定している。**表3.8.4**にシックスシグマにおける資格制度の概要を示す。

また、現在、㈳日本品質管理学会が認定し、㈶日本規格協会と㈶日本科学技術連盟が共同で行っている「品質管理検定」(QC検定)がある。4つの級が設定されており、立場により受験する級を選定し、検定制度を通じて、社員の品質管理能力を向上させることができる。その概要を**表3.8.5**に示す。

このように、資格を認定することで、責任感と意欲が生まれ、さらにレベ

表3.8.4　シックスシグマの資格要件

資　格	役割・要件
ブラックベルト(BB)	プロジェクトリーダーに相当し、チェンジ・エージェント(変革仕掛け人)として位置づけられ、経営改革活動を100％専任の立場で業務として実施する。5日×4カ月程度の膨大な量のトレーニングを受講する。
マスターブラックベルト(MBB)	100％専任である。BBを技術的・精神的にサポートするのがミッションである。
グリーンベルト(GB)	ライン業務に加えて、兼務でシックスシグマプロジェクトに参加を義務づけられたメンバーである。3日×2カ月程度の教育が義務づけられている。

表3.8.5　QC検定の4つの級の対象者

1級	品質管理部門のスタッフ、技術系部門のスタッフなど企業内において品質管理全般についての知識が要求される業務にたずさわる方々
2級	QC七つ道具などを使って品質に関わる問題を解決することを自らできることが求められる方々、小集団活動などでリーダー的な役割を担っており、改善活動をリードしている方々
3級	QC七つ道具などの個別の手法を理解している方々、小集団活動などでメンバーとして活動をしている方々、大学生、高専生、工業高校生など
4級	これから企業で働こうとする方々、人材派遣企業などに登録されている派遣社員の方々、大学生、高専生、高校生など

出典）　㈶日本規格協会　http://www.jsa.or.jp/

向上が図られる。

(5) 支援指導者(メンター)制度

　資格のなかには支援指導者(メンター)がある。支援指導者には一定の教育と実務の改善を実践した経験をもつ中堅クラスの人が任命され、改善活動を支援する。リーダーに対してチームの運営をサポートしたり、改善の手法、特にSQCなどの専門知識について支援したりする。支援者は支援を通じ、自分自身のレベルをさらに向上させることができ、上位職へのキャリアパスとなる。

　本節では小集団プロセス改善活動を実践するためには、活動に参画する人の能力をきちんと評価し、不足している能力を教育・研修の場で伸ばし、業務で実践することが大切であることを述べた。この最終段階に小集団プロセス改善活動がある。

　小集団プロセス改善活動は単独で実行され成果を生み出すものではない。全社的活動、例えば、TQMの一環として実施することが大切である。全社的な経営方針のもとに実施されないと、小集団プロセス改善活動での成果は、一部門の成果、個人の成果に帰することになり、部分最適な内容になりやすい。例えば、TQMを実践している企業で、企業の方針として明確に展開され、組織されたプロジェクトチームで構築された「全社市場情報収集システム」は全体として最適なシステムになり、全社員が認めるものとなる。しかし、経営方針を展開せずに構築された「全社市場情報収集システム」は、プロジェクトチームの主体となった部門にとって最適なものになり、部門の成果として評価される。管理間接職場で働く人の能力評価に「管理技術」を加えてあるのは、業務改善が部門最適にならず、組織の全体最適になるために必要な能力であるからである。

コニカミノルタエムジー㈱生産センターにおける
SQC チーム活動の取組み

1．SQC チーム設置のねらい

コニカ㈱日野生産事業部は1996年にデミング賞実施賞を受賞している。1991年に PM 優秀事業場賞を受賞し、1992年度からデミング賞への挑戦を旗印とし、活動してきた。方針管理などの仕組みを再構築し、活動による成果が得られるようになってきたが、問題解決能力（特に、要因解析力）が弱かった。そこで、改善活動支援部隊として1995年に SQC チームが設置された。なお、SQC とは本来、Statistical Quality Control の意味であるが、これに加えて、Special Quality Control チームとして活動することにした。

この SQC チームは、「日野生産事業部メンバーにデミング賞実施賞を受賞できるレベルまで問題解決能力を高めること」をねらいとした時限のタスクフォースであった。しかし、チームメンバーは永続的な活動が重要であると考え、「改善活動の支援体制を充実することにより、問題解決能力の向上と改善のスピードアップを図る」ことをねらいに、現在も活動を継続している。

2．活動内容の紹介

メンバーは係長クラス9名が事業部長より任命さた。毎週木曜日の午後を定例会と定め、活動をスタートした。なお、メンバーは SQC チーム専属ではなく、本来業務（ほとんどのメンバーが生産技術などの間接業務）と SQC チームメンバーとを兼任した。SQC チームは日野生産事業部長直轄と位置づけられ、改善活動においては、絶対的な責任と権限が付与された[3]。以来、さまざまな観点で活動をしてきているが、整理すると次の3つに集約できる。

2.1 改善活動報告書の評価活動

コニカにおける改善活動の歴史は長いが、そのレベルは決して高くはなかった。そこで、改善活動のレベルを高めるためには、正しくサークルの活動内容を評価することが必須であると考え、評価表の作成から着手した。

1) 「テーマ名、テーマ選定の理由」「現状の把握」などの問題解決の手順に沿って評価項目を詳細に設置（問題解決型：1995年〜）。
2) 評価点数は、問題解決型 QC ストーリーの手順で重要度の高いものに配点を多くした。
3) 一次評価はサークルの上司（職制）がつけ、二次評価は SQC チームがつけることとし、最終的な評価結果は SQC チームによる評価点数を採用し

た(これにより、職制の問題解決能力が向上した)。
4) 改善活動報告書と職制が評価した評価表をセットにして、事務局へ提出。
5) スピードある改善を実行するために施策実行型を提案し、展開(1997年～)[4]。
6) 問題解決型がマスターできたところで課題達成型を展開(1997年～)。

2.2 現場での支援活動

サークルの支援・指導は職場の上司が実施するのが理想であるが、そこまでの力がなかった。そこで、SQCチームとして現場に出向き、テーマごとのサークル支援を実施した。

1) 3名一組の支援班を編成し、サークル支援にあたった。
2) 現場からの要望時間、場所を優先し支援を実施した(現場での支援)。
3) 支援時には、係長・課長クラスの上司にも同席してもらった。
4) 支援1件当たり、1.5時間程度。
5) 「次回までの宿題」「次回の支援日時」などを明確にし、問題解決活動が滞らないようにした。

2.3 モチベーションアップ活動

良い改善活動を実施してくれたサークル、参考になる改善の進め方をしてくれたサークルなどを認めてあげよう、参考にしてもらいたい、ということからモチベーションアップ活動を多方面にわたって展開した。

1) 優秀な成績(改善活動報告書が75点以上の上位3サークル)のサークルを毎月ホームページで公開(月間SQC改善賞)。
2) 参考となる改善手法の活用を毎月ホームページで公開(SQC手法賞)。
3) 「優秀改善事例集」の発行。
4) 「改善の進め方～QCストーリーの実践～」の発行。
5) 『すぐわかる問題解決法』を日科技連出版社より発刊[5]。
6) 「使って得する改善事例集」の発行(赤ペン添削入り)。
7) 演習問題ラリー「使って得するQC手法」をホームページ上で公開[6]。

3. 成　果

以上のようなSQCチーム活動を継続したことにより、コニカ㈱日野生産事業部(現在は、コニカミノルタエムジー㈱生産センター)での問題解決能力は大幅に向上した。約100サークルでの活動であるが、全日本選抜大会への出場やQCサークル石川馨賞の受賞を毎年コンスタントに受賞できるようになった。

〈須加尾　政一〉

3.9 相互学習により活動を活性化する

　そもそも集団とは「多くの人や物の集まり」であり、「規則的・持続的な相互関係をもつ個体の集合」である。百科事典『マイペディア』によれば、「一般に、構成員間に共通の思考枠組や規範および共属感情があり、一定の相互作用が継続されていることが、〈集団〉の基本的要件と考えられている」とある。集団は群集とは異なり、共通の思考枠組みや規範があり、無統制な集まりではない。

　日本人は元来、日本的経営と呼ばれる集団主義による経営を行ってきており、個人ではなく、人と人が相互に作用し合って目的を遂行する民族である。その意味で小集団によるプロセス改善活動は日本の文化や風土に合った活動と考えられる。しかし、ライン生産ではなく屋台生産が台頭したり、部門間の壁が厚くなったりしたことによって業務が分業化・専業化されるにつれてその実施が難しくなっている。**第2章**では、このことに関連して、管理間接職場において小集団プロセス改善活動を推進する困難さとして「小集団活動に対する理解・能力が不足している」「他の人と課題・成果が共有できない」「上司と担当者がうまく協業できない」「他の人とノウハウを共有したくない」「プロセス改善に対する理解・能力が不足している」など、相互関係や相互作用の欠如に関する困難さについて述べた。

　第1章の図1.5に示した自己実現のサイクルに「相互学習による能力向上」があり、「能力不足の認識」から「能力の活用・発揮」の間に位置づけられている。この自己実現のサイクルを円滑に回すためには「相互学習による能力向上」が必要であり、相互学習について理解する必要がある。本節では、相互学習によって小集団プロセス改善活動を活性化する方法について、次の4つに分けて述べる。

　① 相互学習とは。
　② 相互学習の場を設ける。
　③ 事例集とデータベースを活用する。

④ 相互啓発と自己啓発を促進する。

3.9.1 相互学習とは

相互とは「どちらの側からも同じような働きかけがあること」(『広辞苑』)であるが、小集団プロセス改善活動を活性化し推進するために、さまざまな相互関係を理解し、これらを上手く活用することが得策と考えられる。例えば、トップが小集団プロセス改善活動に関心をもち、強制的に小集団を形成して活動を推進する場合と、現場の人たちが小集団プロセス改善活動に関心をもち、自らが小集団を形成して活動を推進する場合とでは、トップと小集団との相互関係に違いがあり、推進策も異なるはずである。

教育の「育」は「はぐく・む」という字であるが、育むとは「羽包む(はぐく)」の意であり、「親鳥がその羽で雛をおおいつつむ」ことである(図 3.9.1)。そして親鳥が雛を孵(かえ)すためには「啐啄同時(そったくどうじ)」が必要である。「啐啄」の「啐」は鶏の卵がかえるとき、殻の中で雛がつつく音であり、「啄」は母鶏が殻をかみ破ることである。この「啐」と「啄」がタイミングよく同時に行われることによって雛は無事に孵るのである。「啐」がなされたときに、親鳥が一気に「啄」を行ってしまうと雛は無事に孵らない。相互学習の相互とは、まさに啐啄同時になされなければならないことに関係している。

図 3.9.1 育む

● 第3章　管理間接職場における小集団プロセス改善活動の進め方　●

　相互学習のためには、まず関心をもつことが必要である。トップと小集団の関係においては、トップが小集団プロセス改善活動に対して関心をもつと同時に小集団もトップに関心を示すことが必要である。同様に小集団どうしでも他の小集団の活動に関心をもつことが必要である。「部門が異なるから」とか「テーマが違うから」という理由で他の小集団プロセス改善活動に関心を示さない姿勢では、小集団プロセス改善活動の活性化は望めない。親鳥が雛に気を配るように他の小集団の活動にも気を配る必要がある。

(1)　組織内における相互学習

　図3.9.2は組織内において考えるべきさまざまな種類の相互学習を示したものである。この図では、組織内の構造を逆さまのピラミッドで示した。これは、小集団プロセス改善活動は職場の活動が主体であり、管理職やトップはこの活動を支援すべきであるという考え方にもとづいている。

　まず、考えるべきなのは、「管理職⇔小集団」あるいは「トップ⇔管理職」という相互学習である。上司の重要な役割は部下の仕事に関心をもち、必要な支援・育成を行うことである。また、部下は報告・連絡・相談をとおして、上司に仕事の状況を理解してもらうとともに、上司の考え方・ノウハウを学び取る姿勢が大切である。

　また、「トップ⇔小集団」という相互学習も重要である。トップが小集団プ

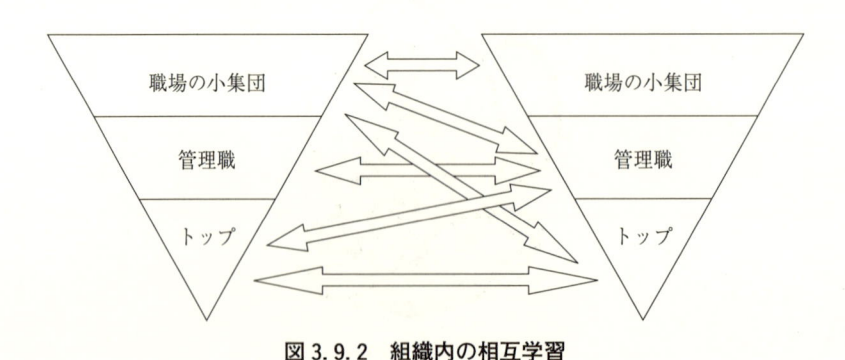

図3.9.2　組織内の相互学習

ロセス改善活動に前向きな場合には、トップが積極的に小集団プロセス改善活動の現場に出向くことによって小集団はやる気をもって活動に取り組むようになる。しかし、トップが口だけで推進を唱えて、活動現場に一度も出向かないようであれば、小集団のほうではトップが関心をもっていないと判断し、徐々に活動自体が衰退する。逆に小集団の側でもトップが活動現場を訪れたときには、積極的にトップに活動の実態を報告すべきである。トップから声を掛けられないと反応しないようでは相互作用が望めない。トップから小集団に働きかけることと、小集団がトップに働きかけることの両方が必要であり、啐啄同時に行われる必要がある。

「小集団⇔小集団」の相互学習もある。管理間接職場の小集団が製造職場の小集団プロセス改善活動に関心をもつという姿勢は重要である。設計の仕事は製造職場の仕事がわからなければ遂行することはできない。また、販売の仕事も製造職場の仕事がわからなければ遂行できないはずである。管理間接職場である設計、研究、販売、マーケティング、購買、物流、人事、経理などすべての職場は他の職場と関係しているはずである。この意味では職場のローテーションについて計画性をもって推進するとともに、柔軟なチーム編成を考えて小集団を構成し、活動することも考慮する必要がある。設計者が販売の仕事を経験したり、製造職場の仕事を手伝ったりして、他の職場の状況を体験することは、他の改善活動に関心をもつことにもなる。

場合によっては、「トップ⇔トップ」の相互学習を考える必要がある。時々、「前社長はQCに前向きだったのですが、現社長は……」という話を耳にする。こうしたことは、経営陣のなかでの意見が分かれている企業における小集団プロセス改善活動の推進策を考える際に考慮すべき事項である。同様に「管理職⇔管理職」の相互学習(QC推進派の管理職とアンチQC派の管理職との相互学習など)に関しても考慮が必要である。

(2) 企業外における相互学習

企業の外との関係においてもさまざまな相互学習を認識しておく必要がある。

日本のTQMが発展した背景には、企業という組織が個で活動するのではなく、企業が集団で活動してきていることのメリットが多く見られる。

企業間といっても「自業種⇔他業種(例えば：製造⇔サービス)」の相互学習もあれば、「自業種⇔同業種(例えば：建設⇔建設)」の相互学習もある。また、職種においては「自職種⇔他職種(例えば：製造⇔営業)や「自職種⇔自職種」という相互学習もある。

事例を求める人の多くは、同規模で同業種、同職種、同職制、類似状況、類似問題と、自分の立場と同じ状況での成功事例を求める傾向がある。しかし、そのような都合のよい事例が簡単に見つかる訳はなく、実施を回避する理由を求めているともいえる。異業種の異業種で異職制の事例であっても参考になる事例は多い。相互学習はあらゆるケースに存在すると考えるべきである。

そのように考えれば、地域・国内・海外と地図の概念を広げていくと相互学習は「自地域⇔他地域」「自国⇔他国」でも可能である。また、同じ地域・国においても「産業界⇔学界」という相互学習もある。小集団プロセス改善活動は世界的に広がっている活動であり、さまざまな相互学習が考えられる。

福祉のQCは医療のQCとは異なるとか、建設のQCは製造業のQCとは異なる、サービスのQCは製造のQCとは異なるなどといわれているが、必ず参考になる部分はあるはずである。異なる点を見つけるのではなく、共通点を見つけてその点を参考にするという姿勢で他の小集団プロセス改善活動を見る目を育てることが相互学習につながる。

3.9.2 相互学習の場を設ける

小集団プロセス改善活動を活性化・推進させるためには相互学習の場を整備し、多くの人がこの場に参画できるようにすることが必要である。以下では、主な相互学習の場を示す。これらの場では3.9.1項で示した相互間の関係がさまざまな形で組み合わされて学習が行われることになる。

学習とは「まなびならうこと」であるが、「行動が経験によって多少とも持続的な変容を示すこと」という意もある。学習のメカニズムには2つの立場が

ある。一つは連合説であり、刺激と反応との正しい結合に向けた試行錯誤の過程ととらえる行動主義の見方である。もう一つはゲシュタルト心理学などの認知説で、場面の構造の認知により場面の意味が理解され、場面のなかでの解決が一挙にひらけ、新しい認知パターンを獲得することであるという立場である。少し難しい説明になってしまったが、要するに知識や技術なりを自分のものとして身につけることであり、本人の意志が重要な鍵となる。そして相互学習ではお互いが自ら知識や技術を獲得しようという姿勢が大切である。

(1) 業務・会合・勉強会

各自が与えられた業務を遂行するためには、業務遂行に必要な知識や技術を習得する必要がある。古来、日本では「見習い」という風習があり、弟子が師匠から技を盗むことが求められていた。現在ではスピードが求められ、作業マニュアルなども整備され、作業が細分化されたことも影響して短時間に業務遂行に必要な技術や知識が習得されるようになっている。

ベテランが新人を教育・訓練するというと、上意下達というベテランから新人への一方的な知識や技術の伝承と思われがちであるが、上位者が下意上達という部分があることを認識することによって相互学習となる。上位者にとっては「当然」だったり「当たり前」のことが下位者にとっては「知らないことばかり」ということもある。上位者がこのことを認識することによって、新人にどのように教えれば理解してもらえるかを学ぶことができる機会にもなり、新人の迅速な育成が可能となる。

そして、新人が成長するにつれて、さまざまな会合にも参加することになり、この会合という相互学習の場で自己研鑽が図られる。この会合では、ベテランどうしの議論を聞く機会もあり、同僚の質問に対するベテランの回答を聞くこともできる。会合における積極的な発言によって疑問点が解消されることもある。

さらに、勉強会も相互学習の場となる。勉強会は講師と受講生という関係での研鑽の場である。この場では普段、疑問に感じている点や完全に理解してい

ない部分を補完できる。ただし、講師の言うことが必ずしも正しいということはないので注意する必要がある。多くの場合、講師の話は正しいと考えられるが、最終的にはその成否を自分で判断する必要がある。

（2） 各種の発表会

相互学習の場の代表は各種の発表大会である。職場での発表会、社内の発表大会、地域での発表大会、そして全国大会、世界大会などがある。発表には口述による方法もあれば、ポスター発表という方法もある。前者は大衆を前に口頭で発表する方法であり、後者は発表内容をポスターにして貼り出し、興味や関心のある少数の人たちと討論するという方法である。どのような形の発表会が良いかは職場によって異なる。発表会の例を表3.9.1に示す。

情報交換の基本はギブ・アンド・テイクである。ベンチマーキングという活動も同じであるが、まず自らが意見を発表してから情報交換が始まる。まずギブがあって、そしてテイクがある。テイクしてからギブしますというのは筋がとおらない。情報交換を望む両者のどちらかが口を開かなければ情報は交換さ

表3.9.1　さまざまな管理間接職場における発表会

	技術系	営業系	サポート系	本社スタッフ系
発表の形態	ポスター発表 技術的内容を中心に	オーラル発表 失注分析・解決策を中心に	オーラル発表 改善プロセスを中心に	ポスター発表 改善プロセスを中心に
参加者とのコミュニケーション	現物・ポスターを前にした技術的な内容の質疑	失注分析の大切さ、数多くの解決策とその適用上の注意を知ることができる工夫	改善の進め方、運営・推進の仕方についての質疑	フロー図や帳票などを前にした詳細な内容に立ち入った質疑
評価・表彰	技術賞、論文賞	水平展開を促進するような賞	改善のステップ、運営・推進の工夫を評価	改善のステップ、ツールの活用を評価

れず、話を聞くだけでは知識や技術の獲得には至らない。話を聞くだけで知識を獲得できると誤解している人もいるが、その獲得したと思っている知識はすぐに剥がれてしまう。何らかの話を聞いたら賛成意見でも反対意見でも、それを返すのが礼儀である。

　賛成意見がある場合には、自分が理解したことを反復して発表することによって自分自身でも再確認できる。反対意見であっても、その意見を表明することによって正しく知が獲得できる。相互学習では、お互いが主張を始めてしまうことも予想されるが、学習するということは自らの意見表明から始めるべきである。発表大会では当然のことながら発表者側から発表を始めることになるが、発表に対して何らかの反応をすることによって相互学習が成立する。

　論語に「学而不思則罔、思而不学則殆」というのがある。これは、「学びて思わざれば則ち罔し」つまり、学ぶだけで考えなければ何もわからないということである。発表を聞くだけでなく、聞いたことを自分自身で考え直すことによって、自分の知としてものにできる。講義を聴くだけではなく、発表の場にいるだけでなく、参画することが必要である。

（3）　トップ・管理者による診断

　相互学習の場として「QC診断」や「トップ診断」もある。診断とは「医者が患者を診察し、病状を判断すること」であるが、大切なことは医者と患者とのお互いの協力である。いくら名医であっても患者が協力しなければ診察はできないし、正しく病状を判断することもできない。

　当該企業のQC活動の状況を外部の専門家を招いて診断してもらうことを「QC診断」という。また、企業のトップや管理者が社内や部署を診断することを「トップ診断」とか「部門長診断」という。このとき、受診側が現状を正しく説明し、不安点を隠さず説明しなければ、企業が正しい方向に向かっているかを診断側は判断できない。

　企業のトップは自社が正しい方向に向かっているかを知りたいはずであるし、現場で働く人も、このまま進んでよいのかについて不安になっているかもしれ

ない。このようなとき、お互いに歩み寄って、企業を正しい方向に向かっているかを確認する意味で、診断は重要な活動であり、相互学習の場となる。

(4) 学会・研究会

　企業外における相互学習の場として学会や研究会がある。研究会や学会はある意味で「産業界⇔学界」という相互関係における学習の場であり、「自業種⇔他業種」の相互関係における学習の場でもある。さらに同業種間の相互関係における学習の場でもある。通常、事業所や工場を見学したいと思っても、"同業者お断り"ということが多いが、学会や研究会などでは同業他社の人たちと情報交換が可能である。

　学会は学者の集まり、研究会は研究者の集まりと考えがちであるが、品質管理の分野における学会や研究会は産業界の人たちの参画が多い。㈳日本品質管理学会では年に2回の研究発表会があり、年に数回のシンポジウムや事業所見学会、講演会が開催されている。クオリティ・パブというお酒を飲みながらの情報交換会も2カ月に1度の頻度で開催されている。このような場も相互学習の場である。

　さらに小集団プロセス改善活動の一種であるQCサークルに関して㈶日本科学技術連盟では、「QCサークル管理者コース」「QCサークル指導士資格認定コース」「QCサークル推進者コース」「QCサークルリーダーコース」「若葉マークのためのQCサークル体験教室」などの各種のコースが、㈶日本規格協会では、「QCサークルセミナー入門コース」が開催されている。これらのコースには異業種はもちろんのこと同業種の人たちも参加しており、同じ悩みをもっている人たちが集っている。このような場に参加することによっても相互学習ができる。

3.9.3　事例集とデータベースを活用する

　相互学習は、同時同一空間で行われる場合もあるが、別の時間に行われることもある。誰かが事前に表出した"知"を後で誰かが獲得するという方法であ

る。温故知新という言葉があるが、先人の経験や体験を記したものを読むことによる相互学習である。同時同一空間で行われる相互学習に比べて、疑問をもった人がリアルタイムに回答が得られないという意味ではタイムラグが生じるが、その意見や見解について自分自身で考える時間が増えるという意味では深い理解が得られる可能性もある。

　疑問をもっている人が疑問に対する回答をすぐに得たい場合には、Webの検索エンジンを利用するという方法もある。しかし、Webから得られる情報の場合には、知を獲得する側が情報の信憑性について十分に気をつけて判断しなければならない。ウィキペディアのようなWeb上の事典は対象用語に常に気を配っている専門家がいない場合もあるので注意する必要がある。このことは一般的な新聞記事やテレビの報道でもいえることである。客観的で正しい情報が常に公開されているとは限らないのである。

　そこで、社内に知恵市場を構築し、この場を利用して相互学習することも行われている。社内の知恵市場の場合には、回答の出所も明らかであり、相互学習に有効な方法と考えられる。「ナレッジの壺」と称して運用している企業もある。

(1)　事　例　集

　例えば、QCサークルに関する事例は『QCサークル』誌に豊富に掲載されている。また、各地で過去に開催されてきた発表大会などにおける報文集も事例集といえる。これらのバックナンバーは㈶日本科学技術連盟のライブラリーに保管されており、情報の入手は容易である。他社の事例のなかからベンチマーク先を探し、小集団プロセス改善活動に関するベンチマーキングを実施することも考えられる。

　いずれこれらの事例集も電子化され、Webを介しての検索が可能になると考えられる。既にキーワードなどについては電子化が進められている。これらについてはもうしばらく待たなければならないが、紙媒体で保存されている過去の活動の記録としての事例集は既に存在しており、自ら求める努力をすれば

情報は入手できる。

　例えば、サービス関係では1986年4月に「FQC別冊シリーズ」として『事務・販売・サービスのQCサークル活動事例集Ⅰ』が「『FQC』誌編集委員会」から出版され、翌年の1987年4月には同シリーズのⅡが出版されている。そして、その翌年の1988年4月には「『QCサークル』誌編集委員会」から「QCサークル別冊シリーズ」として同タイトルのⅢが出版され、1989年4月にはⅣ、1990年4月にはⅤ、そして1991年5月にはローマ数字から算用数字に変わって「6」が出版されている。

　開発、営業、サービスなどの管理間接職場の事例がないといわれるが、決してそのようなことはない。探す努力をすればさまざまな情報の入手が可能である。学会等が中心になって、ウィキペディアではないが、小集団プロセス改善活動に関する過去の情報について事例集を含めて逐次更新され、それらがリアルタイムに活用できる仕組みを構築することも必要と考えられる。

（2）知恵市場

　知恵市場とは、コミュニティに対して疑問を発すると、その疑問に関する専門家に疑問が発信され、専門家が回答をコミュニティに発信する仕組みである。そして、知識を得た質問者はその回答に対しての評価をコミュニティに返す。知恵市場には国際的なものから日本国内のもの、社内でつくられているものまで、さまざまな規模のものがあるが、相互学習の場として今後有効なシステムと考えられる。

　知恵市場は**図3.9.3**に示すように、まず質問者からの疑問が表出される。知恵をもっている人も質問がなされれば回答はできるが、単に知恵を表出するようにいわれても知恵を表出することはできない。知識市場は、このような問題を解決したシステムと考えられる。現在のように記憶媒体が安価になり、社内LANが整備された状況になれば、1台のサーバーに知を蓄えることは可能である。また、蓄積された知をリアルタイムに活用できるインフラが整備されつつあると考えられる。

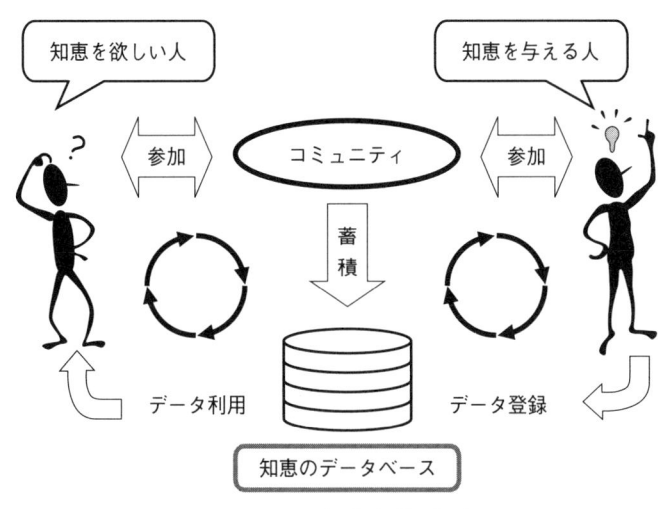

図 3.9.3 知恵市場の概念

　そして、この知恵市場が社内の知恵市場であれば、ここに蓄積される知は悪意のある第三者が書き込むということはないはずであるから、相互学習には有効な方法と考えられる。

　相互学習は知恵を欲しいと考える人から始められることによって実現することであるが、このような人たちに積極的に働きかけることも考えなければならないのかもしれない。

3.9.4 相互啓発と自己啓発を促進する

　相互学習の場を準備したとしても、参画・活用しなければ相互学習は生まれない。参画・活用を促す契機を与える相互啓発が必要である。さらに、参画・活用の呼び水を流しても、その呼び水に反応する意識がなければ活性化や推進は望めない。最終的には参加者の自己啓発が必要となる。

　経済産業省は社会人基礎力の必要性を呼びかけている。社会人基礎力とは「前に踏み出す力」「考え抜く力」「チームで働く力」といった、職場や地域社会で働くうえで必要な力のことで、IT化やサービス経済化などが進むなか、

● 第3章　管理間接職場における小集団プロセス改善活動の進め方　●

こうした力がますます重視されてきている。「チームで働く力」はまさに小集団プロセス改善活動に参画できる力であり、その活性化のためには相互学習の場に積極的に参画するべく「前に踏み出す力」が必要とされている。

　子供の頃、紐で電車をつくって遊んだものである。ガキ大将が運転手役をして、小さい子供を乗客役にする遊びは「この指とまれ」と言い出す人間を育成していたと考えられる。最近は遊び場がなくなってしまったせいか、この電車ごっこという遊びを見かける機会もなくなった。電車ごっこを復活させるという方策は「前に踏み出す力」を育て、小集団プロセス改善活動を活性化する速効薬にはならないかもしれないが、自らが率先してものごとに当たることができる人財を育成する何らかの対策を考える必要がある。

（1）　相互啓発の方法

　相互学習には学習の場に参画することと相手を参画させることが必要である。相手が部下の場合には命令にならないように、本人の意志で参画したという意識にさせることが重要であり、部下が昇格したときに話をもちかけるなどの工夫が必要である。相手が同僚や上司の場合には節目（入社10年、創立10年など）に誘うなどして相手をその気にさせる工夫が必要である。

　「なせばなるなさねばならぬ何事もならぬは人のなさぬなりけり」といわれるように、焦らずに時間をかけて意志をとおすという姿勢が大切である。相手がその気にならないからといって諦めてしまえば相手の思う壺である。強い意志をもって説得する交渉力が必要である。

　とはいっても、相手の意見に耳を傾けるという姿勢も必要であり、相手の言い分を一切受け容れないという姿勢はよくない。簡単に相手の意見に素直に従うというのでも困るが、何が正しいのかについて議論を戦わせることによって、お互いが正解を求めるという努力が必要である。

　同時同一空間におけるコミュニケーションは、必ずしも言語による媒体だけでなされるわけではない。言語によるコミュニケーションは35％程度であるという研究結果も報告されている。ノンバーバル・コミュニケーションについて

3.9 相互学習により活動を活性化する

の研究では、言語以外に目や動作、対人的空間、沈黙、身体接触などもメッセージを伝える手段として利用されているという報告がある。

対話するときの座席の取り方によっても相手の説得しやすさが変化するといわれている。図 3.9.4 に示した 2 人の脚の組み方であるが、上の図ではお互いが関心を示している状況であり、下の図はお互いが相手に関心を示していない状況である。

相手が自分に関心を示していないときには、何を話しても相手は上の空であろう。相手が自分に関心を示したときに話を進めるべきであり、どのような状況であるのかについても気を配ることが相互啓発では必要になる。一方的に話をしても相手が受け容れる姿勢でなければ意思は伝達されない。会話中に相手が腕組みをしているときには、自分の意思は変わらないことを示すサインであるといわれている。そのようなことを知っていると意思伝達の対処が円滑に行えるようになる。

図 3.9.5 は会議のテーブルの席の取り方を示している。自分が先に席に座っているか、相手が先に席に着いているかにもよるが、相手との席の位置によっ

図 3.9.4　会話時の脚の組み方

● 第3章 管理間接職場における小集団プロセス改善活動の進め方 ●

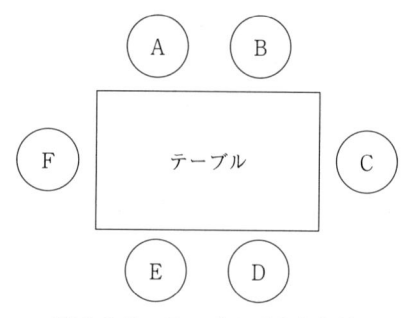

図 3.9.5 テーブルでの席とり

ても交渉が成立するか成立しないかをある程度制御できる。一般的に相対するときには向かい合った位置に席をとり、友好関係を望む場合には横とか斜めの席をとるといわれている。

例えば、ⒶとⒺや、ⒻとⒸなどに席をとる場合は、相対している場合であり、交渉が決裂するときであり、相手の意見に反対するときの席の取り方である。ⒺⒹやⒶⒷという並びの配置で席をとる場合は、交渉を進めるときであり、相手に理解を求める場合の席の取り方である。ⒶⒻやⒻⒺ、ⒷⒸやⒸⒹのように斜めに席をとることも交渉を有利に進める場合の席の取り方である。

ビジネスの場合においては、ⒺⒹやⒶⒷという並びの配置で男どうしが座ることはないと思うが、テーブルのどの位置に座るかは、相手が先に着席している場合には、選択権が自分にあるので、交渉をどのように進めたいかを考えて席をとれば自分が有利になれる。このようなノンバーバル・コミュニケーションの研究成果を活用することによって、相互啓発を活発化することが考えられる。

(2) 自己啓発の方法

相互学習に相手を参画させることができるかどうかは、自己の意志の維持存続にかかっており、自己の意志を多くの人に表明してしまう方法が考えられる。自己の意志を表明する方法としては紙に書いていつでも見えるようにしておく

方法が有効である。TQM を導入したときに、トップが意思表明をするのも、方針管理を導入して年度方針を社内に貼り出すのも同じ考え方である。

日本の社会では武士道の精神は残っているはずであり、武士に二言はないはずである。一度人の前で表明した以上は実行あるのみであり、前言撤回というようなまねはできないはずである。人の前で表明ができない場合には、寝室の天井に書いたものを貼って、毎夜自分自身で見られるようにしておくことも一策と考えられる。

例えば、折り紙の「折り鶴」の折り方を学んでも、実際にやってみなければすぐに忘れてしまう。つまり知を獲得しても、その知を意識して使うことをしなければ自分自身のものにはならない。知を獲得したときだけ訓練しても、使い続けなければ忘れてしまう。知の獲得には頭を使うだけでなく、他の身体を活用する必要がある。いい知恵を得たと感じたときに、そのことをメモという形で手を動かすという行動が重要なのである。

個の価値を高められるのは自分だけである、ということを当人が認識することが自己啓発の根本である。このこと自体が、他人から言われて認識するようになるかは本人に依存しているので難しい問題である。このため、組織においては前述した相互啓発が大切になる。

自己啓発も相互学習も最終的には自分自身との戦いであり、常に前向きに物事を考えるようにする必要がある。人間は自分自身には嘘をつけないのであるから、まず自らが率先垂範を常に心がけなければならない。

(3) 気づきと気配り

相互学習のさまざまな場において、さまざまな人たちと時間と空間を共有しても自己研鑽できる人とできない人が存在する。勉強会の場でも発表大会の場でもシンポジウムという場でも、ただ空間を埋めている人もいれば、その場に積極的に参画している人もいる。自己を成長させることができるのは自分だけである。このことに気づく人もいれば、気づかない人もいる。

人材には、「人財」と「人在」と「人罪」がいるといわれている。その割合

は2対6対2という。「人財」になりたい人もいれば「人在」でよいと思っている人もいる。組織構成員がすべて人財になることは不可能である。そして、ある事柄については「人財」であっても、別の事柄では「人在」であることがある。適材適所といわれるが、人にはそれぞれに得手不得手がある。

　小集団プロセス改善活動に積極的に参画すべきであるということをどのようにして「気づく」のであろうか。気づくとは「気付く」とも書くが「付く」という文字は「着く」という文字と深い関係にある。類語に「思いつく」という言葉があるが、「思い付く」とも「思い着く」とも書く。思い付くとは思いがそこに至るという意味である。気づくためには「気」が目的の所に着かなければならない。アルキメデスが「ユーリカ」と叫んだときと同じ状態である。そして、さまざまなことに気づく人は気配りができる人である。

　気配りができる人は、何事にも関心をもつ人ということができる。身の回りのことに気を配り、関心をもって行動している人は多くの発見をしている。経営ではムリ、ムダ、ムラをなくすようにいわれるが、情報工学ではムダは必要といわれている。ムダかどうかは結果論である。さまざまな情報も得ておいて損はない。多くの一見役に立ちそうにない情報を吸収しておくことによって気づきが起きる。

3.10　全社における小集団プロセス改善活動の位置づけを明確にする

　「小集団プロセス改善活動は、トップ次第」といわれるほど、小集団プロセス改善活動を展開するうえで、トップの果たす役割は大きい。トップ自ら方針を示し、小集団プロセス改善活動の意義や必要性、期待すべきことを伝えるなど、旗振り役に徹することがこの活動の成否を左右するとまでいわれている。

　しかし、現実には、最初から理解を示すトップばかりではなく、上手くいっている企業でもトップの交代で方針が変わり、小集団プロセス改善活動の存続が困難になったり、停滞したりすることもある。

　小集団プロセス改善活動が活発な企業には、トップのリーダーシップと、熱

● 3.10 全社における小集団プロセス改善活動の位置づけを明確にする ●

心な推進事務局が必ず存在する。そして、この活動を継続し続けるためには、トップや推進事務局が交代しても、この活動が存続するための"仕組み"や企業の風土・文化・DNAとなっていることが必要である。

そのためにも、トップに本気になってもらえるとこれほど力強いものはない。また、トップにとっても、小集団プロセス改善活動が従業員一人ひとりの成長と組織の活性化に役立ち、その結果として、企業の発展と社会への貢献に役立つことは、経営者として、最も関心の深いものである。

ここでは、「トップおよび全社への働きかけ」について、企業の推進事務局の"仕掛け"や"仕組み"づくりとして参考にしていただきたい内容を紹介する。なお、「トップおよび全社への働きかけ」については、小集団プロセス改善活動の状況に応じて、課題も対応も異なる。例えば、次にあげるとおり企業の状況もさまざまである。

① 小集団プロセス改善活動をこれから導入しようとする場合
② 既に導入しているがトップ交代で新しいトップに理解を求める場合
③ かつて活発に展開していたが低迷期を経て、再度活動の活性化を図る場合

ここでは、新規導入やトップ交代時など、初めてトップに理解を得る場合に的を絞り、詳しく説明する。なお、「既に導入しているがトップ交代で新しいトップに理解を求める場合」「かつて活発に展開していたが低迷期を経て、再度活動の活性化を図る場合」などについても基本は同じである。

3.10.1 トップへの働きかけ

トップに小集団プロセス改善活動を理解してもらうには、小集団プロセス改善活動に関する情報を積極的に届ける必要がある。ところが、導入期は、推進事務局にとっても小集団プロセス改善活動の知識も経験も未熟なことが多い。また、新しいトップの就任時にも「小集団プロセス改善活動はどうなるのかなぁ？」と心配がよぎることがある。それだけにトップを相手に説得力のある情報を届けることはたいへん難しく、勇気のいることである。推進事務局の立

場でできることとしては以下のものがある。

（1） 社外行事に参加する機会を設ける

QC界の権威ある、または実践事例や経験ある先生方や小集団プロセス改善活動を活発に展開している企業の幹部が参加する全国規模の大会やシンポジウム、フォーラムにトップ自ら参加し、情報交換や交流を行える機会を設ける。顧客（納入先）で小集団プロセス改善活動を活発に実施している場合は、全社大会などにトップを招待していただくよう働きかけるのも一つの方法である。

（2） 権威ある先生をトップに会わせる

トップに品質管理の権威ある先生を会わせる機会を設ける。あるいは、外部講師による講演会を開催し、トップが出席する機会を設ける。例えば、トップを対象とする品質管理のセミナーに参加してもらう、全社大会や部門大会の折に外部講師の講演を取り入れ、トップが会う機会を設ける。

（3） 社外情報誌のトップ取材を受ける

社外の情報誌『クオリティマネジメント』『QCサークル』誌などのトップインタビューコラムにトップを取り上げてもらう。

（4） 他社動向や社外行事を報告する

推進事務局は、品質や小集団プロセス改善活動の社外行事に積極的に参加し、他社の動向や成功事例とともに、社内で活動するメリットなどをトップに報告・提案する。例えば、業界における小集団プロセス改善活動に関する資料をまとめ、トップに届ける、定期的に開催する全社大会で社長が訓示する機会に合わせ、他社の動向・社外行事の報告とそのなかでの自社の位置づけや課題を資料として届ける。

● 3.10 全社における小集団プロセス改善活動の位置づけを明確にする ●

(5) 社内報への積極投稿

　毎月誌面に小集団プロセス改善活動の記事を掲載することに努める。例えば、他社や社外の大会に参加した場合には、大会の記事を社内報に掲載するようにする。また、その内容について、発行前にトップに確認してもらう、発行後に読んでもらうようにする。社内の情報誌は、定期的に発行される社内報を通じ、小集団プロセス改善活動に関するホットな情報をタイムリーに提供できる手段の一つである。

(6) 社内のホームページに「小集団プロセス改善活動」情報を掲載

　最近では、社内のイントラネット上に小集団プロセス改善活動のホームページを設けていろいろな情報を掲載し、積極的に公開しているケースが増えている。ホームページでなくても小集団プロセス改善活動ニュースの配信やネット公開を積極的に行う。

(7) トップへの報告資料などに活動の情報提供を行う

　トップに定例報告する資料があれば、そのなかに小集団プロセス改善活動に関する情報を継続的に提供することを心がける。小集団プロセス改善活動を通じて、人が育ち、職場が活性化していることに関する情報を次々に「知らせる」ことによって、小集団プロセス改善活動の良さに「気付き」「味方」になってもらえる。

(8) 現場の改善事例を直接目にし、聴いていただく機会を設ける

　小集団プロセス改善活動に興味を示さなかったトップが、発表を聴いて感動し、その良さを理解した事例をよく耳にする。トップに実際に活動している職場第一線の小集団プロセス改善活動の改善事例を直接聴いてもらえる機会を設けるのがよい。例えば、小集団プロセス改善活動の全社大会に出席してもらう、工場視察の際、活動板を見てもらったり、ミニ発表を行う機会を設ける。

（9） 組合を通じて会社側に理解を求める

　組合員の権利を守る組合活動と小集団プロセス改善活動が掲げている基本理念とは、非常に近いものである。そこで、組合員の職場環境改善に寄与する小集団プロセス改善活動について組合に理解と協力を得ることで就業規則や時間外の問題だけでなく、推進事務局が会社側に申し入れたいことを組合側から労使協議会等を通じ、申し入れる。

　以上、9項目に分けて説明したが、これらの仕掛けや仕組みのねらいは、トップに情報を届け、トップの口から小集団プロセス改善活動を語ってもらうことである。つまり、「知らせることは味方にすること」といえる。味方には情報を流すが敵には流さない。しかし、情報を流すことによって、敵も味方になり得る。報告・連絡・相談のほう（報）・れん（連）・そう（相）の重要性がここでも証明される。

3.10.2　全社への働きかけ

　小集団プロセス改善活動は、人を中心とした人の活動である。人は心をもっているから、人に動いてもらうには、人の心を動かさなければならない。

　小集団プロセス改善活動を義務と思って「ヤレでやる」よりは、権利と思って「ヤルでやる」ほうが本来この活動がねらいとする人づくり・職場づくり、結果として経営貢献を果すことにつながる。小集団プロセス改善活動は、職場第一線の全社員が経営に参画できる仕組みである。推進事務局は、職場改善に役立つ仕掛けか仕組みを職場第一線の目線で働きかける必要がある。そのためには、常に次の2点に留意する必要がある。

- 職場第一線に喜んで受け入れられる仕掛け・仕組みづくりを行う。
- 職場第一線（当事者）が参画して、仕掛け・仕組みづくりを行う。

（1）　職場第一線が理解できる言葉で情報を流す

　小集団プロセス改善活動は、実際にやる人（リーダーおよびメンバー）にとっ

● 3.10 全社における小集団プロセス改善活動の位置づけを明確にする ●

ても活動に取り組むことでリーダーシップ能力、コミュニケーション能力、問題発見能力、問題解決能力や対人適応能力などのお金で買えない、これから生きていくうえでどの世界に行っても役に立つ能力が身につくものであることを知ってもらう必要がある。チームで活動を行い、結果を出すことが人間性尊重のマネジメントの基本であることを理解してもらう必要がある。ただし、流行の言葉や難しい言葉を使っても、通じなければ意味がない。また、小集団プロセス改善活動を展開するうえで、全員が守るべきルール(規則)も誤解されるものであっては、意味がない。平易であっても全員の共通認識が得られるわかりやすい表現や言葉で情報提供することが大切である。

(2) 小集団プロセス改善活動に関する情報公開を行う

　小集団プロセス改善活動に関する情報は、活動を行っている職場第一線に平等に公開しなければならない。全社会議の資料も出席者だけでなく、当事者である職場第一線と共有することが必要である。公開することによって、信頼関係を築き、活動の質も良くなってくる。知る・気づくことが良くなる一歩である。

(3) トップと職場第一線(小集団プロセス改善活動)を近づける

　小集団プロセス改善活動を行っている社員にとって、誰かに一所懸命頑張っていることに気づいてもらい、激励してもらえることが、何よりも嬉しく、励みになる。ましてや上司や幹部はもとより、トップからのほめる言葉やアドバイスは、会社生活のなかで忘れられない出来事となって、モチベーションの向上につながっていく。推進事務局は、トップと職場第一線の人が近づける場づくりに努める必要がある。例えば、「トップは必ず大会に出席する」「トップが現場視察を行う」「トップが小集団プロセス改善活動の全社会議に出席する」あるいは「トップ方針を職場第一線にわかりやすくブレイクダウンする」「小集団プロセス改善活動の機関紙にトップの言葉を入れる」「トップ名の表彰を設ける」など、トップの考えや気持ちを職場第一線に近づける工夫が必要であ

る。

（4） 全社展開の仕組みは、シンプルなものにする

　全社がかかわる活動展開の仕組みが職場第一線に受け入れられるようにするためには、簡単でわかりやすいのが一番である。複雑にすると、人によって解釈や判断が異なって、まったく意図しない結果になることがある。例えば、活動の評価基準も「生産部と事務スタッフ部門」のものさしが共通でなかったり、いくつもの評価基準を設けたりすると評価することに労力を奪われ、批判が高まる。そんな気持ちが評価の精度を悪くする。だから、共通項目をシンプルに絞り込み、その状況が全社に常に公平に公開されることが必要である。

（5） 当事者が参画できる仕掛け・仕組みづくり

　全社の仕掛けや仕組みには、必ずその当事者を参画させて考える。職場の問題は、職場に答えがあるように、当事者でない推進事務局だけで良かれと思って決めたことは、何か見落しがあり、職場のためにならないこともある。したがって、全社イベント（発表大会・コンクールなど）も、参加する職場第一線が必ず加わって企画するのがよい。これにより準備プロセスのなかで、当事者意識も芽生え、より良い結果が得られる。また、推進事務局としても当事者から多くのことを学ぶ機会になる。

（6） 職場第一線に公平に光が当たる活動にする

　小集団プロセス改善活動を通じて、頑張った人を誉め称える場づくりを行うのは当然である。その選抜基準は、部門特性に関係なく、公平でなければならない。また、そのことを参画する人に納得してもらうため、評価基準と評価プロセスを公開することが必要である。

（7） 小集団プロセス改善活動の位置づけを高める

　小集団プロセス改善活動においては、自主性と放任を取り違え、仕事とは別

● 3.10 全社における小集団プロセス改善活動の位置づけを明確にする ●

表3.10.1 業績評価の仕組み・仕掛けの例(S社の例)

	導入期 (推進者による支援指導)	定着期 (自主性発揮)	発展期 (自立)
ねらい	●チームで仕事ができるようになるために、活動の基本ステップを身につける。	●達成感につながる活動にするため、学んだことを仕事に役立てる。	●業務一体のなかで、改善し続ける能力をもった人づくり、組織づくり。
仕組み・仕掛け	●テーマをステップに分け、効果の確認のステップまで終了したチームが全体の8割以上あるかどうか(進捗率)で評価する。 ●上記の評価結果を事業部の業績評価項目の一部にする(比率は小さくてよい)。 ●進捗率が向上したところを見計らって、標準化と管理の定着を含め、すべてのステップを終えたチームの割合で評価するように進捗率の定義を変更する。 ●目標も9割以上にする。	●左記に加え、参加率、発表割合、レベルアップ度などを評価(活性度)する。 ●活動成果を個人の業績評価に反映する。小集団プロセス改善活動のテーマと目標値を登録し、その達成率(得点率)で評価する。 ●個人の業績評価の10%程度とする。ただし、上司が認めればそれ以上も可とする。 ●合わせて、e-ラーニングや専門コースの増設で学んで育つ環境を整備する。	●ステップの進捗率、テーマ・目標値の得点率を合わせた達成率をチームごとに求める。 ●部門ごと、事業所ごとに達成率を評価する。 ●上記の評価を全社共通の指標とし、全部門、全事業所の業績評価に反映する(比率を大きくする)。 ●活動費用はすべて受益者負担の考えで活動の自立化を促進する。
効果	●基本ステップに沿って活動を進めるチームが育つ。	●マネジメント力が向上する。 ●チームとの面談実施率がほぼ100%になる。 ●品質管理に関する資格取得者が増加する。	●すべての部門、事業所での活動が活性化する。 ●本社スタッフ部門を含め、階層別教育の実施率が80%以上になる。
課題	●基本ステップに沿った活動はできるようになったが、テーマを含め、活動レベルが低い。質の向上が必要である。	●「継続し続ける活動である」ことの理解や認識が薄く、事業所間にばらつきがある。 ●スタッフ部門に遅れがある。	●活動の多様化で、画一的な活動から部門特性に合った活動展開が必要である。

● 第3章　管理間接職場における小集団プロセス改善活動の進め方 ●

のものという意識が働きやすい。それだけに、この活動が果たす役割の大きさを業績評価のなかで反映する仕組みづくりが必要である。そうすることによって、職場第一線以上に管理職、事業所トップまでもがこの活動に関心をもち、その重要性を認識することになる。**表 3.10.1** に、小集団プロセス改善活動の業績評価の仕組みの一例を示す。この事例では、小集団プロセス改善活動の位置づけを高める一つの方策としている。また、このような評価のプロセスを全社に公開している。複雑なことを考えず、仕組みや仕掛けをシンプルにすることで、機能するものになっている。

　以上、企業によって、抱える課題もさまざまあり、その対応策の仕掛けや仕組みづくりもさまざまである。「トップ次第」といわれる小集団プロセス改善活動も、そのトップを動かすのは、「職場第一線の社員の頑張り」であることが多い。いずれにしても、いかにトップや職場第一線で活躍する社員を巻き込み、一丸となった取組みが行えるか、推進事務局の創造力が問われるところである。

　推進事務局が小集団プロセス改善活動の目的(ねらい)を外すことなく、熱意をもって考え、語り、行動すれば、きっと職場第一線からトップまで、味方となる仲間が増え、心を一つにして一緒にさらなる高い目標に向かい、挑戦し続けることができることを多くの企業が証明してくれている。

● 3.10 全社における小集団プロセス改善活動の位置づけを明確にする ●

管理間接職場への小集団プロセス改善活動の導入事例

以下に、2つの導入事例を紹介する。

1．M社の事例

M社では、製造部門も管理間接部門も同じように小集団プロセス改善活動を推進してきた。各部門に推進事務局をつくり、定期的に研究会と意見交換を開催し、このなかで小集団活動の考え方や方法を浸透させていった。

優秀な管理者のいる部門で活動をスタートさせ、効果を上げさせる作戦をとった。やる気のある管理者に他社の事例発表会を傍聴させるなどで勉強をしてもらい、小集団活動の本質を理解してもらった。日本鉄鋼連盟主催の全鉄鋼JK大会への派遣はかなり効果が上がった。また、全日本QCサークル選抜大会で金賞受賞サークルのなかからタイプの違う2社を招待し、関係会社の発表大会でデモンストレーションをしてもらい、その後、各社の推進事務局と本社推進事務局で今後の推進方法について討論をした。

効果が上がった時点で部門長の役員に役員会で「小集団活動は素晴らしい」とトップに話してもらった。その後、全社展開を図った。

2．R社の事例

R社は生産性向上運動を推進する目的で小集団活動を導入した。全社で約290グループ、約2,200人が参加しており、半数以上は管理間接部門である。キックオフ以来26年を経過しているが、現在も活動を続けている。

R社が小集団プロセス改善活動を導入するまでの経緯は、以下のとおりである。

① 労使関係に問題があり、職場内の雰囲気が暗く、製品クレームやムダな作業も多く発生していた。会社も赤字続きで将来に対して不安を抱く社員も少なくなかった。このようななか、各部門の有志からなるSRC（新生Rクラブ）が誕生した。ここでは「社員相互の人格の向上」や「より良い職場づくり」を目指し、"生産性運動と労使関係"を中心に講演会や研修会などの勉強会が開かれた。

② SRCの世話人が中心になり各職場で「職場の問題点の掘り起こし」を実施した。出された問題を整理し、改善できる問題は解決した。しかし、SRCだけでは解決できないことがわかり、SRCから社長と労働組合の執行委員長に対し「生産性向上運動の必要性について」の提言書が

出された。

③ これを受けて、労使が合意し、中央労使協議会の専門委員会として16名からなる生産性委員会が発足した（**図 3.10.1**）。次の年から生産性向上のための小集団活動の必要性についての階層別研修会が行われた。また、各職場生産性委員会の目標および各職場グループの活動テーマが設定された。その後、「生産性向上運動キックオフ集会」の開催により正式に小集団活動がスタートした。

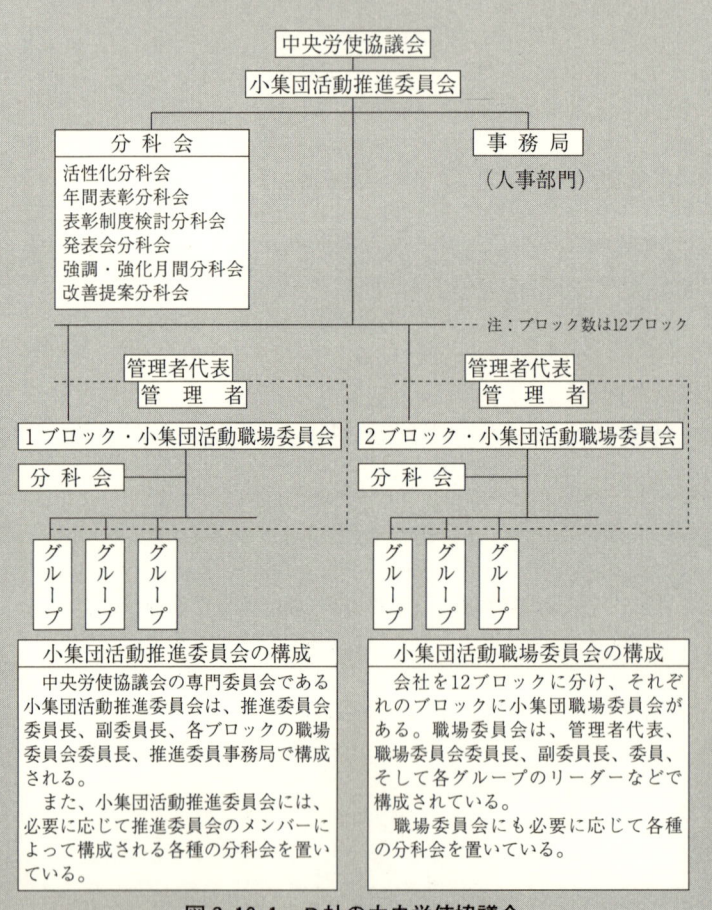

```
                    中央労使協議会
                    小集団活動推進委員会
         ┌──────────────┴──────────────┐
         分 科 会                    事 務 局
         活性化分科会                 （人事部門）
         年間表彰分科会
         表彰制度検討分科会
         発表会分科会
         強調・強化月間分科会
         改善提案分科会
                                    注：ブロック数は12ブロック
    ┌────────────────┬────────────────┐
  管理者代表            管理者代表
   管 理 者             管 理 者
 1ブロック・小集団活動職場委員会  2ブロック・小集団活動職場委員会
   分 科 会             分 科 会
 グ  グ  グ           グ  グ  グ
 ル  ル  ル           ル  ル  ル
 ー  ー  ー           ー  ー  ー
 プ  プ  プ           プ  プ  プ
```

小集団活動推進委員会の構成	小集団活動職場委員会の構成
中央労使協議会の専門委員会である小集団活動推進委員会は、推進委員会委員長、副委員長、各ブロックの職場委員会委員長、推進委員事務局で構成される。 また、小集団活動推進委員会には、必要に応じて推進委員会のメンバーによって構成される各種の分科会を置いている。	会社を12ブロックに分け、それぞれのブロックに小集団職場委員会がある。職場委員会は、管理者代表、職場委員会委員長、副委員長、委員、そして各グループのリーダーなどで構成されている。 職場委員会にも必要に応じて各種の分科会を置いている。

図 3.10.1　R社の中央労使協議会

● 3.10 全社における小集団プロセス改善活動の位置づけを明確にする ●

④ 途中、いろいろな困難があったが、労使一体となって小集団活動の目的・必要性を常に確認し、製造部門と管理間接部門を区別することなく、現在まで活発に活動が行われている。

R社の小集団プロセス改善活動成功のポイントとして次のことが考えられる。
- 労使一体で推進していること。
- 小集団プロセス改善活動の「目的」を明確にし、徹底的に、小集団プロセス改善活動の「必要性」をリーダー、メンバーおよび管理者・監督者が理解し、納得するまで議論・教育を行ったこと。
- 製造部門と管理間接部門を区別せず、人間性尊重を前面に推進したこと。
- リーダー教育で問題解決のステップと同時に小集団活動を成功させるには小集団の維持要因(人間関係、コミュニケーション、やらされ感の払拭の仕方)が重要なことを強調したこと。また、リーダー教育には必ず職場委員会のメンバーも参加したこと。

(寺澤 壮一郎)

第4章 管理間接職場における
　　　小集団プロセス改善活動の
　　　推進事例

4.1　シャープにおけるR-CATS活動

　シャープ㈱では全部門で小集団活動"R-CATS"を展開している。ここでは、"R-CATS"の考え方と全社展開に向けた推進の経緯・工夫を紹介する[1]。

4.1.1　会社概要

　創業は、1912年(大正元年)、創業者の故早川徳治がベルトのバックルの考案を機に、資本金50円、従業員わずか3人で金属加工業として創業した。
　今日では、誰もが知っているシャープペンシルであるが、世界に先駆けて実用に耐える金属製にしたのが、早川徳治である。シャープの社名が、このシャープペンシルに由来しているのはいうまでもない。その後も、1925年にはラジオ、1953年にはテレビと、いずれも国内で最も早く生産を開始し、電化ブームの原点ともなった。
　シャープは、世の中にないもの、人に真似される商品として、電子レンジや電卓など「世界初」「日本初」の商品を次々に生み出してきた、電気、電子機器商品の研究開発・生産・販売を行っている国際的な総合エレクトロニクス企業である。
　創業以来、何よりも独創性を尊び、相手の身になって考える「誠意と創意」

の経営信条を実践し、「独創技術で未来を拓くことこそメーカーの使命であり、真の意味する社会の進歩に貢献する道である」と、全社員が確信している（表 4.1.1）。

4.1.2 シャープ小集団活動のはじまり

シャープの品質管理活動は、1949年にスタートしていたが、小集団活動は、1966年に当時のテレビ工場（大阪市）で始まり、1970年に電化システム事業本部（現在の健康・環境システム事業本部、大阪府八尾市）が続いて導入した。つまり、シャープの小集団活動は、全社一斉に開始したものではなく、事業所ごとに徐々にさまざまな小集団活動を導入展開したものである。1982年には、それ

表 4.1.1　経営信条

```
         二意専心    誠意と創意

この二意に溢れる仕事こそ、人々に心からの満足
と喜びをもたらし真に社会への貢献となる。

誠意は人の道理なり、すべての仕事にまごころを
和は力なり、共に信じて結束を
礼儀は美なり、互いに感謝と尊敬を
創意は進歩なり、常に工夫と改善を
勇気は生き甲斐の源なり、進んで取組め困難に
```

表 4.1.2　小集団活動の歴史

1966年	ZD（Zero Defects）運動（ゼロゼロ作戦）開始
1970年	QC サークル活動開始
1989年	全社 TPM 活動キックオフ TPM（Total Productive Maintenance）
1990年	"CATS" 活動と名称変更
2003年	スタッフ部門も含めた 全社 "R-CATS" 活動開始 R-CATS（Revolution-Creative Action Teams）

らが共同歩調をとり、第1回の全社QCサークル成果発表会が開催された。その後、徐々に全社展開への拡がりをみせ、2003年に本格的な全社展開を開始した。

シャープにおける小集団活動のあゆみを簡単にまとめると、**表4.1.2**のようになる。

4.1.3　全社の推進体制

小集団活動の全社展開を行うためには、組織で動く仕組みづくりが重要である。そこで、各本部・関係会社に推進事務局を設置し、全社の推進体制を再整備した（**図4.1.1**）。

この推進体制は国内では、計40以上の本部・関係会社を数え、大掛かりなものとなっている。各本部・関係会社の推進事務局には、R-CATSの推進責任者

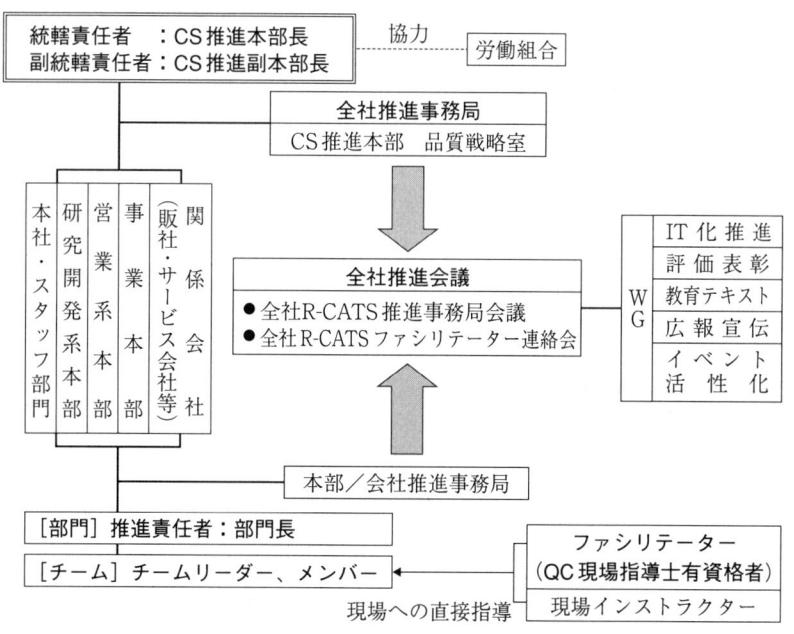

図4.1.1　全社R-CATS活動の推進体制

(部門長)と実務を担当するファシリテーター(QC現場指導士有資格者)が存在する。推進事務局は主に戦略室・総務部・人事・管理や品質部門が兼務で行っているケースが多い。

組織的に全社展開を行うには、全社推進事務局と本部・関係会社との連携はもとより、本部と関係会社の間での相互のネットワークづくりも重要な課題である。そのため、全社推進体制のなかに各本部や関係会社の推進事務局が参画する研究会やワーキングなど、全社の横断的な推進組織を編成し、職場第一線からのR-CATS活動に関する意見や要望を反映できるように全社的な仕組みや仕掛けづくりを行っている。

全社で運用しているR-CATS活動の「登録管理システム」「活性度評価システム」「教育システム」「表彰制度」などは、ほとんどが研究会やワーキングから提案され、R-CATSの全社会議で審議・決定されたものである。職場第一線で実際に活動している者が参画することで、当事者意識も高まり、より使い勝手の良い機能的なものとなる。全社一丸となれる横断的な推進体制が全社展開のための仕組みづくりに大いに役立っている。

4.1.4　R-CATS活動の基本的な考え方

全部門が参加してのR-CATS活動は、各本部・関係会社の方針や考えには、自由度をもった活動展開を行っている。例えば、チームの編成やテーマの設定、活動の時間などは各本部・関係会社の実情に合わせて自由に推進できる。

導入期のチームは、一般的に同一職場あるいは、同じ業務内容のメンバーで編成されることが多い。しかし、職種によっては、部門、あるいは本部をまたがって編成されることもある。クロスファンクション、ハイブリッド、コンカレント形式のチーム編成がそれにあたる。

R-CATS活動の考え方として、以下のことを基本としている。

　①　チームの編成：全員が参画できるよう、役割分担が可能な人数とする。一般的に、チームのメンバー数は、2名以上で6～8名くらいまでが望ましい。ただし、役割分担・全員参加の工夫が行われるならば、メン

バー数の増減は自由としている。
② テーマの選定：テーマは、上位方針をブレイクダウンしたものを原則とするが、チームのレベルに応じて、自由に設定することができる。
ただし、メンター(直接上長の管理職)の支援・指導と承認を得たものとする。
③ 活動の時間：原則、就業時間内とする。時間外で活動する場合は、メンターの承認を得て、必ず時間外手当てを支給する。

4.1.5 R-CATS活動の全社展開
(1) 職場第一線が参画の活動

　小集団活動の主役は、職場第一線のチームである。それだけに、職場第一線が参加・参画あるいは、主体となった活動であることが望ましい。先に述べたように、シャープでは、ワーキングや研究会に職場第一線がいかに参加・参画できるか、当事者の考えをどう反映するかを大切に、この活動の仕組みづくりを行っている。登録管理システムや教育システム、広報活動、全社イベントに至るまで、すべて基本姿勢は「職場第一線のことは職場第一線が主体」となる考えである。そうすることで、当事者意識が芽ばえ、また、自分たちの職場(現場)を一番よく知っている者が実際に運用にかかわることで、より実践的で効果的な仕組みができる。

　そのためには、職場第一線のチームが必要とする情報を収集・整理し、公開するなど、全社で共有することが必要となる。R-CATSの全社会議の資料から議事録、全社大会で発表された全事例に至るまで、R-CATS活動に関する情報は、社内のR-CATSホームページ上に公開し、社員であれば誰でも確認・活用することができる。

　図4.1.2に社内R-CATSホームページの一部を示す。全社大会で発表した事例を「生産・生産技術部門」「事務・間接スタッフ部門」「営業・サービス部門」「研究開発・技術部門」に分けて公開し、自由に優秀事例に学ぶ機会づくりを行っている。

● 第4章 管理間接職場における小集団プロセス改善活動の推進事例 ●

図4.1.2 全社大会発表事例を公開

(2) R-CATS活動の位置づけ

R-CATS活動は、チームで仕事をする仕組みの一つであり、仕事そのもの、経営そのものと位置づけている。言い方を変えれば、この活動を通じて、職場第一線のチームが経営に参加・参画できる仕組みといえる。位置づけを明確化するため、2005年度には、以下のような方針および推進ポイントを定め、取組みを行った(**図4.1.3**)。

■全社活動方針
① 事業経営革新ツールとして、職場課題の達成と人材育成に役立てる。
② 新たな価値創造や環境変化に機敏に対応する自由闊達で活力ある職場づくりを行う。

■推進ポイント：活動の位置づけを明確化する。
① 各本部戦略の実行部隊に位置づけ、上位方針に連動した活動展開を行う。
② 課題や問題(テーマ)に合わせ、フレキシブルな活動形態を行う。

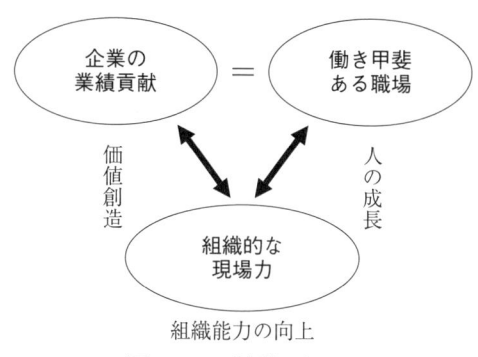

図 4.1.3　活動のねらい

　　（例）　活動単位は部門内でのメンバー編成を基本とする。ただし、必要に応じて部門をまたがるクロスファンクショナルなチーム編成を可能とする。

　活動の展開と位置づけについては、全社に向けて、**図 4.1.4 および図 4.1.5**のように紹介している。なお、テーマの設定については、**4.1.4 項②**で述べたとおりである。

（3）　教えて育つから学んで育つ教育プログラムへ

　R-CATS の教育体系は、階層別と専門別コースで全社と各事業所が協力し合って運営し、より実践的なやる気・やる場・やる腕づくりを目指している。

　全社では、R-CATS レベルアップ研修として、「階層別」と「専門別」のコースを立ち上げている。階層別は各本部・関係会社が主体となって開催され、専門別のコースは、全社推進事務局が主体に開催している。全社で展開しているため、営業や技術などにも対応する研修プログラムも公開しており、参加者に応じてカスタマイズすることも多い（**図 4.1.6**）。

　活動導入時、各職場から「活性化の秘訣」を求められたが、そのような特効薬は持ち合わせていない。あえていうなら各職場の当事者が必要性を感じて、自ら考え行動することである。R-CATS 活動では、1989 年より"教えて育つ"から"皆で学んで育つ"能動的なプログラムで、求める心の大切さを説いてい

● 第4章 管理間接職場における小集団プロセス改善活動の推進事例 ●

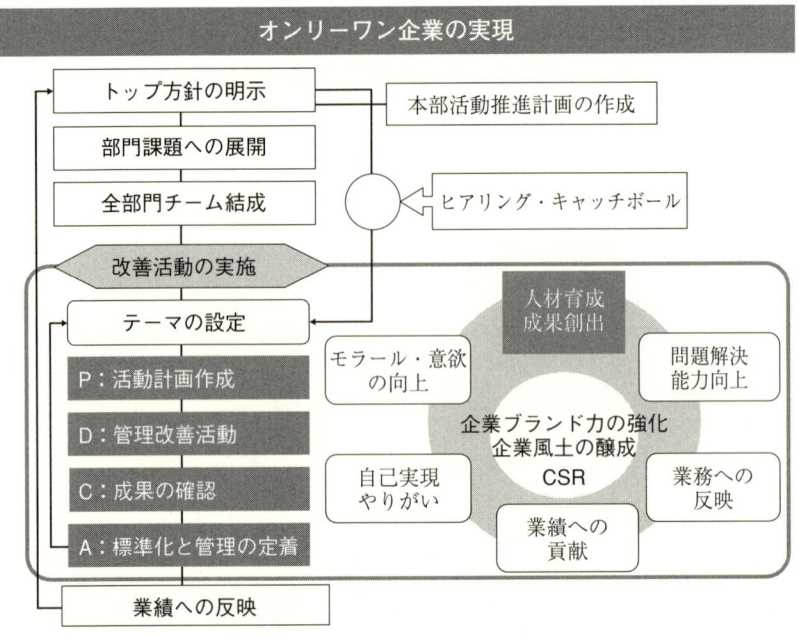

図 4.1.4 R-CATS 活動の展開

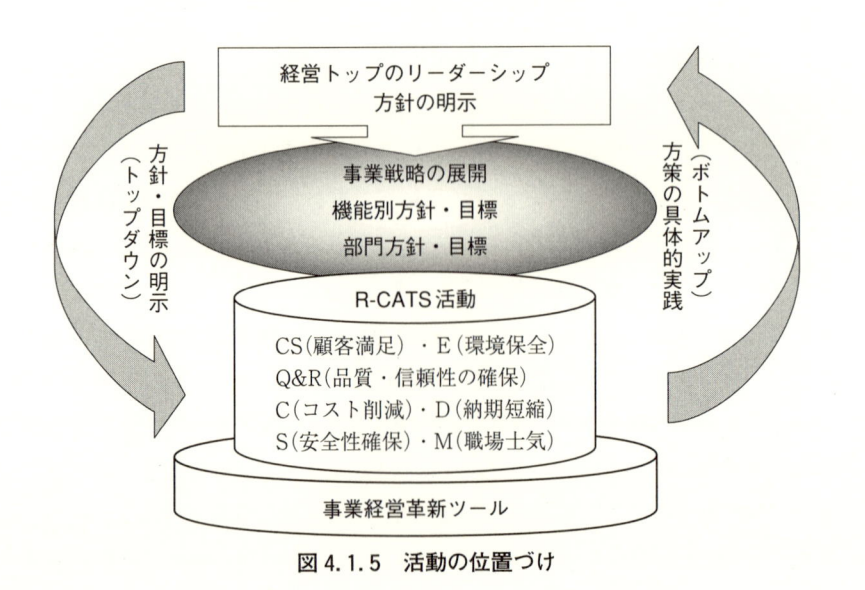

図 4.1.5 活動の位置づけ

● 4.1 シャープにおける R-CATS 活動 ●

《主催：各本部・関係会社》 階層別コースレベルアップ研修 (Off-JT 演習含む)		レベル 階層別	《主催：機能本部》 専門別コースレベルアップ研修 (Off-JT 演習含む)	
中級	初級		必須	選 択
トップセミナー		経営幹部		
管理者 ノウハウコース ステップ Ⅱ	管理者 ノウハウコース ステップ Ⅰ	メンター	問題・課題解決入門コース	問題解決ノウハウコース / アンケート統計と分析コース / プレゼンノウハウコース / 商品企画七つ道具活用コース / コスト低減・ムダ取りコース / やさしく学ぶ統計解析コース / やさしく学べる信頼性手法入門コース
事務局経営 ノウハウコース ステップ Ⅱ	事務局経営 ノウハウコース ステップ Ⅰ	ファシリ テーター		
リーダー・サブ リーダーコース ステップ Ⅱ	リーダー・サブ リーダーコース ステップ Ⅰ	リーダー サブリーダー		
OJT（各職場）		メンバー		
R-CATS 活動導入研修		新入社員		e-ラーニング 問題解決手順／QC 手法

図 4.1.6　R-CATS 活動を支える教育体系

る。

　導入展開期は、全社推進事務局に研修依頼が殺到し、インストラクターの育成が追いつかない状況であったが、社内資格「QC 現場指導士」を設け、実践指導から集合研修のできるインストラクターの育成に努めた。特に㈶日本科学技術連盟の「QC サークル指導士」認定資格と社内資格制度をリンクさせ、QC サークル指導士資格を取得した者は、社内資格「QC 現場指導士」としても認定し、より幅広い知識とスキルを身につけた推進者の育成を行っている。

　また、自主学習や各職場での学習教材として有効活用できるように、集合研

● 第4章 管理間接職場における小集団プロセス改善活動の推進事例 ●

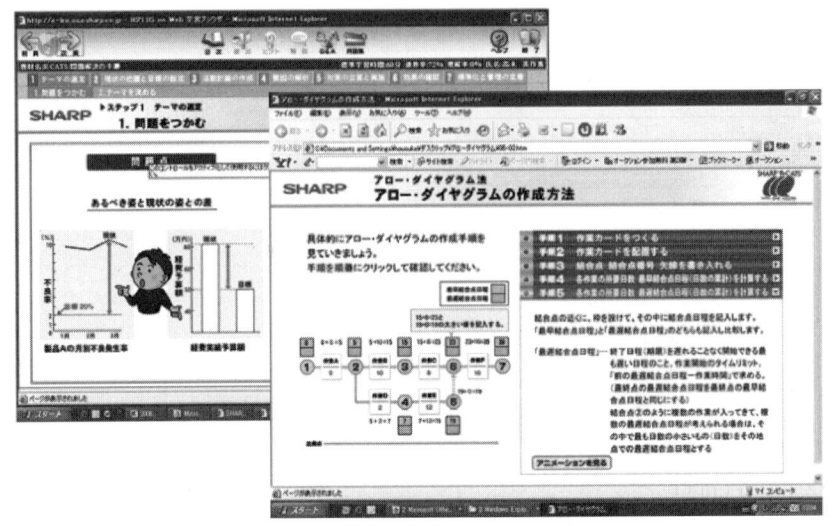

図4.1.7 学んで育つR-CATSのe-ラーニング

修で使う教育ツール(テキストや講義用パワーポイント)のネット公開や、誰もが、いつでも、どこからでも自由に学べる環境づくりの一つとして、e-ラーニングを行っている(図4.1.7)。

さらに、"やる腕"は、職場第一線の実践のなかで一番よく磨かれる。そのためにも日常管理のなかで支援指導できる管理職(メンター)の役割と責任の明確化が重要である。例えば、ある生産事業本部では、関係部門を巻き込んで問題解決を行う「改善指導会」の仕組みがある。その本部の生産部が取り組むテーマによっては、メンターに加え、プロセス技術者や設備保全技術者にも参加してもらい、相談やアドバイスを受け、問題解決を図る場合がある。そこで、毎月1回定例的に行われる「改善指導会」によって、取組み内容の質の向上と進捗を確実なものにしている。各職場に合った取組みが実践のなかに活かされており、この活動が最高の研修の場となっている。

(4) 全社展開のための見える化・気づく化の仕組み

R-CATS活動は、全社全部門、全社員の活動である。全社員が活動に参加し、

継続するためには、仕掛け、仕組みが必要となる。その理想は、誰もが理解できる言葉で、シンプルかつ、わかりやすく、公平で、全社員が参画できるものである。そして、その情報は全チームが共有・活用できるように全社に公開している。

① 全社 R-CATS 会議の見える化

　R-CATS 活動に関する施策や提案の審議・決定機関として、各事業本部・関係会社の推進事務局部門の責任者(部門長)で構成される「全社推進事務局会議」と実務担当者(ファシリテーター)で構成される「全社ファシリテーター連絡会」をそれぞれ2カ月に1回開催している。開催方法は、45以上の事業本部・関係会社から約60名が集まり、毎月全社展開のための提案・審議・決定・報告・交流を行う。ときには、テレビ会議システムを活用したり、ネット上での会議など、状況に応じて、工夫を凝らし開催している。

　その会議で審議・決定された資料・議事録は、R-CATS ホームページにすべて掲載し、誰もが内容を確認できるよう全社に公開している。

② 全チームの活動状況の見える化

　チームの登録管理システムに掲載された情報は、全チームで共有することができる。例えば、栃木工場の総務のチームが広島工場の総務はどんなテーマで活動しているのか自由に検索できる。また、全チームの活動の進捗率を棒グラフで掲載しており、「テーマの設定」で10％、「現状の把握」で20％と各チームの進捗度が見えるようになっており、管理業務の負担軽減だけでなく、他のチームとの進捗度合いの比較もできる。さらに、部門、本部としての比較も自由に検索してフォローができる仕組みとなっている。それ以外にもホームページ上には、活動成果を水平展開する「真似する・真似される提案制度」や「改善事例の検索システム」「イベント情報」「全社活動の標準化」など多くの情報が職場第一線のチームの知恵で掲載され、双方向に活用できるものとなっている。

③ 全社の活性度評価の見える化

　一部、業績評価に連動した各本部・関係会社の活動の活性度評価は、各チームが入力する活動データに連動しており、各評価項目の進捗状況や実績が全社に公開されている。

　また、評価項目は、前年度の反省課題や実態調査のなかから次年度の重点項目が全社会議に提案され、全事業本部・関係会社合意の下に決定される。特に、推進事務局部門の言い分だけでなく、チームの声にも耳を傾ける。例えば、リーダー対象のアンケート調査で「研修の機会を増やして欲しい」「活動成果を披露する場を設けて欲しい」などといった、チームの要望も反映することが多い。チームのことは、チームが考え、行動することで、活動の質が高まり、当事者意識もよりいっそう強くなる。

4.1.6　活 動 事 例

（1）　お客様相談センターの活動事例

　お客様相談センターでは、社外人材(派遣スタッフ)が増えるなかで、シャープらしい「おもてなしの心」をお客様に伝えるために日々活動している。そのなかで、教育担当「Suction 70チーム」は、数値化しにくい応対評価を数値化することでエージェント(電話応対者)自身が改善点を見つけ出し、応対品質を向上させることに成功した[2]。

(a)　は じ め に

　お客様相談センターでは、"CS No.1"を実現するため、
　　①　お客様をお待たせしない"応対の「量」の確保"
　　②　お客様に「ありがとう」と言っていただける"応対の「質」の向上"
を目指し、全国のお客様からの電話をお受けしている。Suction 70チームは、「シャープの代理人として応対するだけでなく、お客様の代理人として社内に意見を伝える役割を担う」という考え方から、エージェント(電話応対者)の教育を担当している(**図 4.1.8**)。

図 4.1.8　職場の風景

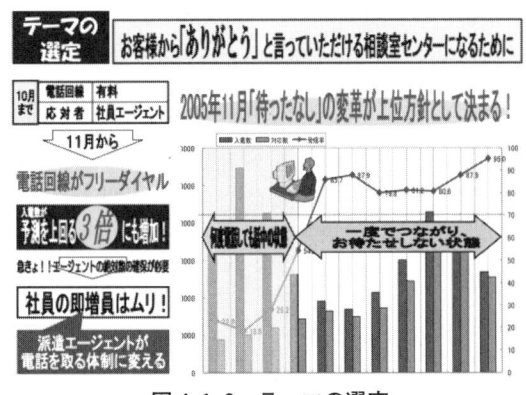

図 4.1.9　テーマの選定

(b)　テーマ選定の理由

お客様からの強い要望を受け、2005年11月にフリーダイヤルを導入したところ、問合せが3倍にも増加し、電話がつながりにくい状態になってしまった。そこで、従来、社員が担当していた電話応対業務を派遣社員が行うことで「量」を確保した。しかし、応対の「質」についての課題が残り、「おもてなしの心」を伝える応対強化をテーマに取り組んだ（図 4.1.9）。

(c)　現状の把握と目標の設定

「電話応対診断チェックシート」を作成し、エージェントの応対の質の評価

「名乗り」：呼出し音が鳴ったら2回までに取る	評価ポイント	点
はい、 シャープお客様相談センターの「○○」です	統一の名乗りが できていない	1点
ありがとうございます シャープお客様相談センター「○○」でございます	正確だが早口で しっかり聞き取れない	2点
ありがとうございます シャープお客様相談センター「○○」でございます	事務的な印象だが 正確に聞き取れる	3点
ありがとうございます シャープお客様相談センター「○○」でございます	正確さと笑顔の 「おもてなし」が伝わる	4点

注）1：非常に悪い　2：悪い　3：良い　4：非常に良い

図4.1.10　評価の基準

を数値化するとともに、指導ポイントを明確にした。評価は「基本応対」13項目と「応用応対」12項目について行い、2点の「悪い」と3点の「良い」が良し悪しの境界線となるよう、各項目4段階（1～4点）で行うことにした（図4.1.10）。

実際に応対の声を聴いて、点数の違いを確認し、聞き分けて評価したところ、エージェントによって100点満点中、平均点63.4点を中心に応対に大きなばらつきがあることを発見した。特に「最初の印象」「言葉遣い」「話し方」などの「基本応対」スキルのばらつきの大きいことがわかった。全項目を3点の「良い」評価とすれば、75点で合格点となるが、お客様の主観があるため、すべて「良い」にするのは難しいので、第一段階として、2006年9月末までに、全員が評価シートによる応対評価でお客様の納得する平均点70点以上となることを目標にした。

(d) 要因の解析

全員で要因を洗い出し、検証した結果、スキルの弱いところとして、「言葉の知識不足」「サウンド不足」「マインド不足」の3つがあることが判明した（図4.1.11）。

(e) 対策の立案と実施

「おもてなしの心」を伝えるためにもレベルに応じ、基本スキルを徐々にステップアップできる教育を検討した（図4.1.12）。

優先順位の高い、次の4つの対策を実施した（図4.1.13）。

① 新人を2週間でデビューさせるためのプログラムを確立
② 説明員から相談員になるため、統一スローガン「"ありがとう" その一言が聞きたくて、築きます信頼のシャープブランド」を設け、正確、迅速、誠意、感謝、感動の応対品質の向上を実践
③ 電話応対で第一印象が決まる「統一の名乗り」を毎日、朝の発声訓練とともに実施

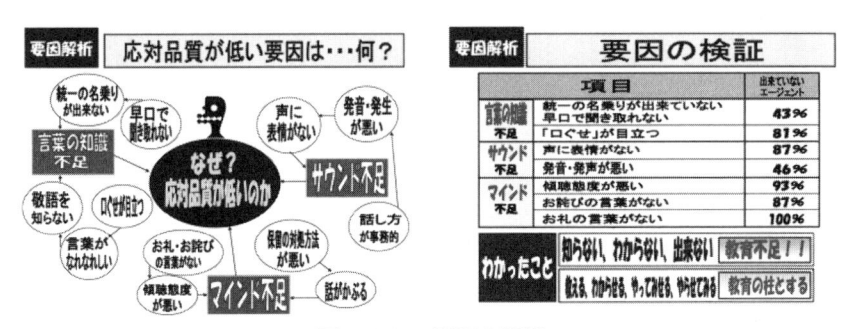

図4.1.11 要因の解析

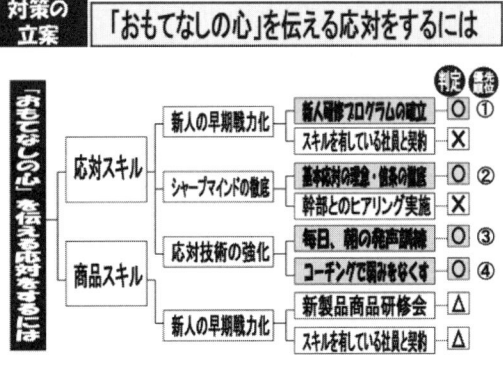

図4.1.12 対策の立案

● 第4章　管理間接職場における小集団プロセス改善活動の推進事例　●

図4.1.13　対策の実施

④　「弱み」をなくすため、一人のエージェントに対し、指導者3名でモニタリング・コーチングを実施

(f)　効果の確認

　思うように上がらなかった成果もフォローコーチングが決め手となって、お客様との良いコミュニケーションで、目標の70点に届かなかったものの68点と5点アップし、ばらつきも小さくなった。また、応対時間も大幅に短縮した。

(g)　標準化と管理の定着と今後の取組み

　グループリーダーと力を合わせ、日常業務のなかにモニタリング・コーチングが定着する仕組みづくりを行った(**図4.1.14**)。
　おもてなしの心を伝えるためには「応対スキル」はもちろんのこと、お買い物相談から故障診断まで幅広い応対を可能にした「商品スキル」と仕事を進めるための手順である「業務スキル」が大切である。就業時間の5％を教育に充当することでこれら3つのスキルアップを図り、一人でも多くの「ロイヤルカスタマー」育成に取り組んでいくのが次の目標である(**図4.1.15**)。

(2)　営業部門の活動事例

　営業マンのノウハウは個人が保有していることが多い。そのようななか、「うりずんチーム」は、小集団活動を通じて、互いのノウハウを共有し、お客様の立場で、チーム活動することによって、営業に必要な知識やスキルを互い

図 4.1.14 標準化と管理の定着　　図 4.1.15 今後の取組み

に学び、ともに成長した結果として、売り上げにも貢献した[3]。

(a) はじめに

　沖縄シャープ電機はシャープのあらゆる商品の販売からお客様へのアフターサービスまで行っている。「うりずんチーム」は営業部に所属し、リーダーのK課長を中心に常にお客様視点で独創的な商品・サービスの提供を目指し、仕事の"質"や"仕組み"づくりに日々、挑戦し続けている。

(b) テーマ選定の理由

　上位方針「お客様に喜んでいただける独創的な商品・サービスの提供」を受け、沖縄市場で販売台数・売上げともに大きなウエイトを占めているエアコンは重要商品であり、エアコンの販売が当社のブランドイメージを上げることから、「沖縄におけるエアコン販売台数の拡大」に取り組むことにした。

(c) 現状の把握と目標の設定

　過去8年間のエアコン販売台数を調べたところ目標を大幅に越えることは少ないが、この4年間、特定販売店を対象としたエリア商談会を他社に先駆け、いち早く行った結果、販売実績が伸びていることがわかった。なかでも全機種にお掃除機能を唯一もったシャープのエアコンに魅力を感じている声が多い。また、沖縄でのエアコンは、「暖房はいらず、冷房専用の要望が多い」「海風に

よる塩害が多く、寿命が短いため安く買えるほうが良い」と、低価格で買い替えを求められるお客様が主流であることもわかった。さらに、今期の業績の伸び予測は105％となっている。そこで、お客様が本来求めている健康や環境にやさしく、創エネ・省エネを実現した商品機能を紹介することで、沖縄市場におけるエアコンの販売台数を、2007年9月末までに、販売台数シェアは前年比10％アップの30％以上、お掃除機能付きエアコンのシェアは50％以上を目標とした。

(d) 要因の解析

「エアコンの販売台数が上がらない」を特性に、その要因を市場環境、お取引先、社内環境を切り口に自分たちの立場での要因を解析した結果、

① お掃除機能は高いと思われている
② お取引先への商品の情報提供不足と商品知識支援不足
③ 営業マンの情報格差、コミュニケーション不足

などが主な要因として上がった（図4.1.16）。そこで、要因を課題に置き直し、エアコン販売台数を上げるための対策の方向性を検討し、仮説を立てた（図4.1.17）。

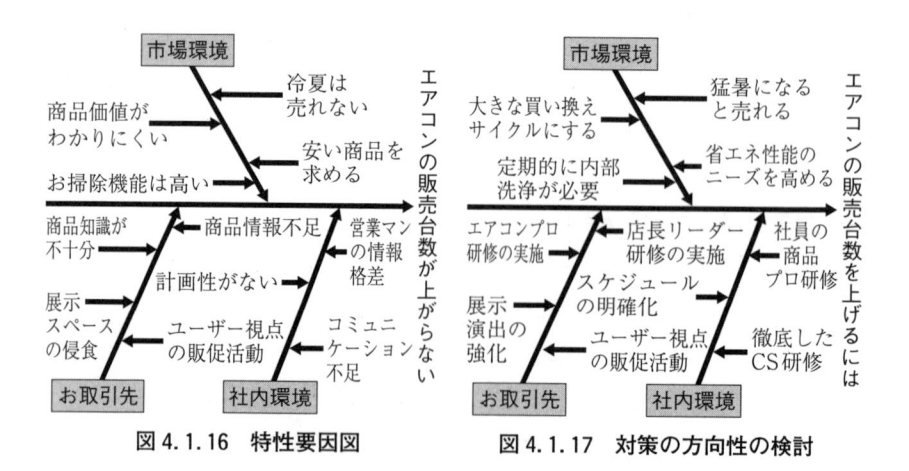

図4.1.16　特性要因図

図4.1.17　対策の方向性の検討

4.1 シャープにおけるR-CATS活動

洗い出した対策案の方向性についての仮説を検証するため、店舗別の状況を調査した。企画担当が作成した総合力チェック表をもとに、各メンバーが販売店に出向き、現場、現物、現実の三現主義で、展示演出、接客レベル、販売姿勢などのさまざまな視点で実態調査を行った。その結果をマトリックス図で整理し、販売店別の弱点について議論したところ、各販売店の強み・弱みが見えてきた(図4.1.18)。また、社内環境の課題にもメスを入れるため、自分たちの強み・弱みと、機会や脅威について、SWOT分析法を活用して分析した結果、社員の知識格差や市場認識不足に大きな攻め所があることがわかった。

(e) 対策の立案と実施

2つの分析結果から、対策案をマトリックスで展開したうえで、効果と実現性で絞り込み、販売店別の具体策を立て、実施することにした(図4.1.19)。

	A社	B社	C社	D社	E社	地域B	一般	開発
展示演出	△	○	○	△	×	△	×	×
商品知識力	×	△	△	×	×	×	△	×
接客力	×	△	△	△	△	×	△	×
販売意欲	×	○	×	×	○	△	△	○

	弱点および問題点		弱点および問題点
A社	集客が弱い 年齢が高い客層への対応 社員のモチベーションが低い (競合他社の出店で売れないため) 展示・演出がメーカー依存度が高い	D社	販売員が少ない、展示アイテムが少ない 重点商品の販売数が少ない
		E社	店舗縮小で社員のモチベーションダウン 重点商品の販売数が少ない
B社	営業時間が長く、Bデートの時間が取れない パート・アルバイトの比率が高い 知識力・接客力のレベル差が大きい	地域B	エアコン取引実績が少なく、定番化出来ていない 重点商品の販売数が少ない
		一般	合展・個展の強化(訪販出来ていない) 売りの機会が作れず、グランドフェアで波にのる
C社	社歴が浅い社員が多く、接客のレベル差が大きい 商品アイテムが多く、当社重点商品が目立ちにくい	開発	ミニキャンペーンの仕掛け 商品勉強会、ファン作りが弱い

図4.1.18 実態調査による仮説の検証

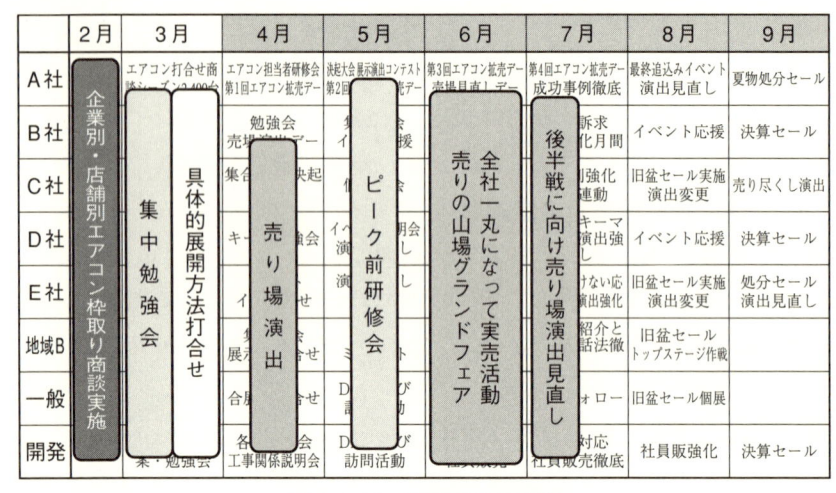

	2月	3月	4月	5月	6月	7月	8月	9月
A社	企業別・店舗別エアコン枠取り商談実施	エアコン打合せ商談シーズン400台	エアコン担当者研修会 第1回エアコン拡売デー	決起大会展示演出コンテスト 第2回エアコン拡売デー	第3回エアコン拡売デー 売場見直し	第4回エアコン拡売デー 成功事例徹底	最終追込みイベント 演出見直し	夏物処分セール
B社		具体的展開方法打合せ	勉強会 売場演出		全社一丸になって実売活動 売りの山場グランドフェア	後半戦に向け売り場演出見直し	イベント応援	決算セール
C社		集中勉強会		ピーク前研修会			旧盆セール実施 演出変更	売り尽くし演出
D社			売り場演出				イベント応援	決算セール
E社							旧盆セール実施 演出変更	処分セール 演出見直し
地域B							旧盆セール トップステージ作戦	
一般							旧盆セール個展	
開発			工事関係説明会	訪問活動			社員販売強化	決算セール

図 4.1.19 販売店の具体策

また、営業推進部やアフターサービス部門の協力を得ながら、「お掃除エアコン分解技術講習会」を開いて一般店の開発に取り組むなど、みんなが一丸となって営業活動を展開した。

(f) 効果の確認

　結果として、販売台数シェア32.4％を達成することができた。また、お掃除機能付きエアコンのシェアについては、45.2％と未達成となったが、改善前の23％から大幅にシェアアップでき、達成感と満足感につながる結果となった。また、次の4つの波及効果があった。
　① スケジュールの明確化により、行動がより早くなった。
　② 戦略と戦術をもって販売店のキーマン・シャープファンづくりができた。
　③ 独自の社内研修で、他社との差別化をより強化できた。
　④ サービス部門との連携強化により、販売後の安心感から、販売訴求により自信がもてたなどが得られ、販売店とのコミュニケーションも改善前とは比較にならないほど活発にできるようになった。

4.1.7　R-CATS活動の成果と今後の課題

　R-CATS活動の成果は、一言で語ることはできないが、ねらいとしている「人と組織能力の向上」に地道に取り組み、継続することで、「職場の活性度調査」「社員の資格取得率」や「改善の有形・無形効果」にも効果が現れ、確実な足取りで人づくり、職場の活性化に寄与している。

　しかし、変化は世の常であり、私たちを取り巻く環境も日々変化し、厳しい状況を迎えることもたびたびある。そんなときは、改善し続ける能力をもった人づくりや組織づくりの必要性を十二分に理解したうえで、活動を経営に貢献するものにしていかなければならない。つまり、人と組織能力の向上が経営にどう寄与し、貢献できるのか、一方向だけでなく、2つの軸で考え、結果として経営貢献を果たす活動であることを科学的にも、論理的にも証明することが必要となる。

　欲張ればきりがないが、R-CATS活動を通じて、いろいろな効能が見られるのも事実である。特に、マニュアルや標準書だけでは伝わらない「においで判断」「触って判断」「聴いて判断」など五感で体得するノウハウは、匠の技の伝承にも通じるものである。また、仲間と課題を共有し、話し合いの場をもつことによって、コミュニケーションやチーム力が高まり、思わぬ発見やひらめきが生まれ、今までにない、仲間との連帯感のなかで味わえる新しいことへの挑戦につながっている。

　この活動は、人の活動である。人は心をもっている。人の心が動かなければ、この活動は本物の活動として持続できない。この活動が進化しながら継続し続けるためには、人を中心とした、人を大切に思う活動であり続けることが重要であり、課題である。この活動を通じて、人を大切に想う心を先の時代へ届け続けたい。

4.2 コニカミノルタエムジーにおけるニューチャレンジ活動

4.2.1 会社概要

　コニカミノルタエムジー㈱[1]は医用機器(CR：Computed Radiography)および医用感光材料、印刷用機器および印刷感光材料を製造販売する会社である。コニカミノルタグループの経営ビジョンは、イメージング領域で感動創造を与え続ける革新的な企業、高度な技術と信頼で市場をリードするグローバル企業である。その企業メッセージは"The essentials of imaging"であり、経営理念は新しい価値の創造である。旧コニカ、旧ミノルタもカメラメーカー、複写機の商品に端を発しており、Imagingでの価値創造を目指している。

　そのなかでコニカミノルタエムジーは本社、開発部門の拠点を東京都日野市に置き、その歴史は旧小西六写真工業からのX線レントゲンフィルムと印刷用感光材料まで遡る。旧ミノルタと合併後もデジタル機器の開発製造販売で躍進を続けている。

　医用画像診断市場では、国内・海外含め15年ほど前からアナログ画像診断から、デジタル画像機器(CR)と蛍光体イメージングプレート[2]を利用したデジタル画像診断への変化が起きた。これは、コンシューマのアナログ写真フィルムからデジタルカメラへの変化とよく似ている。急激な変化のなかでコニカミノルタエムジーは、デジタル医用診断機器システムの開発に成功し、その市場形成に寄与した。医用市場の変化はコンシューマ市場に比して緩やかであるが、患者や病院からの要求仕様は明確であり、医用の法的規制のなかで、高い信頼性と画像診断に寄与する高度な技術が求められる。コニカミノルタエムジーの主力商品は開業医や病院市場の顧客のあらゆる画像診断ニーズに応えられるコンパクトなCRである。近年増加している乳がんの撲滅をめざし、位相コントラスト技術を利用した新デジタルマンモシステム／PCMシステムも開発した[3]。さらにがん早期発見に必須の乳房X線撮影の高画質化の要望が大きいなかで、X線撮影で使用されるCRプレートに蒸着技術を用いた超高画質システムの製品化に成功した[4]。このような先進商品を開発し続ける開発部門の担う

4.2.2　導入・推進の目的

コニカミノルタグループの小集団活動（プロセス改善活動）は生産部門を中心に活発に展開されてきた。一方、管理間接部門の一つである開発部門は、旧コニカ時代の材料部門を中心に小集団活動が活発で、タグチメソッド[5]や品質管理手法などを中心に活動をしていたが、開発部門としての活動領域の広がりは不十分であった。

図4.2.1は1997年～2002年のコニカミノルタエムジーの開発部門における小集団活動の発表件数の推移を示す。1990年代からデジタル化の市場変化が起きて、旧来の医用アナログX線フィルム技術からの大きな転換が求められた。1999年頃にデジタル画像診断事業の成功はみたものの、小集団活動の発表の件数に減少傾向がみられた。QCサークルの活動にも、もっと創造的なものが求められていた時代である[6]、[7]。この時代は、若手研究者のなかで将来技術に対する渇望はあったものの、まだ具体的な小集団的研究行動に結びついていなかった。

ところで、図4.2.2は時間軸における技術・性能の進歩を表しており、従来の技術の継続的進歩では新しい市場の創造に向けての技術到達レベルは限界が

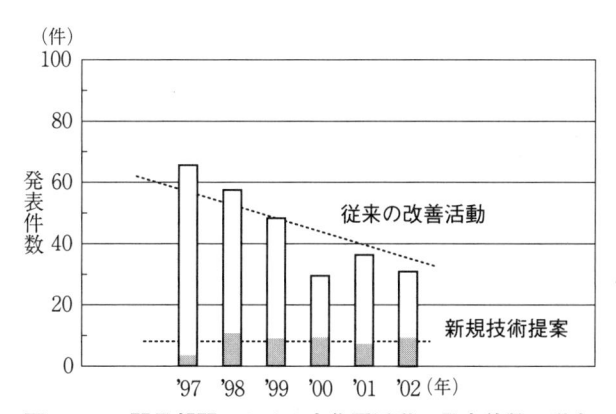

図4.2.1　開発部門における小集団活動の発表件数の動向

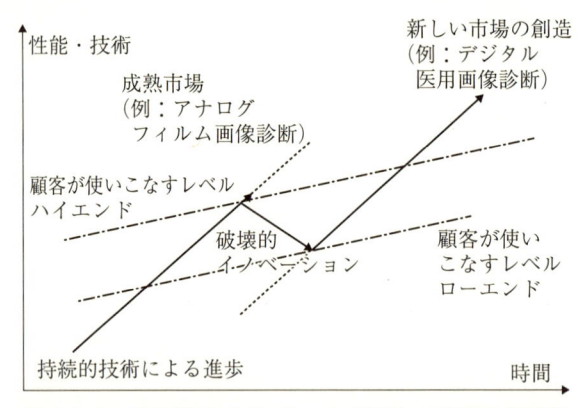

図4.2.2 破壊的イノベーションが新しい市場を創造[8]

あることを示している[8]。破壊的イノベーション(革新的進歩)というものは、その導入により、一時的に技術・性能は低下しても長期的な顧客の使いこなしのレベルの向上につながる。ただし、そのためには革新的技術の発見とその継続的向上が必須である。例えば、アナログフィルムからデジタルカメラへの転換はそれをよく表している。

時代の要請は差別化技術(Quality)、品質コスト(Cost)、納期(Delivery)である。したがって、若い開発研究者の自主的で、創造的な差別化技術の創造が求められている。この差別化、革新的技術進歩が、今日のメーカーの開発部門に求められるものであり、小集団活動もそんな時代要請のなかで、例外なくその役割を求められてきている[9]。

4.2.3　推　進　組　織

管理間接職場で小集団活動を推進させるには、その推進組織に工夫がいる。生産職場では小集団活動のプロセスには一定の型がある。これは改善のプロセスが生産という様式のなかで決まっているからである。一方、開発のプロセスの様式は一様ではない。要素技術を情報や文献にもとづき積み上げていくケースや、発想をもとに新規な技術を発見していくケース、さらには従来の技術を組み合わせ、改善していくやり方などさまざまである。いずれのケースでも一

研究者の自主的な発想や創造性は不可欠である。そのためには、開発部門上位の方針管理に加え、そこには若手研究者のアクティブな活動の場を作り出すことが理想である。

コニカミノルタエムジーでは小集団活動をニューチャレンジ活動（NC活動）と名づけ、NC活動委員会を開発部門内に組織した。本委員会は委員長と委員13名で組織し、さまざまな小集団活動の企画運営を実施している。年度の初めに活動方針を立てて、開発部門長と二人三脚で進めている。また、委員には職場のエース級（係長クラス、30代中心）が指名選出されている。彼らは、開発のさまざまな業務テーマのリーダー格であり、開発の第一線で職場を牽引している中堅研究者である。自主的な活動を促進するためには尻叩きや、やらされ感をなくし、委員含め若手研究者が自ら行動していく姿を組織内に根づかせることが重要である。

4.2.4　チーム編成およびテーマ選定の考え方と方法

チームの編成は自主的なチームを柱とし、編成数が少なかったりする場合は委員がサポートし、編成を促していく。発表件数や発表テーマについては、管理職や開発テーマリーダーが率先して支援していく。これらを称して、"強要された自主性"と呼んでいる。確かに自由にしていると人は低きに流れ、業務以外の自主的な活動をしない傾向がある。

テーマ選定は、業務に近いものから離れたものまで、いろいろな視点で選定できるように声かけをしている。図4.2.3は新しいテーマの見つけ方、作り方を図示している。図4.2.3(a)は従来の課題業務に付加する形のNCテーマで、例えば、従来のディスプレイを防水型化する、携帯電話に音楽機能を追加するなどである。図4.2.3(b)は複数の課題業務があるとき、その一角に新しいテーマを導入することで全体の価値が上がっていくようなテーマであり、例えば、複数のディスプレイとリンクした携帯ディスプレイの開発、交通情報のない道路で車自体の交通量情報を発信受信できるシステムの開発などである。図4.2.3(c)は関連のない課題業務間の関連づけを新しいテーマとして位置づける

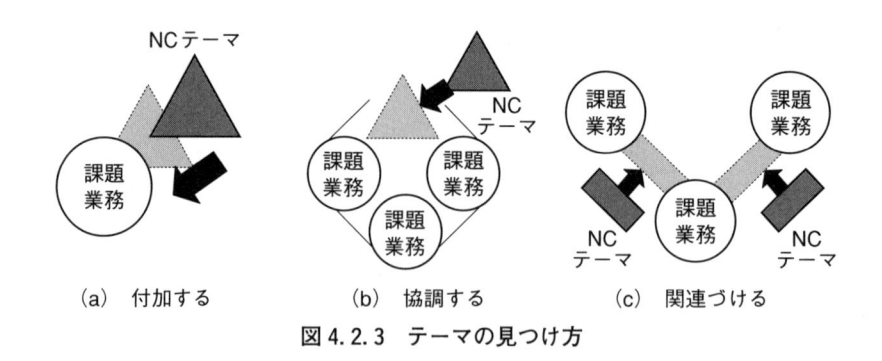

● 第4章　管理間接職場における小集団プロセス改善活動の推進事例　●

図4.2.3　テーマの見つけ方
(a) 付加する　(b) 協調する　(c) 関連づける

もので、例えば、ディスプレイと電子レンジとがリンクし、情報を伝達することで価値を創るようなテーマ、家庭内 LAN カメラと遠隔診断のニーズから在宅診断ビジネスを生み出すテーマなどである。このように、パターン化することでテーマを生みやすくしている。

4.2.5　運営の工夫

　開発での自主的な小集団活動を活性していくためには若手研究者の活躍だけでなく、周囲の理解や協力も重要である。特に会社のトップ、管理職のかかわりがキーである。

　NC 活動では、職場の管理職がチーム編成やテーマ選定に関して声かけをしていく。「こういうテーマをやってみたらどうかな？」「岡田君と組んでみたらどうかな？」などの声かけを行う。職場のエースの NC 委員自身も同様な声かけをしていく。このようなかかわりをもたせながら、成果発表の場で管理職は、発表テーマの審査員として熱心に聴講する。自分の声かけでスタートしたテーマを審査するために、質問やアイデアを提供する姿がそこにある。これにより自主的に始めたテーマが、自然なかたちで会社からの協力や支援を受けていると感じることで、テーマ検討が回り始める。

　トップのかかわりは主に発表会や審査会である。社長賞、開発部門長賞をつくり、実際にトップに来場を促し、発表や表彰に参加し、講評をしてもらう方法が有効である。

● 4.2 コニカミノルタエムジーにおけるニューチャレンジ活動 ●

4.2.6 活動事例

　現在、年間2回のニューチャレンジの活動発表会を実施している。発表はポスター形式で3つほどの会場を借り切り、若手研究者、管理職がジュースやお茶を飲みながらやっている（図4.2.4）。特に春の発表会は新入社員の卒業研究発表が含まれるため、にぎやかである。

　ポスターの発表は口頭式プレゼンを取り入れている。発表者は順番にマイクを持ちながら4〜5分で概要を発表し、2〜3分間質問を受ける。かなりの自己アピールになり好評である。発表会の後は表彰式とバンケットを実施している。表彰は社長賞（部門長賞）、先端技術賞、NC賞、品質賞などがあり、発表中に並行して審査会を行い、熱の冷めないうちに表彰している（図4.2.5）。バ

図4.2.4　NC活動発表会の会場風景

図4.2.5　NC活動発表会の表彰式

● 第4章 管理間接職場における小集団プロセス改善活動の推進事例 ●

ンケットは発表会の後の慰労会ではなく、ポスターの前にテーブルを配置し、寿司などをつまみながら、さらに議論ができるように意図したものである。

4.2.7 成果と課題

これまで述べてきたように、開発研究の活性化には自主的な姿勢が必須である。この自主性を生み出すためにさまざまな施策や工夫を行っている。本事例の内容は、まだ一部の試行である。図4.2.6にさまざまな施策を打った後の発表会での件数の推移を年度とともに示した。これまで述べてきた推進組織の結成、チーム編成およびテーマ選定の考え方と方法、口頭式プレゼンや表彰など運営の工夫などである。その効果として、2002年から2005年にかけて発表件数の増加が見られ、特に新規技術に関するテーマの増加が顕著となった。

今後の課題としては、こうした工夫やシステムについて、広く内外にアピールをし、実例や実績など推進事例を議論しながら改善していくことが重要である。そのなかで、開発部門という小集団活動が根づきにくい環境のなかで、より共有性があり、適用性の高い全体的施策と、会社ごとの組織、風土に合わせた固有の施策とに分けて、管理間接職場(開発)の小集団活動を活性化、確立していくことが望まれる。

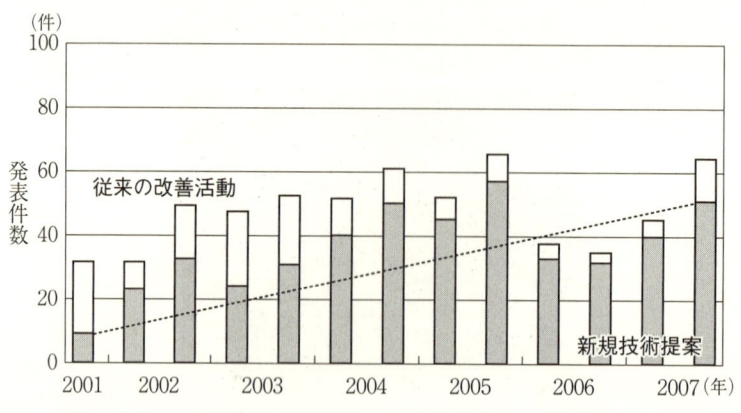

図4.2.6 NC活動の発表件数の年次推移(年2回開催のペース)

218

4.3 住友建設機械製造における小集団（CSサークル）活動

4.3.1 会社概要

　住友建機㈱は住友グループの建設機械メーカーである。1963年、住友機械工業㈱（現 住友重機械工業㈱）に建機事業部が新設されたのが始まりである。あわせて建設機械の国内総代理店として販売会社の住友建設機械販売㈱が設立され、1983年には販売会社の社名が住友重機械建機販売㈱に改称された。1986年には住友重機械工業㈱建機事業本部を分社化し、住友建機㈱を設立。住友建機㈱が販売会社である住友重機械建機販売㈱を合併し、製販一体の建機専業会社となった。

　2001年には、住友建機㈱、住友建機販売㈱、住友建機製造㈱に分社化された。住友建機製造㈱は、住友建機グループで油圧ショベル、道路機械などの建設機械の開発・製造を行っている会社である（図4.3.1）。

4.3.2 改善活動の特徴

　バブル崩壊以降、建設機械事業を取り巻く環境は激変し、従来の延長線上の

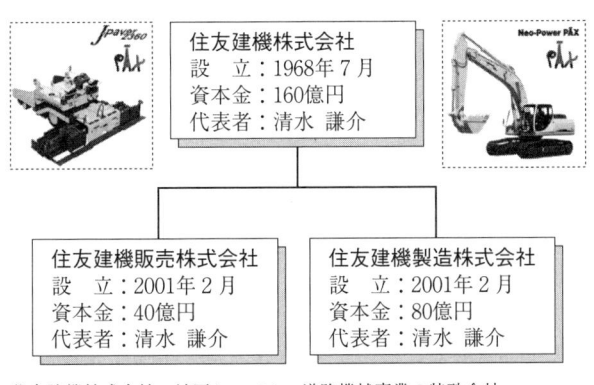

住友建機株式会社
設　立：1968年7月
資本金：160億円
代表者：清水 謙介

住友建機販売株式会社
設　立：2001年2月
資本金：40億円
代表者：清水 謙介

住友建機製造株式会社
設　立：2001年2月
資本金：80億円
代表者：清水 謙介

住友建機株式会社：油圧ショベル、道路機械事業の特殊会社。
住友建機販売株式会社：油圧ショベル、道路機械の国内販売会社。
住友建機製造株式会社：油圧ショベル、道路機械の開発・製造会社。

図4.3.1　会社概要

● 第4章　管理間接職場における小集団プロセス改善活動の推進事例　●

改善、改革では生き残れないとの危機感があり、改善の実行の確度とスピードを上げるために、2000年より経営変革のドライバーとしてシックスシグマを導入し、展開した(**図4.3.2**)。一方、QCサークル活動も長年実施していたが、形骸化していたので、企業環境の変化に対応した柔軟な活動にすべく2001年に見直し、小集団(CS (Customer Satisfaction)サークル)活動として再構築を図った。

　住友建機製造ではいろいろな改善活動、例えば、業務改善、コスト低減、生産性向上活動などさまざまなタイプの活動が行われているが、事業戦略にもとづく典型的なトップダウン活動であるシックスシグマ活動と、再構築した小集団(CSサークル)活動を車の両輪として展開している。図4.3.3に経営革新推進体系を示す。VOC(お客様の声)にもとづく商品戦略を事業戦略に落とし込み、実行レベルにまで方策展開する。その経営課題にもとづきシックスシグマ活動と小集団活動の両輪でダイナミックに事業改善を行う。そのために必要な人材(BB：ブラックベルト、GB：グリーンベルト、YE：イエローベルト、Cリーダー：サークルリーダー、VEリーダー：価値工学推進リーダー)を生み続ける、という体系である。

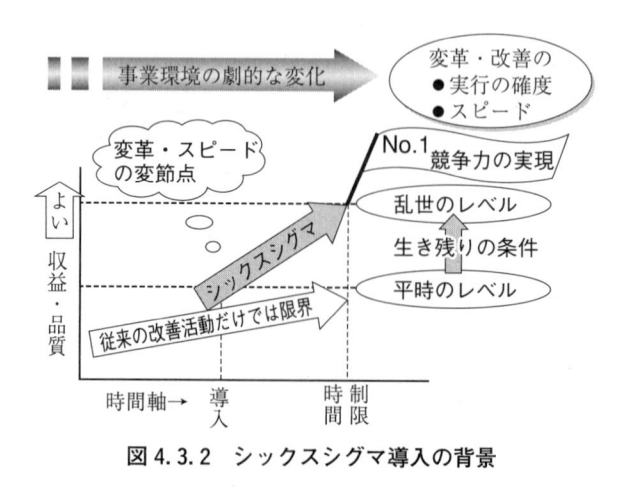

図4.3.2　シックスシグマ導入の背景

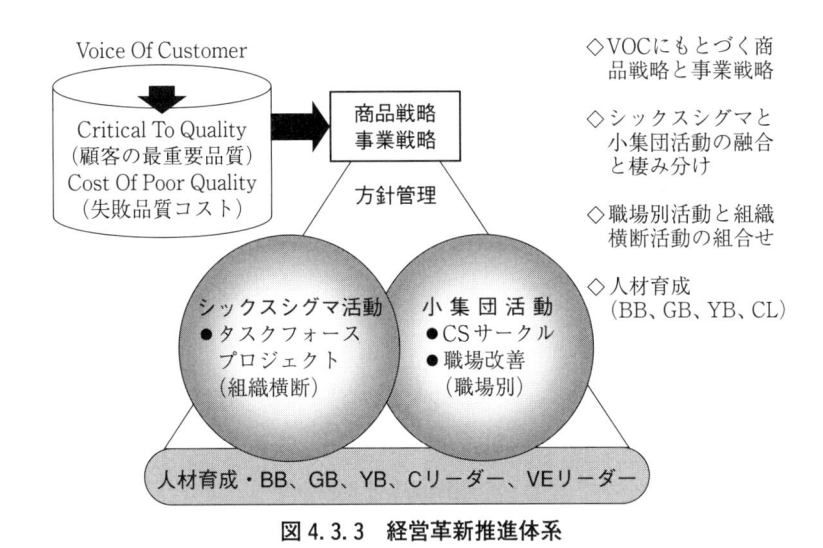

● 4.3 住友建設機械製造における小集団(CSサークル)活動 ●

図4.3.3 経営革新推進体系

4.3.3 改善活動の仕組みと推進体制

(1) 経営課題と改善活動

「テーマバンク制」を活用し、逐次テーマバンクを見直しながら節目で課題を展開して年度・期ごとの活動方針を決定する。課題はライン活動、シックスシグマ活動、小集団(CSサークル)活動に分解され、最適な解決プランニングのもとで推進される(図4.3.4)。

(2) シックスシグマ活動

シックスシグマ活動の推進体制を図4.3.5に示す。シックスシグマ活動は、完璧なまでのトップダウン活動であり、特別な教育を受けた改善専任者としてのブラックベルトをキーパーソンとして、ラインを牽引するグリーンベルトおよびCSサークルやラインのメンバーが主体となるプロジェクトが実践部隊として編成されている。これら各プロジェクトには、課題を付与し障害を除去することを主要任務とするチャンピオン(事業ユニット長クラス)および解析技術やプロジェクトマネジメントの側面から指導にあたるマスターブラックベルト

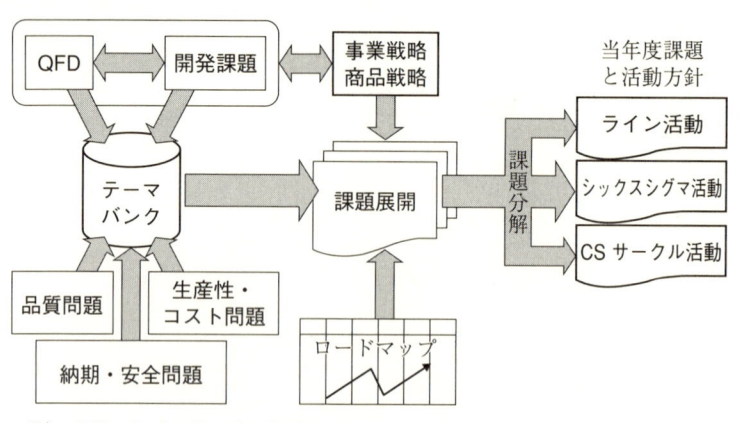

● 第4章 管理間接職場における小集団プロセス改善活動の推進事例 ●

注) QFD：Quality Function Deployment

図 4.3.4　経営課題と改善課題

ベルトの階層と役割

チャンピオン (CP)
- 財政価値の高いPJ課題の選択
- 障害の撤去

マスターブラックベルト (MBB)
- シックスシグマに関する全体統括
- BB／GBの育成、PJ指導

ブラックベルト (BB)
- BB PJの実践
- チャンピオンの補佐
- GBの育成、PJの指導

グリーンベルト (GB)
- GB PJの実践
- BB PJへの参画、BBの補佐

イエローベルト (YB)
- BB、GB PJのメンバー
- シックスシグマ活動への情報提供
- シックスシグマの基礎知識保有

図 4.3.5　シックスシグマ活動の推進体制

● 4.3 住友建設機械製造における小集団(CSサークル)活動 ●

がかかわる。

毎年、ブラックベルトは1名、グリーンベルトは7～8名、イエローベルトは30名が育成増強されており、急激に裾野を広げつつある。

チャンピオンからイエローベルトまでの各々の、時間軸におけるプロジェクト活動への関与度のイメージを図4.3.6に示す。この図は、横軸にシックスシグマの代表的な展開フェーズを示し、縦軸にフェーズの進行に応じた各任務者の活動への関与度を表している。

チャンピオンは、Dフェーズ(Define：課題の定義)にて活動テーマを選定し、プロジェクトメンバーを指名し、ブラックベルトに課題を付与する。M(Measure：測定)およびA(Analyze：解析)フェーズでは、ブラックベルトがその問題解決の専門性を活かし、プロジェクトを牽引する。I(Improve：改善)フェーズに入ると、ライン業務と兼務のグリーンベルトに次第にイニシアチブ(主導権)が移行され、現場の実践力が発揮され始める。さらにC(Control：維持管理)フェーズに入ると、ライン実践部隊に主体が移行され、場合によってはイエローベルトにより、または職場ごとの小集団を編成し、実践上の具体的な問題、課題を解決する活動が行われる。

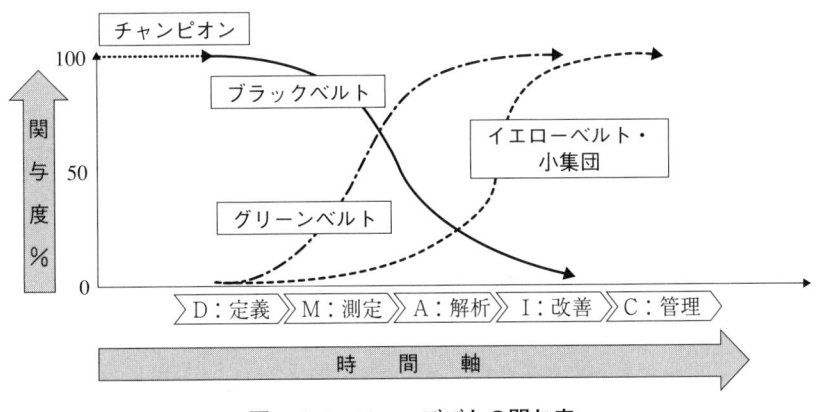

図4.3.6　フェーズごとの関与度

（3） 小集団(CSサークル)活動

　小集団(CSサークル)活動については、次のように経営における位置づけを明確にして推進している。

> 職場第一線の人材育成と職場の活性化は企業経営にとって不可欠である。やる気、やる腕のある活力ある職場集団は企業経営のベースである。

　小集団(CSサークル)活動は職場第一線で働く人たちの経営参加システムの一つである。その骨子は以下のとおりである。

① 活動の目的
- 業績成果の追求

　　絶えざる改善・改革により組織の目標達成力を高め、会社の業績向上に貢献する。

- 活力ある職場づくり

　　人が成長し、チームワークのよい、変化に対応できる活き活きした職場をつくる。（上記2項目に順番はなく、①②の同時達成がねらいである）

② 活動の名称

　「CSサークル活動」

　お客様第一、後工程もお客様の考え方の徹底

③ 活動対象

　全社、全部門、全職場

④ テーマ
- 職場の重点課題から展開されたものを主体とする。
- メンバーが重要と判断する職場改善課題も含める。

⑤ 小集団の編成
- 職場単位を基本とするが、管理間接職場はテーマの特性に合わせて必要人材を活用する。

- 管理間接職場は管理職も入り、スピードアップと成果の最大化を図る。
- 派遣、パート、協力企業社員など非正規(フレンド)社員も組み入れ、一体感を構築する。

⑥ 問題点の共有化

上司とサークルメンバー(正規社員、非正規(フレンド)社員区別なく)で職場目標達成のための課題や目標を相互にキャッチボールする仕組みを有し、共有する。

推進体制としては、事務局、部門の推進委員会、経営幹部会、トップ診断などの場を活用している。

(4) 小集団(CSサークル)活動とシックスシグマ活動とのコラボレーション

小集団(CSサークル)活動とシックスシグマ活動はそれぞれねらうべきエリアがあり、その相互関係を示したのが**図4.3.7**である。この図では、横軸に問題解決の難易度を、縦軸には課題1件当たりの財務価値(効果金額)を示している。

小集団(CSサークル)活動は、比較的難易度が低く、財務価値の小さい課題

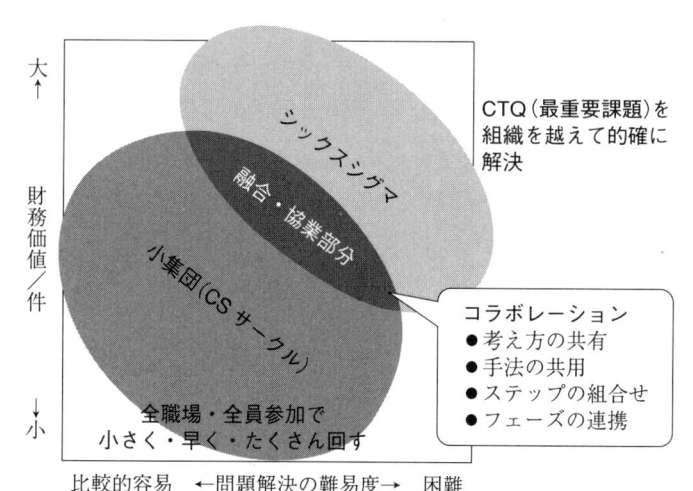

図4.3.7 小集団(CSサークル)とシックスシグマの棲み分けと融合

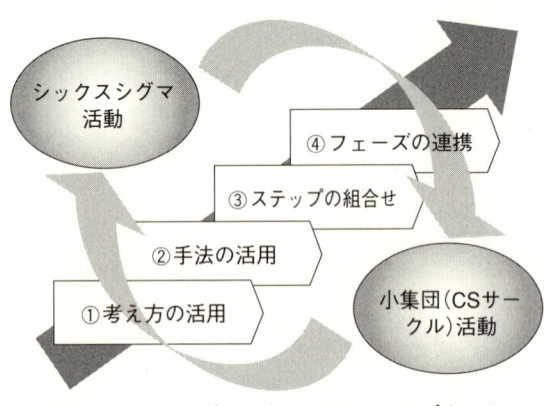

図4.3.8 コラボレーションの4つのパターン

を、「全職場・全員参加で小さく・早く・たくさん回し」幅広いエリアをカバーする。一方、シックスシグマは、問題解決の難易度が高く、1件当たりの財務価値も大きい最重要課題を「クロスファンクショナルに確度高く解決すること」をねらう。

　小集団活動とシックスシグマ活動は、当初はそれぞれ単独で相互に棲み分けて展開していたが、あるとき、意図せずして相互に協業・融合していることに気づいた。その現象は図4.3.8に示す4つのパターンに整理できる。

　そこで、このボトムアップの小集団(CSサークル)活動とトップダウンのシックスシグマ活動が協業・融合して活動を総合的に展開することを「コラボレーション運営」と称し、今ではこれを意図的に展開している。これにより改善がダイナミックに展開されはじめて、業績への貢献度が向上するとともに、メンバーの達成感も高まり、常に問題意識をもった自律的組織運営の条件が整いつつある。

4.3.4 教　育

　シックスシグマ活動については、資格別に社内独自の教育体系にもとづいて教育を実施している。資格別人材育成の推移を図4.3.9に示す。この図からわかるように着実に裾野が広がりつつある。

● 4.3 住友建設機械製造における小集団(CSサークル)活動 ●

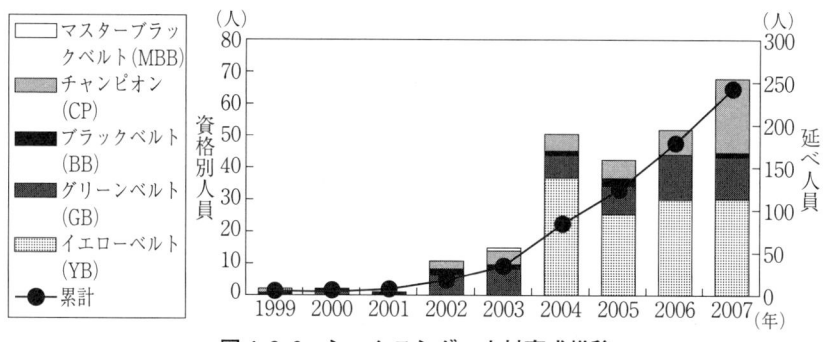

図4.3.9 シックスシグマ人材育成推移

他方、小集団(CSサークル)活動については、新入社員、リーダー、サブリーダー、推進委員、管理職を対象に教育を実施している。

4.3.5 管理間接職場における活動事例

管理間接職場における活動事例として、2つの事例を紹介する。

(1) 技術部門の活動事例

技術部門の業務は主に油圧ショベルや応用機、道路機械などの建設機械の研究、開発、設計である。技術部門の活動を一言で表現すると、部門の特性を活かした「型にこだわらない柔軟な活動」の推進といえる。

以前から技術部門(設計・開発)においてもQCサークル活動を行っていたが、活動と上位方針や業務課題との関連性が薄く、形式的な活動であり、活性化していなかった。

2001年に新しく小集団(CSサークル)活動になってからの技術部門の活動は、型にはまらない柔軟な形で行われている。通常の縦の業務ラインと横組織である小集団(CSサークル)が技術部門のなかでマトリックス型組織を形成し、活動している(図4.3.10)。上位方針にもとづく大きなテーマはトップダウンで与えられるが、通常のテーマは業務課題に関連づけして各サークルで決定している。

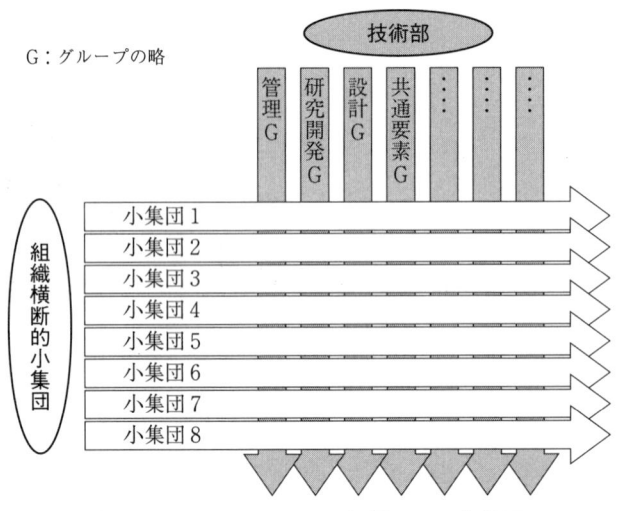

● 第4章 管理間接職場における小集団プロセス改善活動の推進事例 ●

G：グループの略

技術部
- 管理 G
- 研究開発 G
- 設計 G
- 共通要素 G
- ⋯
- ⋯
- ⋯

組織横断的小集団
- 小集団1
- 小集団2
- 小集団3
- 小集団4
- 小集団5
- 小集団6
- 小集団7
- 小集団8

図 4.3.10　マトリックス組織による小集団

　技術部門の小集団（CSサークル）には経営基幹職（管理職）が入り、リーダー、メンバー支援者として参画しているので、業務課題をにらみながらリーダーが活動テーマを決めて組織横断的に柔軟な活動を行えている。開発関連の小集団（CSサークル）活動では、特許調査、他社機の調査、性能データ分析などを実施することで、他社機の構造や特徴をよく理解することができ、それらをメンバーで話し合うことでレベルアップが図れている。

　また、QFD（品質機能展開）やFMEA（故障モード影響解析）を活用している。小集団（CSサークル）活動では、市場での不具合の分析および事故原因の追究、FTA（欠陥ツリー構造解析）と不具合の勉強会、不具合事例集作成や設計基準の見直しなどを行っており、小集団（CSサークル）活動の実践的経験が一人ひとりの能力育成に大きく貢献している（**図 4.3.11**）。従来は、QFD、FMEAは一部の人のみが使っていたが、CSサークルで作成手順から準備したことで、全員が作成できるレベルになり、作成件数も大幅に増加した。また、合同デザインレビューの実施回数、特許出願件数も大幅に増えた。

　CSサークル活動をとおして個人のレベルアップが図れ、共通課題への取組

● 4.3 住友建設機械製造における小集団(CS サークル)活動 ●

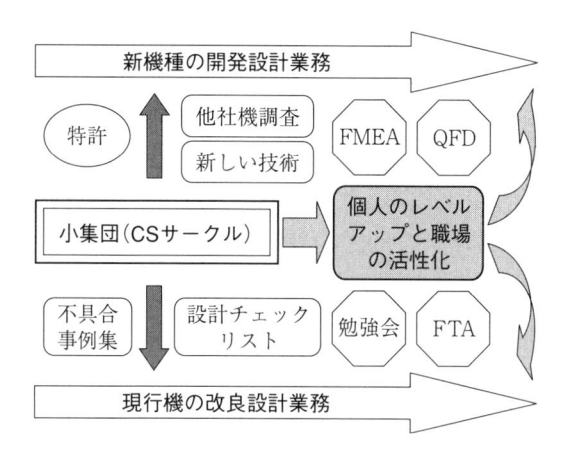

図 4.3.11　小集団(CS サークル)をとおした個人と業務のレベルアップ

みをとおしてメンバー間、メンバーと上司間のコミュニケーションがよくなったことで組織の活性化が図れ、組織としての技術力や商品力のアップにつながっている。

(2) 生産管理部門の活動事例

　生産管理部門の業務は生産計画、部品の調達、在庫管理など多岐にわたっている。このため、生産管理部門では小集団(CS サークル)活動とシックスシグマ活動との融合(コラボレーション)を推奨している。
　表 4.3.1 および**図 4.3.12** は、生産管理部門において油圧ショベルの仕掛部品在庫の削減を図るために小集団(CS サークル)にブラックベルトを加え、シックスシグマの考え方と手法の活用を図って成果を上げた事例である。

4.3.6　成果と今後の課題

　前節では、管理間接職場における活動事例について紹介した。技術部門の活動事例では、型にこだわらない柔軟な活動を実践することで、①個人の能力の向上、②職場の活性化、③コミュニケーションの醸成、④技術力・商品力の向上に役立つ活動になっている。

表 4.3.1　小集団（CS サークル）とシックスシグマ活動のコラボレーション例 1

活動ステップ	方　　法	CS	シックスシグマ
1．テーマ選定	テーマバンクから		○
2．現状把握	チェックシート、工程能力	○	○
3．目標設定	第1メトリック／在庫金額 第2メトリック／納期遵守率		○
4．財務価値	ハード／金利・地代 ソフト／キャッシュ化額		○
5．要因解析	プロセスマップ探索		○
6．対策立案	要因別アイデア発想	○	
7．効果測定	メトリック・財務把握		○
8．歯止め	運用規定作成	○	
9．成果報告	QC 大会発表	○（銀賞受賞）	

注）　COPQ（Cost Of Poor Quality：品質コスト）

図 4.3.12　小集団（CS サークル）とシックスシグマ活動のコラボレーション例 2

　また、生産管理部門の活動事例では、2つの活動をコラボレーションすることで大きな成果と業績への貢献につながっており、メンバーの達成感も高まり、やり甲斐のある活動になっている。

　今後はさらに小集団プロセス改善活動の本質と職場の特徴をよく理解し、自社流の小集団プロセス改善活動を構築したい。

4.4　前田建設工業におけるチーム活動と人材育成

4.4.1　会社概要

前田建設工業㈱は、土木分野の建設事業を創業の起点として、約90年にわたり社会基盤の整備を担ってきた。資本金234億円、従業員数約3,400名、売上高約4,200億円の総合建設業である（2008年3月末現在）。

国家を支える電源開発の一環であるダム建設のリーディングカンパニーとして礎を固め、山岳土木の技術をもとに都市土木へ事業を拡大し、青函トンネル、本四架橋、東京湾横断道路などの国家的なプロジェクト、超高層住宅建築などへ事業を展開してきた（図 4.4.1）。

4.4.2　業務の特徴

業務の特徴は、企画・調査・計画・設計・施工・維持管理・廃棄に至る建設事業のすべてのプロセスにおいて、さまざまな形態のプロジェクトが存在し、このプロジェクトによって仕事が行われることである。その特徴を要約すると次のとおりである。

①　ほとんどの建造物は個別の一品生産である。
②　生産場所が全国に点在しており、生産過程で地域社会や環境へ与える影響が大きい。

図 4.4.1　建設分野のプロジェクト

③ 生産設備や施工チームが移動し、完成後に生産設備とチームが解散する。
④ 労働集約型の屋外産業で、気象などの環境条件の影響を強く受ける。
⑤ 設計と施工が分離されることが多い。
⑥ 技術指向が強く、経験に負うところが多い。
⑦ 完成後に建造物がどのような形態になるのか生産過程ではわかりにくい。
⑧ 特定の直接顧客である発注者が介在し、最終的な使用者や利用者の声を聞きにくい。

建設事業全般にわたる業務は、管理間接部門のスタッフの支援を受けながら、技術系のスタッフが中核になって遂行している。特に、作業所では技術系の全職員が、時々刻々変化する作業に直接携わる多くの協力会社の職長や作業者を指導し、管理職的な立場で品質を作り込んでいる。

4.4.3 改善活動の役割

TQM 導入の最大の理由は、安全に関する重大災害と品質不具合の再発であった。これらの問題に対する危機感と、その組織的解決を目指して、1983年に TQM（当時は TQC）を正式に導入した。導入と同時に全役職員による重要問題の摘出と組織的整理を行い、品質管理教育を全社的に推進した。品質管理教育では、QC 的なものの見方・考え方、改善手法、問題解決の手順の習得に力を入れた。継続的な改善を原動力として業務のやり方やその仕組みをよくしていくことが、他社を凌駕する品質競争力を獲得するための基本という思想が、その根底にある。そして、QC チームや QC サークルの改善活動が基礎になければ、業務改革が実行できないという認識をもっている。全員が職位・職能に応じた改善活動に参画し、維持と改善を繰り返して仕事の仕組みやそのプロセスをよくしながら、プロセスに自社のノウハウを注ぎ込むことを重視している。

経営トップ自らが「継続的改善で技術と品質に優れた会社へ」という思いを込めた改善活動強化宣言を折に触れて発信しており、企業がステークホルダー

(利害関係者)に対して社会的使命を果たすための原動力となる改善活動を重視する姿勢を示している。

難問解決の実際を経験する改善活動は、問題や課題の発見能力の向上、問題解決・課題達成の能力を向上するための人材育成の実践道場としての重要な役割を担っている。

4.4.4 改善活動の特徴

改善活動は、全社標準「継続的改善実施規則」(1998年制定、改訂13版)に則り実践されており、次の事項を特徴としている。

- さまざまなタイプの改善活動を推進
- Q(品質)・C(コスト)・D(納期・生産高)・S(安全)・M(士気)・E(環境)など多岐にわたるテーマ選定
- 方針管理との連動
- 問題解決型のQCストーリーが基本
- 離散現場における職員によるチーム型改善が主流
- 協力会社に対するQCサークル活動の推奨
- 改善の原則的な考え方は標準類の遵守とその改善
- 改善活動は人材育成の実践道場の場の一つ

4.4.5 改善活動の仕組み

(1) さまざまなタイプの改善活動とQCDSMEをカバーするテーマ選定

改善活動は、あるべき姿に対するギャップを埋める活動のすべてを指し、業務改善、コスト低減、生産性向上、トラブルの解決・予防、技術改善、アイデア提案、スキルアップなどを含んでおり、組織内でさまざまなタイプの改善が行われている。

改善活動のテーマは、以下に示すように多岐にわたる(**図4.4.2**)。

① 方針管理を展開したテーマ
② DR(デザインレビュー)から摘出したテーマ

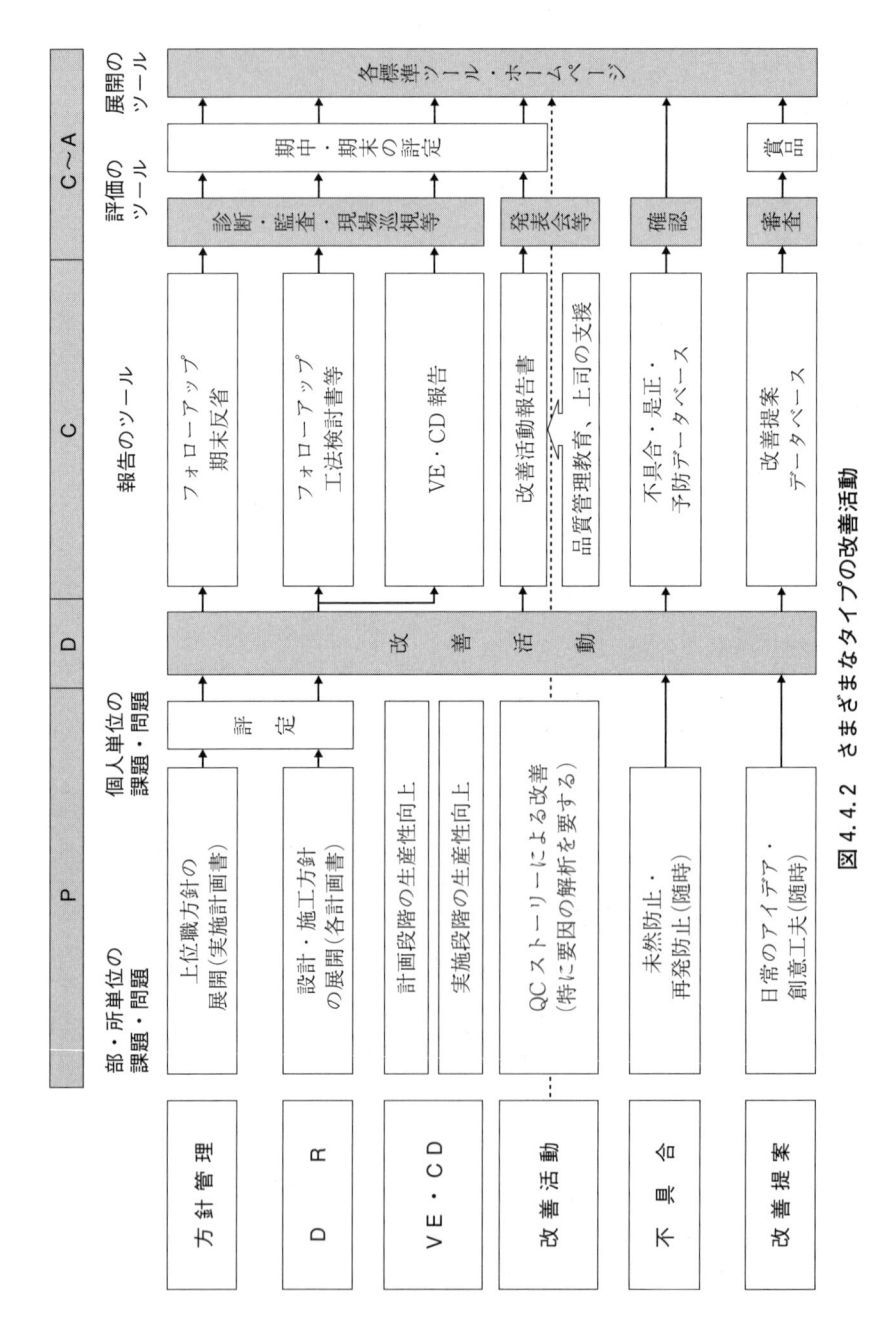

● 第4章 管理間接職場における小集団プロセス改善活動の推進事例 ●

	P	D	C	C〜A	
	部・所単位の課題・問題	個人単位の課題・問題	報告のツール	評価のツール	展開のツール

方針管理：上位職方針の展開（実施計画書）→ フォローアップ期末反省

D R：設計・施工方針の展開（各計画書）→ フォローアップ工法検討書等

VE・CD：計画段階の生産性向上／実施段階の生産性向上 → VE・CD報告

改善活動：QCストーリーによる改善（特に要因の解析を要する）→ 改善活動報告書／品質管理教育、上司の支援

不具合：未然防止・再発防止（随時）→ 不具合・是正・予防データベース

改善提案：日常のアイデア・創意工夫（随時）→ 改善提案データベース

共通フロー：評定 → 改善活動 → 診断・監査・現場巡視等／発表会等／確認／審査 → 期中・期末の評定 → 各標準ツール・ホームページ／賞品

図 4.4.2 さまざまなタイプの改善活動

③ VE（価値工学）やCD（コストダウン）に関するテーマ
④ 日常管理における問題点や慢性不良を取り上げたテーマ
⑤ 異常や不具合の原因を追究するテーマ
⑥ アイデアなどの改善提案

　改善活動のテーマは、方針管理の一環である年次計画の重点実施事項、不具合の防止やクレーム処理、品質マネジメントシステムの改善など、QCDSME全般を対象にしており、職員が行う改善活動は多くの場合、方針管理と密接にかかわっている。

　改善活動の評価は、各々のテーマの位置づけに即した方法が選択される。例えば、方針管理のテーマは定期的に上位職からフォローアップされ、個人の業績評価とも連動する。DR、VE、CDなどに関する改善活動は、各々のテーマに最も関係する主管部門がフォローし、成果は固有技術のノウハウとしてデータベース化され、次の工事の各々の場面で活用される。改善提案は、協力会社（下請負の工事専門業者）の参加を推奨し、職場第一線でのアイデアの掘り起こしの点から進めている。

（2） 改善活動のステップ

　改善活動の原則的な仕組みを**図4.4.3**に示す。年間活動計画にもとづきQCチームやQCサークルを結成して活動を実施する。改善活動の手順は、テーマ選定の理由、現状の把握、目標の設定、要因の解析、対策の検討と実施、効果の確認、標準と管理の定着、反省と今後の課題という、問題解決型のQCストーリーを原則にしているが、形式化を避け、画一的な問題解決手順の適用はせずにテーマに応じていろいろな技法を柔軟に取り入れている。

　また、改善活動の過程で必要な場合は、本店スタッフやインストラクターによる助言・支援・指導や事例研究を行っている。

　改善活動が完了して報告書をまとめる場合は、全社標準である「問題解決活動報告書のまとめ方のコツ」に準拠している。模範事例は、支店別の発表会、全社大会である技術・品質管理発表会などで紹介され、データベース化される

● 第4章　管理間接職場における小集団プロセス改善活動の推進事例　●

```
年間活動計画の立案
    ↓
QCチーム、QCサークルの結成     テーマ選定の理由        QCストーリー
                              現状の把握
    助言・支援・指導            目標の設定
    事 例 研 究                要因の解析
                              対策の検討と実施       問題解決
                              効果の確認            活動報告書の
    改善報告書の作成            標準化と管理の定着    まとめ方のコツ
    ↓                        反省と今後の課題
    Ｑ Ｃ 発 表 会 ← 支 店 別         発表事例評価表
    ↓
    技術・品質管理発表会 ← 全社大会
    ↓
    外部発表大会への参加 ← クオリティフォーラム
    ↓
    年 間 活 動 結 果 の 反 省
```

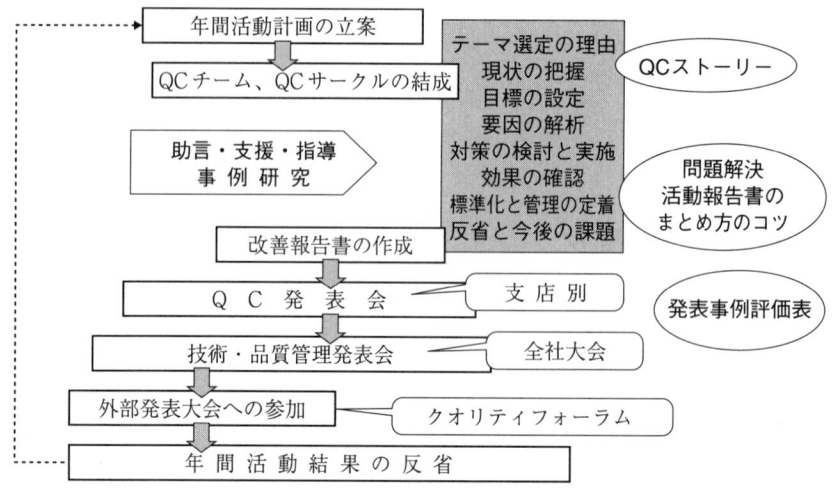

図 4.4.3　改善活動の基本的な仕組み

とともに、事例の一部は日本科学技術連盟のクオリティフォーラムなどで発表している。

年間活動結果の反省を経て翌年度の計画立案へ反映する改善活動の仕組みは、正攻法な取組みであり、組織内でこうした取組みを着実に実行できる基本を大切にしている。

(3)　プロジェクト型チームによるQCチームとQCサークル

改善活動は、職員によるQCチーム活動、協力会社によるQCサークル活動に概ね分かれている。

作業所の職員で編成されるQCチームは、プロジェクトが大半であり、作業所の開設から閉鎖までの期間に応じてテーマ解決を進めている。改善テーマは、方針管理やデザインレビューにおいて指示される場合が多く、精度やVEなどの品質、コストダウン、工期短縮、安全管理、環境保全などに関するものを取り上げて、作業所所長などの管理者が直接指導している。離散現場でチーム編成が難しい場合は、個人でテーマ解決を進めることも多い。

4.4 前田建設工業におけるチーム活動と人材育成

　協力会社へは、自主管理能力の向上を図る一環として、QCサークル活動と改善提案を推奨している。協力会社のQCサークル活動による施工の品質向上や生産性を高めた成果事例は、協力会社全国QCサークル大会として、四半世紀近く社長臨席のもとで毎年開催し、継続的な改善活動への動機づけを行っている。協力会社による改善提案はデータベース化し、工種別などの任意のキーワードで検索でき、汎用性のある提案は全国推奨事例として選抜し水平展開している。

(4) 標準類の遵守とその改善

　改善活動は、標準類の遵守とその改善を基本にしている。手戻り・手直しが発生したら、まず標準類の有無に着目する。そして、標準があったか、なかったかを確認する。標準があって手戻り・手直しが発生したのであれば、その標準を守ったのか、守らなかったかを三現主義で調べる。仮に標準を守って手戻り・手直しが発生したのならば、原因追究し、その再発防止処置を盛り込んだ標準へと改訂する。一方、標準を守らなかったのならば、その理由を確かめ、教育などを行う。また、標準がなくて手戻り・手直しが発生したのならば、改善活動によって再発防止処置を盛り込んだ標準を制定し、教育・訓練を行う。改善活動の基本的な視点を図4.4.4に示す。

(5) 改善活動推進の組織

　改善活動のための特別な組織化は行っていない。TQM推進を分掌とする主管部門が、改善活動の全体的な仕組みの維持と改善を行い、品質管理教育を実施している。図4.4.2に例示したさまざまな分野における改善活動は、当該分野の主管部門が独自の工夫を行い、改善の活性化を担っている。

4.4.6　改善活動は人材育成の実践道場
(1) 人材育成の仕組みにおける改善活動

　改善活動は、組織の人々の問題意識の高揚とスキルアップを図るとともに、

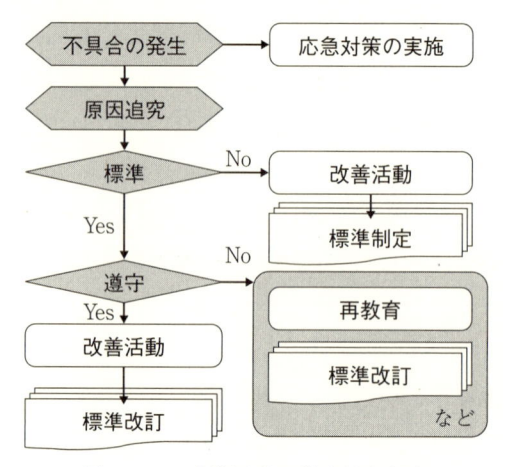

● 第4章　管理間接職場における小集団プロセス改善活動の推進事例　●

図 4.4.4　改善活動の基本的な視点

問題解決・課題達成を実務で実践することによって人を育てる場でもある。そのため、人材育成の仕組みにおいて、全員参加を基本としたQCチームやQCサークルなどの改善への取組みを明確に位置づけている。人材育成の仕組みにおいて、協力会社に対して改善活動を推奨する姿勢を明示していることが特徴である。人材育成の仕組みを**図 4.4.5**に示す。

（2）　**品質管理教育**

改善活動の有効性と効率を高めるために、人材育成への仕組みにもとづき品質管理教育を行っている。

入社時と中堅社員に対する品質管理教育の特徴を**図 4.4.6**に示す。入社直後にTQM概論とその中核となるQC的ものの見方・考え方を学習し、実務に慣れてきた入社3カ月後に問題解決の手順とQC七つ道具を学ぶ。また、技術系の中堅社員に対しては統計的手法を中心としたカリキュラムを用意している。

（3）　**改善活動への動機づけ**

職位・職能に応じた改善活動を実践するために以下の点について特に留意し

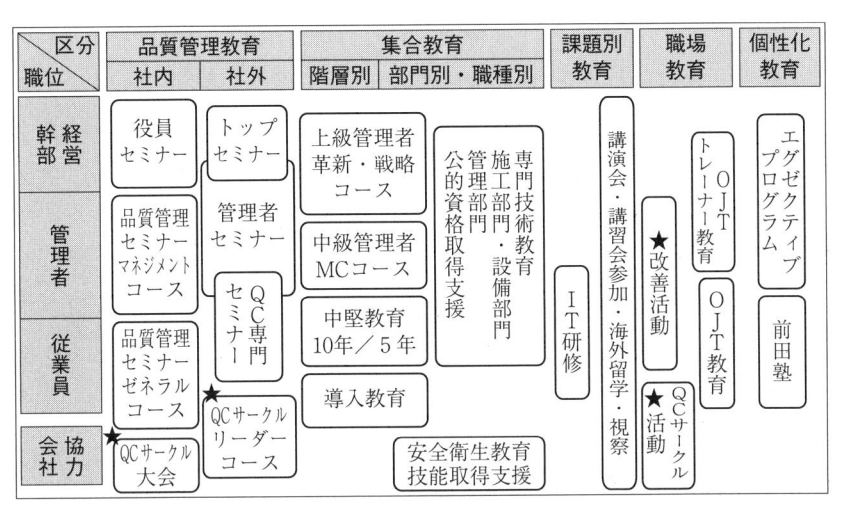

4.4 前田建設工業におけるチーム活動と人材育成

区分 職位	品質管理教育		集合教育		課題別教育	職場教育	個性化教育
	社内	社外	階層別	部門別・職種別			
経営幹部	役員セミナー	トップセミナー	上級管理者革新・戦略コース	施工部門 専門技術教育 公的資格取得支援 管理部門・設備部門	講演会・講習会参加・海外留学・視察 IT研修	トレーナー教育 ★改善活動 OJT教育 ★QCサークル活動	エグゼクティブプログラム 前田塾
管理者	品質管理セミナーマネジメントコース	管理者セミナー QC専門セミナー	中級管理者MCコース				
従業員	品質管理セミナーゼネラルコース		中堅教育10年／5年 導入教育				
協力会社	★QCサークル大会	QCサークルリーダーコース		安全衛生教育技能取得支援			

図 4.4.5 人材育成の仕組み

新入時（約半日）
新入社員 QC 教育
- TQM 概論
- QC 的ものの見方・考え方

入社3カ月後（2日間）
品質管理導入コース
- QCストーリー
- QC七つ道具の演習
- 紙飛行機グループ演習
- 改善活動報告で終了

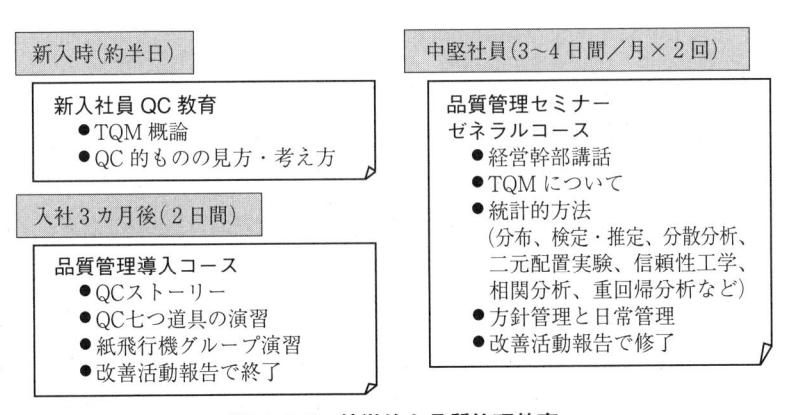

中堅社員（3～4日間／月×2回）
品質管理セミナーゼネラルコース
- 経営幹部講話
- TQM について
- 統計的方法
  （分布、検定・推定、分散分析、二元配置実験、信頼性工学、相関分析、重回帰分析など）
- 方針管理と日常管理
- 改善活動報告で修了

図 4.4.6 特徴的な品質管理教育

ている。

① 改善活動に対するトップのコミットメント

② 業務と一体化した改善活動の仕組み

①については、トップ自らが改善活動の重要性を機会あるごとに訴求し、また改善活動の継続的な発表の場づくりを牽引するとともに、大会へ参加して参

加者をねぎらっている。トップの姿勢は、社員や協力会社に対して改善活動への報奨を超えた動機づけになっている。②については、業務に改善活動を一体化させるために、一人ひとりが複数の改善テーマをもって実務で改善を実践する仕組みづくりを試行している。例えば、年度初めに自己評価表やOJT実施評価表と上司面談から改善能力を把握し、階層別・分野別教育体系のもとで問題解決・課題達成能力を高めるとともに、年度計画を受けて各々の改善テーマを決め、実務で改善し、年度末に達成度をフィードバックするというサイクルを繰り返し回している。個人の能力評価を踏まえて改善活動を実践する概念を図4.4.7に示す。

4.4.7 成果と課題

　全国に現場が離散する総合建設業の特質を踏まえた改善活動の推進が、他社を凌駕する品質競争力を獲得する基盤として重要である。TQMの導入によって改善活動を重視する企業風土づくりが進展するとともに全員参加の改善活動を実践する仕組みが整ってきた。その結果、方針管理や日常管理における問題点に対する改善活動がきめ細かく実践されている。個々の改善による直接的な効果(成果金額など)は、可能な場合は算定しているが、改善による全体的な成果については、方針管理の達成状況や品質保証活動の進展度合いなどを、定期的なフォローアップ、経営層の診断、マネジメントレビューなどによって評価している。そこで摘出した課題は、テーマに取り上げて段階的に改善活動を発展させている。品質管理教育で習得した統計的な手法を現場の改善で実践した、作業所スタッフのチームによる問題解決型のQCストーリーの模範的な事例を図4.4.8に示す。

　協力会社のQCサークル大会の継続は、施工品質を確実に作り込むための協力会社と一体になった改善活動を促進する大きな力となっている。協力会社の第20回全国QCサークル大会終了時の表彰記念写真(2007年11月開催、中央が前田社長、前田社長へ向かって左側が協力会社会の会長)を図4.4.9に示す。

　改善活動活性化への動機づけの工夫を怠ると、形式化や中断などが起こりが

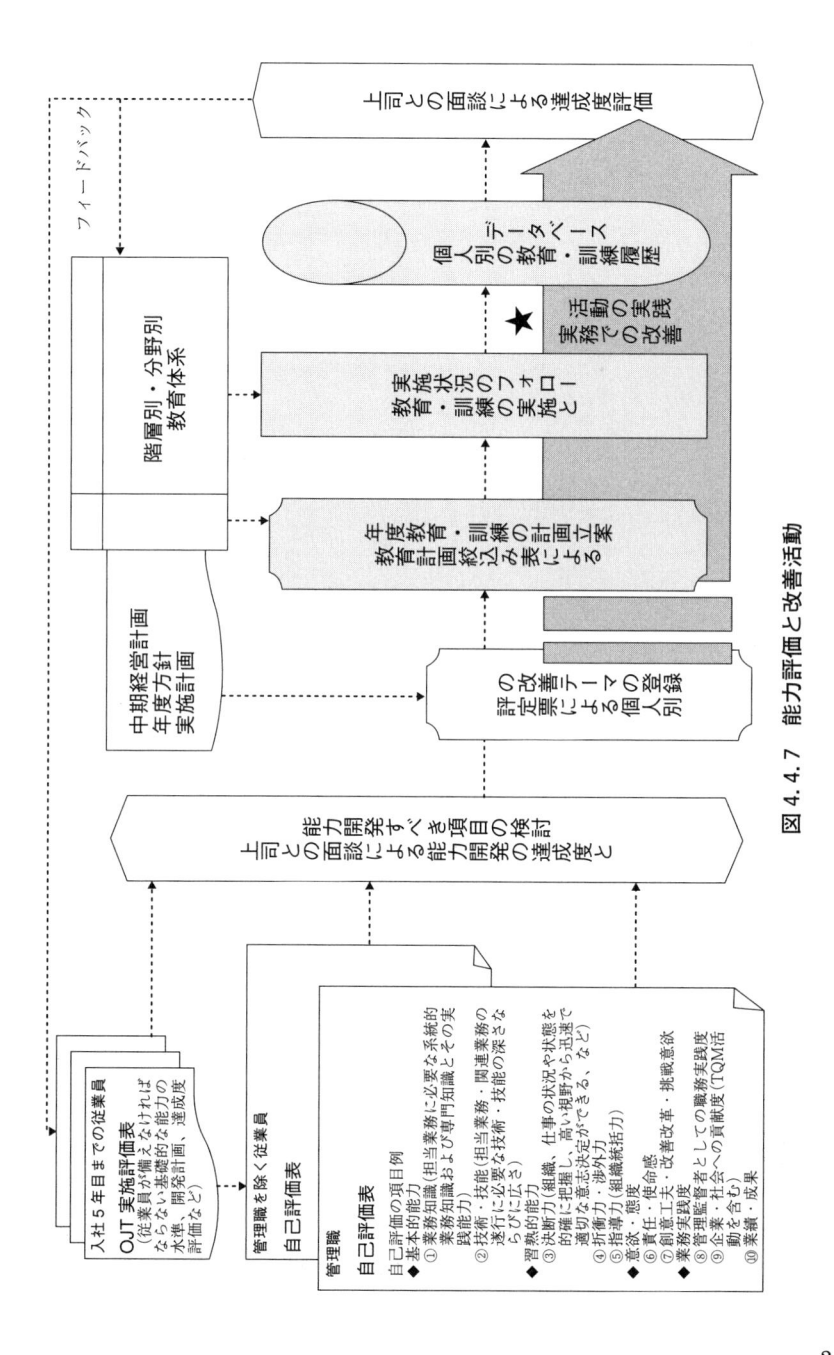

● 4.4 前田建設工業におけるチーム活動と人材育成 ●

図 4.4.7 能力評価と改善活動

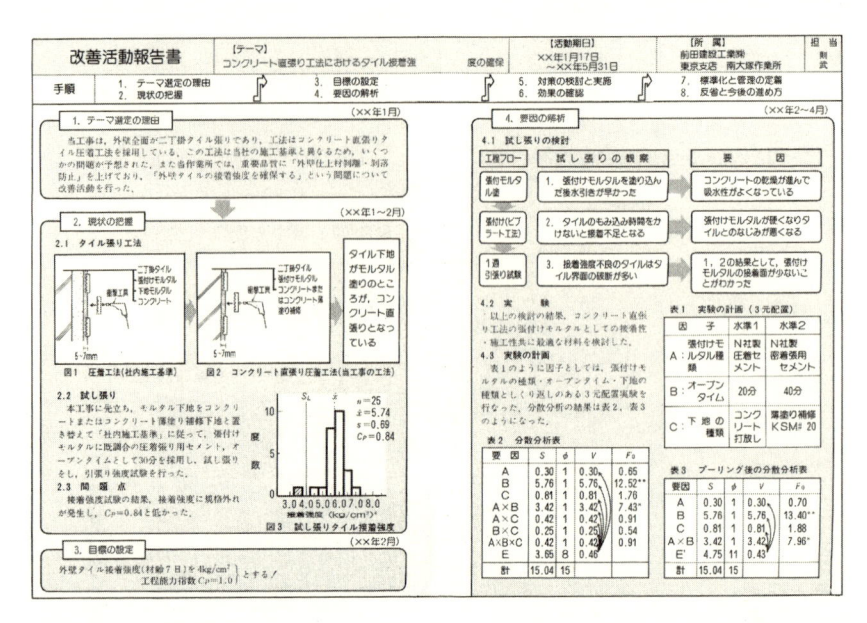

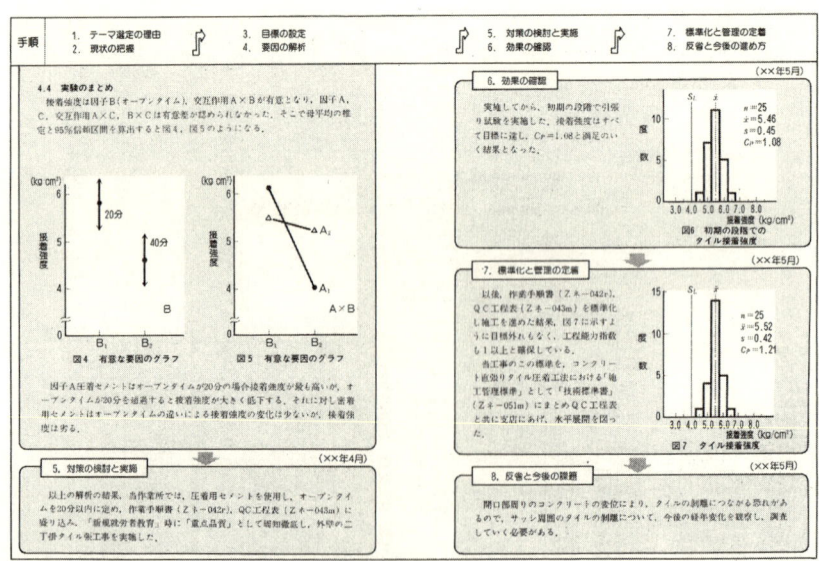

● 第4章 管理間接職場における小集団プロセス改善活動の推進事例 ●

出典) 細谷克也(1989):『QC的問題解決法』、日科技連出版社、pp.166-169

図4.4.8 作業所スタッフのチームによる改善活動の事例

242

出典） 前田建設工業㈱(2008)：「CSR報告書2008」

図4.4.9　協力会社の改善力向上を促進する「前友会全国QCサークル大会」

ちである。トップの改善活動に対する強い思いを協力会社を含めた組織の隅々まで浸透し、問題解決・課題達成を効率的に実行できる人材育成のための品質管理教育、業務のなかで自然に行われる改善活動の仕組み、改善成果を評価・共有する場などを、経営環境に即応して創り上げていくことが、改善活動をとおした強靭な組織づくりへの重要課題と考えている。

4.5 トヨタ自動車における T-PK の展開

4.5.1 会 社 概 要

トヨタ自動車㈱は、自動車事業を中心に、金融業の他、住宅事業、マリン事業、情報通信事業、e-TOYOTA 事業、バイオ・環境緑化事業などを展開している。従業員数は、国内外の連結子会社を含め、約31万人である。

1949年の SQC 導入以来、1965年のデミング賞受賞、1970年の日本品質管理賞受賞を経て現在に至るまで、「お客様第一、絶え間ない改善、全員参加」を不易な基本的考え方とした企業活動の体系(方針管理、日常管理、風土づくり)のもとで、地道に、愚直に、徹底的に TQM 活動を推進している。

トヨタの全従業員が、トヨタ流の仕事の仕方である「トヨタの問題解決」を身につけ、QC 的ものの見方・考え方を基盤に問題解決を実践し、経営環境の変化に柔軟に対応できる強靭な企業体質づくりを進めている。また、そのための具体的なツールとして、MAST (Management-quality Advancement System developed by Toyota-grope)、SQC 実践テキスト、T-PK (Toyota Process Kaizen)、QC サークルのレベル把握などを開発し、これらのツールを活用できる人材を育成するための階層別・職域別 TQM 教育を徹底することによって実効を高めている。

4.5.2 T-PK とは

実際に製品や人が動いている様子を見ることができる工場とは異なり、開発・設計・営業・事務管理などのスタッフの仕事は、その多くが手元の書類やコンピュータ、ときには頭のなかで行われるため、プロセスが見えにくく、改善しにくいといわれている。また、グローバル競争の激化、技術の高度化などにより、スタッフが担う仕事は、ますます複雑化・高度化する傾向にあり、そのスピードアップや生産性の向上が求められている。さらに、IT 技術の進展によりブラックボックス化が進み、ますます問題が見えにくくなっている。

そこで、スタッフ業務の「視える化」と改善、重点課題への人・もの・金な

どの投入を行う必要性から、トヨタグループの協業により2004年「トヨタプロセス改善(T-PK)」の手法を完成させた。T-PKは、「スタッフ業務の目的・目標、手順、手順ごとの要件を「視える化」することで、業務の問題点を顕在化し改善につなげる手法」であり、主にスタッフの日常業務に関する問題解決に資することが目的である。T-PKを使うメリットとしては、次の点があげられる。

① 業務を標準化でき、仕事の質の維持・向上と効率化が進められる。
② 仕事を進める視点や個人の知識・ノウハウが共有、伝承でき、人材育成につながる。
③ 職場内、メンバー間のコミュニケーションが活発になり、組織が活性化する。

T-PKの一般的な活用手順と適用するツールを図4.5.1に示す。まず、業務の目的・目標を明確化する。ここでは、「業務整理シート」を活用し、「誰に」「どのような価値を織り込んだ」「何を提供するのか」といった仕事の意義・目的を再確認する(図4.5.1①)。次に、主たる業務を外部とのやり取りを含め、仕事と情報の関係に注目して把握し、業務全体の流れを「視える化」する。具体的な手法としては、業務を体系的に整理する「業務構成表」や仕事の手順や要件を視える化する「TLSC(業務フロー図)」を活用する(図4.5.1②)。さらに、細部の分析が必要な場合は、「PASS(情報の流れ図)」という手法を用い、動作と情報のインプット・アウトプットの関係を詳細に視える化し(図4.5.1③)、業務の問題点(ムダ・ムラ・ムリ)を顕在化させる(図4.5.1④)。最後に顕在化させた問題点を整理し、改善計画を立案・実施する(図4.5.1⑤)。

4.5.3　T-PKのための研修と支援

T-PKの活用促進にあたっては、表4.5.1に示す活動を展開している。活動は、基本的な知識を共有する研修と、実際の改善を支援する活動に大別される。

研修には、業務推進の核になる実務者を対象とした研修と、マネジャーを対象にした説明会がある。実務者対象の研修は、定型業務の視える化と改善方法

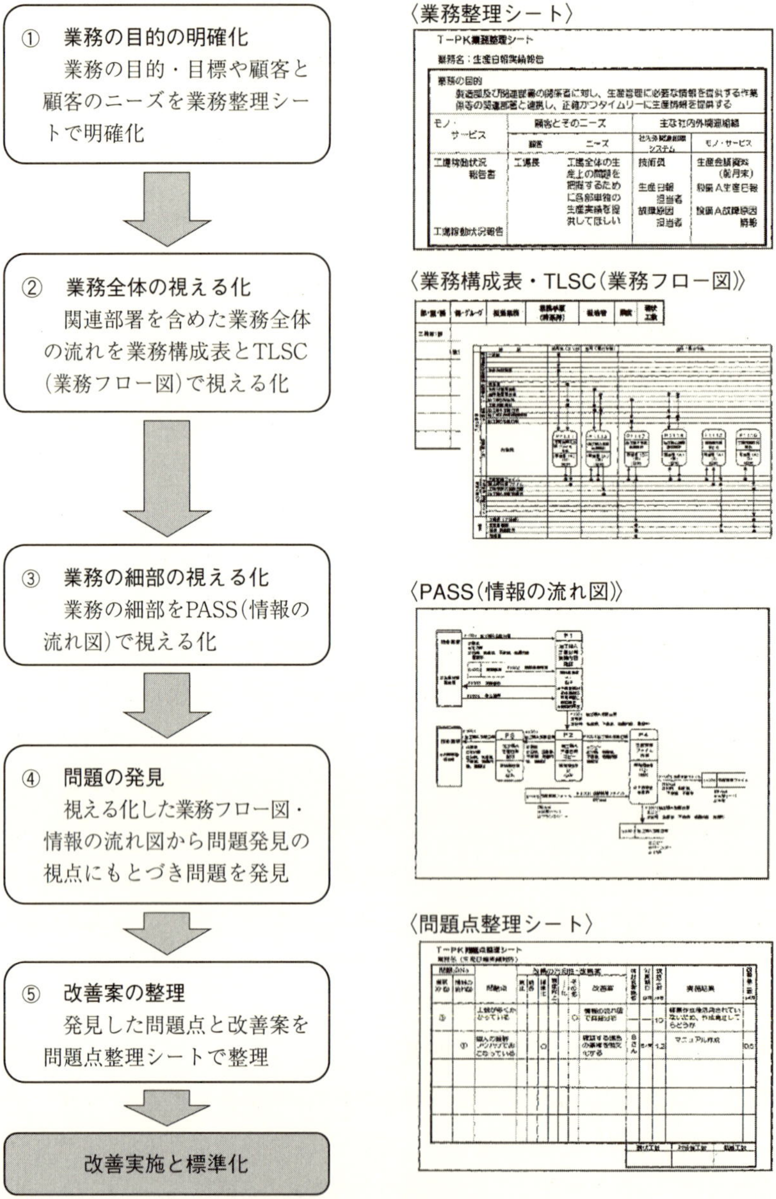

● 第4章 管理間接職場における小集団プロセス改善活動の推進事例 ●

① 業務の目的の明確化
　業務の目的・目標や顧客と顧客のニーズを業務整理シートで明確化

〈業務整理シート〉

↓

② 業務全体の視える化
　関連部署を含めた業務全体の流れを業務構成表とTLSC（業務フロー図）で視える化

〈業務構成表・TLSC（業務フロー図）〉

↓

③ 業務の細部の視える化
　業務の細部をPASS（情報の流れ図）で視える化

〈PASS（情報の流れ図）〉

↓

④ 問題の発見
　視える化した業務フロー図・情報の流れ図から問題発見の視点にもとづき問題を発見

↓

⑤ 改善案の整理
　発見した問題点と改善案を問題点整理シートで整理

〈問題点整理シート〉

↓

改善実施と標準化

図4.5.1　T-PKの手順とツール

246

表 4.5.1　T-PK の実践活動

種別	活動名	対象者・対象部署	内容
研修	実務者研修A	実務者（定型的業務）	手法の基本を習得し、自業務の視える化から改善まで実施（8H／日の3日間研修）
研修	実務者研修B	実務者（中堅層）（課題対応業務）	プロジェクト業務などの視える化から改善まで実施（8H／日の3日間研修）
研修	マネジャー説明会	マネジャークラス	手法の概要、活用方法、進め方の理解および事例紹介（2.5H 程度）
実践	個別支援	重点改善活動部署	各職場からの要請により、T-PK を活用した問題解決活動を支援
共有化	事例収集・発表会	実務者・マネジャー	改善事例のホームページへの掲載や、社内パネル展示会、グローバルトヨタ TQM 大会などでの紹介により好事例を共有

を学ぶ研修と、中堅層を対象にプロジェクト活動などの課題解決を進める研修との2種類を行っている。また、T-PK を活用した地道な改善活動には、マネジャーの理解と環境整備が大切であるため、マネジャーを対象にした活動の意義と有効性、進め方を共有する説明会を実施している。

支援活動は、重点改善部署に対して個別に支援を行うことで、実際の改善活動の促進を図っている。また、支援活動をとおして、改善内容や進め方の事例収集を行い、社内の事例共有会やグローバルトヨタ TQM 大会を活用し、好事例の積極的な共有に取り組んでいる。

4.5.4　車両物流部における T-PK の実践例

（1）　T-PK の導入の経緯

会社方針に「負荷適正化に向けた業務改廃・効率化」「職場力の強化」という職場運営上のミッションが掲げられた（図4.5.2）。一方、部員全員を対象とした職場マネジメントアンケートにおいて、"活力ある職場に必要なもの"と"改善したい点"の双方で「コミュニケーション」が最上位にあり、コミュニ

ケーション強化という課題を抱えていた。

　この「コミュニケーション強化」については、部長も職場運営の重要事項と認識しており、「多忙なときにこそ相互理解を深め、一体感をもつことが必要」と感じていた(**図4.5.3**)。そこで、会社方針である「負荷適正化」「職場力強化」とコミュニケーション向上による「職場の相互理解」「一体感の形成」の双方が達成できる方策を検討することにした。

　対応策を模索するなか、業務プロセスを視える化し改善へつなげる手法として「T-PK」の存在を知った。この手法は、業務の目的を明確にしたうえで業務プロセスを視える化・標準化するツールであり、「質の高い仕事」「負荷適正化」「職場力強化」への有効性が期待できる(**図4.5.4**)。さらに、この手法を部員全員で取り組むことにより、職場に一体感(コミュニケーション)が生まれ、

図4.5.2　会社方針

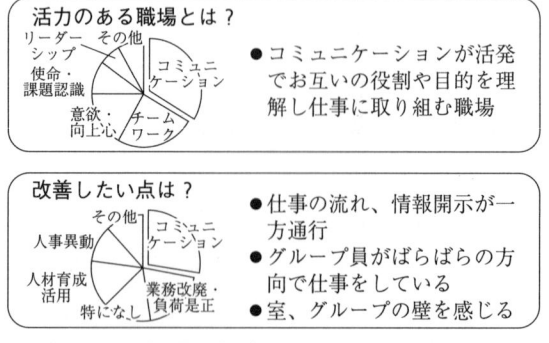

図4.5.3　職場マネジメントアンケート結果

● 4.5 トヨタ自動車における T-PK の展開 ●

活性化にもつながると判断した。このため、T-PK 手法を活用した業務の視える化・標準化を部員全員参加による活動と位置づけ、取組みを開始した。

(2) 活動計画

推進体制としては、部全体の活動を推進する事務局を部の統括部署に設置し、個々の推進はグループ長がサポートすることとした(図 4.5.5)。

(3) 手法の習得

T-PK 手法を習得するには社内で定期的に開催されている研修会に参加するのが一般的であるが、社内研修会では少人数ずつ交替の受講となり、対象部員全員(約80名)が受講し終えるには長い期間を要する。しかし、この活動を盛り上げ、部員の動機づけを図るには、全員が同時期に T-PK 手法を習得し改善に着手することが必要と考え、TQM 推進部より講師を招請し、部単独の研修会

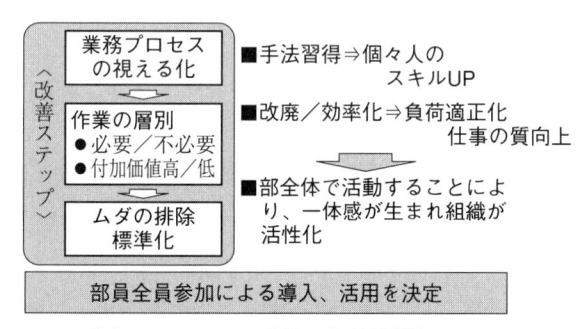

図 4.5.4　T-PK 手法の有効性評価

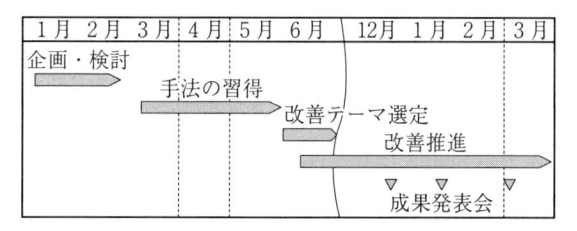

図 4.5.5　活動スケジュール

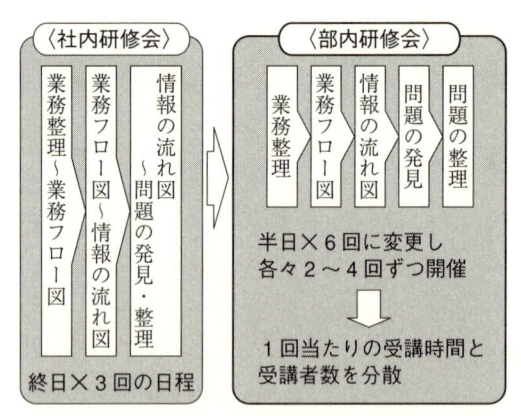

図4.5.6 業務への影響を配慮した研修日程

〈社内研修会〉
業務整理〜業務フロー図
業務フロー図〜情報の流れ図
情報の流れ図〜問題の発見・整理
終日×3回の日程

〈部内研修会〉
業務整理
業務フロー図
情報の流れ
問題の発見
問題の整理
半日×6回に変更し各々2〜4回ずつ開催
↓
1回当たりの受講時間と受講者数を分散

を行った。

　なお、研修会受講による通常業務への影響と受講しやすさを考慮し、1回当たりの受講時間の短縮と受講者数が分散できるよう社内研修会のカリキュラムをアレンジした（図4.5.6）。

（4）取組みテーマの選定

　当活動は、「各員が主体性をもった全員参加の活動にしたい」という思いと、業務の効率化やコミュニケーションの向上といった多様な成果創出をねらったものである。このため、取組みテーマの選定にあたっては、難易度やスケールメリットも考慮しながら、個人またはチームで取り組むかを判断し、テーマを決定していった。その結果、個人テーマとチームテーマを合わせて部全体で40件、削減目標工数月間684時間のテーマを選定し、改善に取り組むことにした（図4.5.7）。

　また、個々の活動にあたっては、グループ長がアドバイザーとなり、活動の進捗管理や推進のアドバイス、時にはチーム活動に入り込み、活動を盛り上げた（図4.5.8）。

● 4.5 トヨタ自動車における T-PK の展開 ●

業務効率化　登録テーマ一覧

所属部署	登録No.	登録テーマ名	削減目標値	氏名（職層）★=発表者	発表月
企画室 総括G	1	車両物流月報・部内会議資料作成業務の効率化	▲ 40.0 Hr/月	○○ ○○（上級専門職） ○○ ○○（上級専門職）★ ○○ ○○（業務職） ○○ ○○（業務職）	1月
企画室 グローバル企画1G	2	グローバル会議体の企画／運営	▲ 40.0 Hr/月	○○ ○○（上級専門職） ○○ ○○（専門職） ○○ ○○（専門職）★ ○○ ○○（専門職）	1月
企画室 BR新点推進G	3	新点センター統合生準期間の短縮 ●既存センター調査・データ収集時間の低減 ●教育・訓練期間の短縮	▲ 80.0 Hr/月	○○ ○○（上級専門職） ○○ ○○（専門職）★ ○○ ○○（CX）※車管	12月
企画室 BR新点推進G	4	生産チームの少人化 ●個々人の技能向上と多能工化 ●要作業整理と導入ステップの標準化 ●改善項目の整理と調査の迅速化	▲ 160.0 Hr/月	○○ ○○（上級専門職）★ ○○ ○○（CX）※車管	2月
計画室	5	輸送計画立案作業の改善	▲ 16.0 Hr/月	○○ ○○（上級専門職） ○○ ○○（上級専門職）★	1月
計画室 国内物流G	6	「生産年計ー物準」業務の標準化	▲ 33.0 Hr/月	○○ ○○（上級専門職） ○○ ○○（業務職）★ ○○ ○○（業務職）	2月
車両費管理室	38	乙仲費用検収作業工数の低減	▲ 3.0 Hr/月	○○ ○○（SX）★	2月
輸出入G	39	輸送実績データ入力作業の工数低減	▲ 0.5 Hr/月	○○ ○○（EX）★	―
輸出入G	40	ヤード不具合依頼書の改善	▲ 1.0 Hr/月	○○ ○○（EX）★	2月

部全体の削減目標値 ▲ 684 Hr/月

図 4.5.7　改善登録テーマ一覧表

251

（5） 改善事例：「月報」資料作成の見直し――「総費用」編

月報とは、日常業務の管理状況を視える化した部の管理指標集である。自職場が担当している資料の作成工数を調査したところ、他の資料に比べ、「総費用」資料の作成工数が突出していた。さらに、当業務は旧担当者の退職により新人へ引き継いだばかりであったが、作成手順が複雑なうえ、マニュアルが未整備であることが判明した（図 4.5.9）。

まず、「業務整理シート」による業務整理を実施した。これにより顧客ニー

図 4.5.8　グループ長を交えた改善ミーティング

■月報の役割：日常業務の管理状況を視える化した車両物流部の管理指標
■月報の内容

項　目	当G作成工程
(1) 出荷量	
(2) 在　庫	
(3) 納期サービス	
(4) 能　率	
(5) 品　質	
(6) 原価改善	270分／月
(7) 総費用	480分／月
(8) 労務管理	120分／月
(9) 安　全	
(10) 環　境	
(11) 職場活性化	30分／月
(12) 協力会社パフォーマンスメジャー	180分／月

● 作成工数が突出
　⇨ 480分／月
● 担当者退職により新人へ業務を引継ぎ
　⇨ 手順が複雑なうえ、マニュアルが不十分

「総費用」資料作成業務の見直しに着手！

図 4.5.9　取り上げた理由

ズは「活用しやすい情報の早期提供」であり、やるべきことは「作業を簡素化し、作業時間を短縮すること」であると確認できた(図4.5.10)。

次に「業務フロー図」により、業務手順や情報・システム・顧客との関連性を含め、8作業48工程に及ぶ業務内容を視える化した(図4.5.11)。この結果、顧客のいない帳票を作成するというムダな作業があることが判明した。また、

業務の目的：日常管理状況の視える化のための情報提供

提供している モノ・サービス	顧客とそのニーズ		関連組織		やるべきこと
	顧客	ニーズ	組織	モノ・サービス	

利用しやすい実績明細を早く入手したい！

視　点	やるべきこと
1. 顧客満足の獲得	①利用状況の確認
	②利便性の向上
2. 業務効率化の追求	③作成手順の簡素化
	④手順書の整理
3. 人・組織力向上	⑤パソコン機能の習得

図4.5.10　業務整理シートによる業務整理

8作業48工程の
業務内容を視える化し
問題を抽出

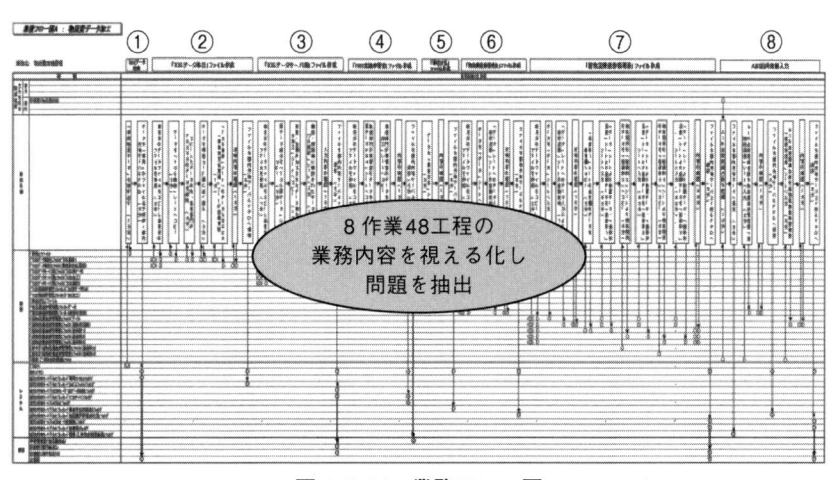

図4.5.11　業務フロー図

パソコンを使用し作業しているにもかかわらず、手入力作業やそれにともなう確認作業が多いため、工数がかかっていることにも気がついた。さらに、業務手順が複雑であるにもかかわらず、手順書が整備されていないことが工数増を助長していると再認識した。

また、作成帳票とそのデータ内容を確認すると、各帳票のデータ内容が重複しており、顧客である他室と重複作業があることも判明した(図4.5.12)。

業務フロー図により抽出した3つの問題点への対策として次の2つの事項を実施した。

一つめは、不要な帳票や顧客との重複作業を統廃合した。これにより、作成帳票が改善前の8つから4つとなった(図4.5.13)。

二つめは、パソコンのマクロやリンク機能を活用し、手作業で行っていたデータの入力作業工数の削減と、それにともなう確認作業の簡略化を図った。これについては、パソコン機能をより有効に活用できるようメンバー全員で作業手順を確認し、知恵を出し合った(図4.5.14)。

改善の結果、作業工程が改善前の48工程から改善後は19工程となり、作業工数も386分／月減(480分／月⇒94分／月)と大幅に削減できた(図4.5.15)。

また、今回の活動をとおして、「個人の問題をグループ全体で共有でき、結束力が上がった」「初めての取り組みであったが、成果を出すことができ、次の取組みへの意欲と自信が湧いた」と実感できたのが何よりも大きな成果であった。

(6) 成果発表会の開催

前項の事例をはじめとした個々の改善活動の成果は、部内で成果発表会を開催し、確認した(図4.5.16)。

この成果発表会は、各自の達成感やモチベーション向上をねらいとし、また、取組み内容やT-PK手法の活用方法を多くの部員で共有できるよう、部の主要拠点2箇所で延べ6回にわたり開催した。この発表会により、参加者から「自己の業務を皆に知ってもらえた」「取組み内容や成果を認めてもらえた」と喜

4.5 トヨタ自動車における T-PK の展開

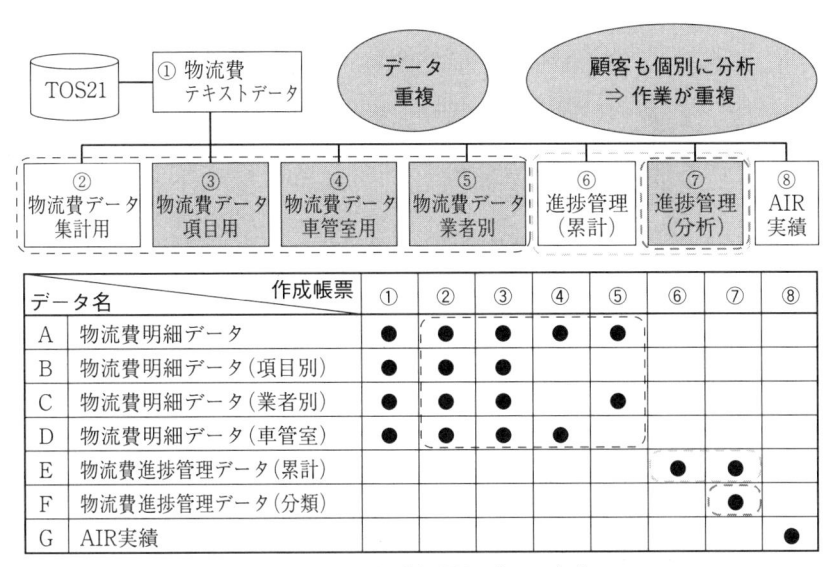

TOS21 → ① 物流費テキストデータ

データ重複

顧客も個別に分析 ⇒ 作業が重複

② 物流費データ集計用 / ③ 物流費データ項目用 / ④ 物流費データ車管室用 / ⑤ 物流費データ業者別 / ⑥ 進捗管理（累計） / ⑦ 進捗管理（分析） / ⑧ AIR実績

データ名	作成帳票	①	②	③	④	⑤	⑥	⑦	⑧
A	物流費明細データ	●	●	●	●	●			
B	物流費明細データ（項目別）	●	●	●					
C	物流費明細データ（業者別）	●	●			●			
D	物流費明細データ（車管室）	●	●		●				
E	物流費進捗管理データ（累計）						●	●	
F	物流費進捗管理データ（分類）							●	
G	AIR実績								●

図 4.5.12 作成帳票とデータ内容

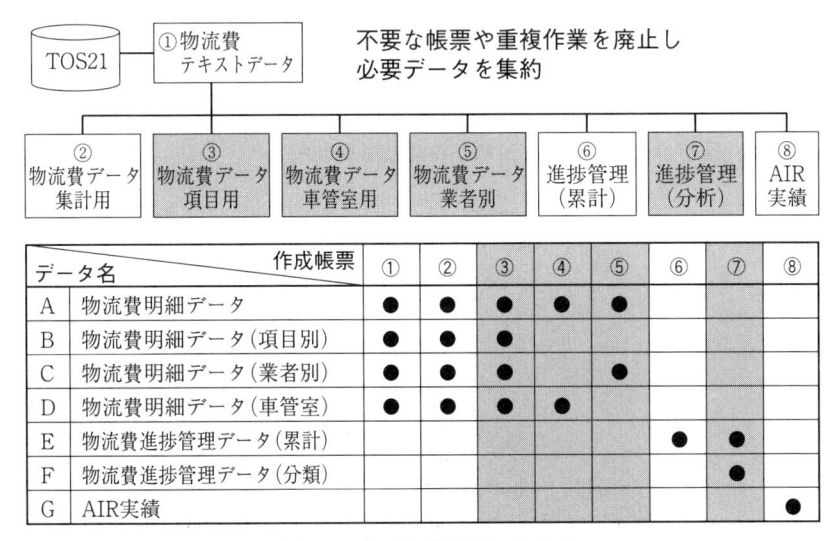

TOS21 → ① 物流費テキストデータ

不要な帳票や重複作業を廃止し必要データを集約

② 物流費データ集計用 / ③ 物流費データ項目用 / ④ 物流費データ車管室用 / ⑤ 物流費データ業者別 / ⑥ 進捗管理（累計） / ⑦ 進捗管理（分析） / ⑧ AIR実績

データ名	作成帳票	①	②	③	④	⑤	⑥	⑦	⑧
A	物流費明細データ	●	●	●	●	●			
B	物流費明細データ（項目別）	●	●	●					
C	物流費明細データ（業者別）	●	●			●			
D	物流費明細データ（車管室）	●	●		●				
E	物流費進捗管理データ（累計）						●	●	
F	物流費進捗管理データ（分類）							●	
G	AIR実績								●

図 4.5.13 作成帳票の統廃合

パソコン機能をより有効に活用できるよう
グループ全員で作業手順を確認

改善内容の共有化

別視点からの改良提案

図 4.5.14　パソコン機能勉強会の実施

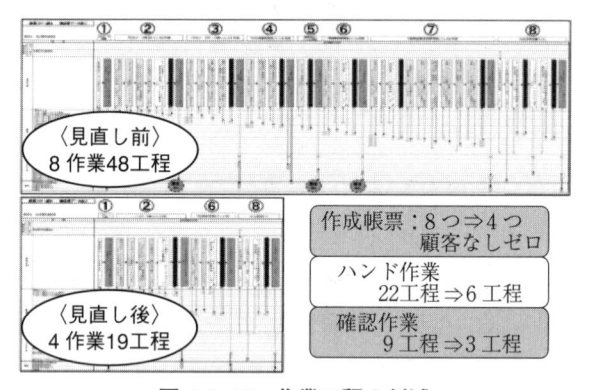

〈見直し前〉
8 作業 48 工程

〈見直し後〉
4 作業 19 工程

作成帳票：8つ⇒4つ
顧客なしゼロ

ハンド作業
22 工程⇒6 工程

確認作業
9 工程⇒3 工程

図 4.5.15　作業工程の削減

図 4.5.16　成果発表会

びを感じてもらえた。また、部長からも「取組み内容や自信をもった発表態度から職場が強くなったと実感できた」との好評を得ることができた。

（7） 活動の評価

今回の活動は、部員全員参加による「業務の改廃・効率化による負荷適正化」や「職場力強化」「部内の相互理解、一体感形成」を目指したものである。

「負荷適正化」については、当初の削減目標工数684時間に対して715時間の工数削減を実現した。この成果は、グローバル事業拡大による新規業務の増加や定年退職、人事異動にともなう人員減少といった環境下において、部員一人当たりの残業時間が前年並みに抑止できたことに現れている（図4.5.17）。

「職場力強化」「部内の相互理解、一体感形成」については、業務プロセスの視える化により個々人の暗黙知の形式知化が進み、ノウハウの共有化・伝承を図ることができた。また、T-PKを主題とした打合せを重ねたことにより、職層間・世代間が話しやすい雰囲気を形成し、コミュニケーションの強化に役立っている。さらに、改善によって得られた工数を活用し「新しい業務に取り組め、スキルアップの機会ができた」「グループ内の負荷調整ができた」との

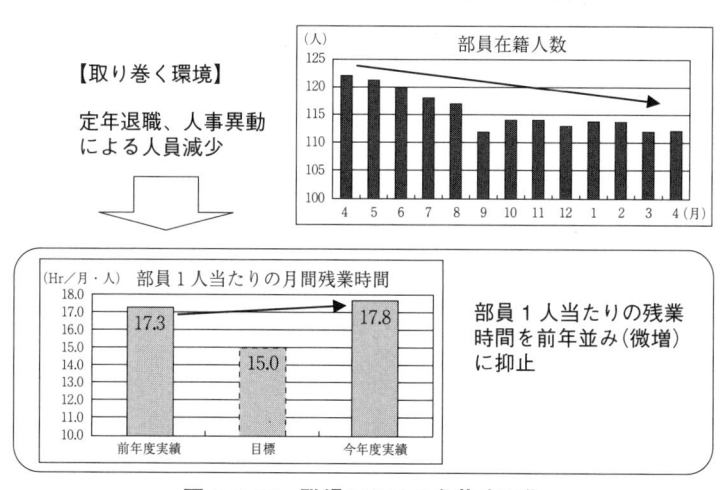

図 4.5.17　職場における負荷適正化

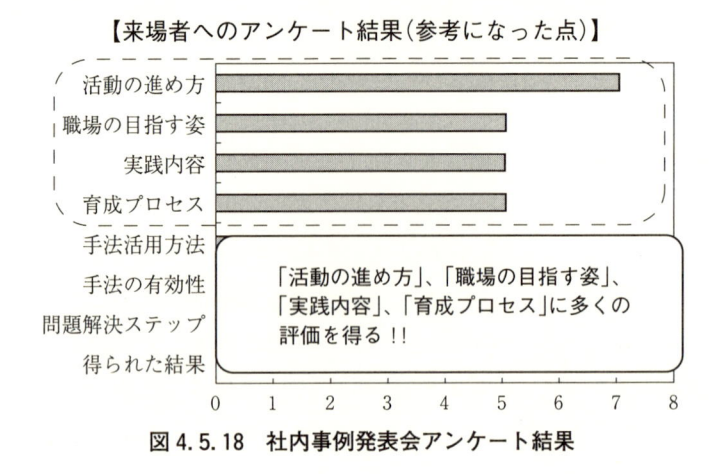

【来場者へのアンケート結果(参考になった点)】

図4.5.18 社内事例発表会アンケート結果

声が部員よりあがっており、職場の活性化にもつながっている。これらについては、社内活動事例発表会での来場者アンケートで「活動の進め方」「職場の目指す姿」「実践内容」「育成プロセス」に多くの評価を得たことからもうかがえる(図4.5.18)。

4.5.5 T-PKの成果と今後の展開

T-PK研修の受講者やT-PKを活用した重点改善活動部署・活動事例の発表会への参加者数も着実に増加しており、さまざまな分野で具体的な成果があがりつつある。

今後は、「スタッフ業務の正常・異常がわかる要件の視える化」「各手法のシンプル化」など、実施部署のニーズを踏まえ、継続的に活動プロセスとツールのブラッシュアップ、教育体系の整備に取り組んでいく。また、社内各部と連携を図り、グローバル展開に向けた体制を整備するとともに、海外事業体を含めたスタッフ業務の有効な改善ツールとして強化していく。

4.6 サンデンにおけるACTION21活動とMARP活動

4.6.1 会社概要

サンデン㈱は、1943年に群馬県伊勢崎市に設立され（当時は三共電器㈱）、今年で66周年を迎える電機機器メーカーである。カーエアコン用コンプレッサーおよびカーエアコンシステム（自動車機器システム事業）、自動販売機およびコンビニエンスストア用ショーケース（流通システム事業）、エコキュートをはじめとする快適環境システム（住環境システム事業）の研究・開発から、製造、販売まで行っている。

サンデンにおける小集団活動は、1969年に製造部門を対象としたQCサークル活動としてスタートしたが、5年間で活動が中断してしまった。その後、QCサークル活動の良さを体感し、その必要性を認識していた数人の管理者が、1978年以降、工場単位で独自の活動を再開した。また、工場での活動を端から見ていた国内営業フロントにおいても、小集団活動の良さを認識した数人の支店長が、支店独自の小集団活動を開始した。しかし、工場においても支店においても、活動方針、運営方法、評価、報奨など、そのやり方はまちまちであり、統一感に欠けた活動であった。

当時、副社長（現会長）であった牛久保がTQCセミナーへ参加した際、小集団活動の重要性とその可能性に気づき、セミナーから戻るとすぐさま小集団活動の全社推進の企画に着手するよう指示し、1989年4月から全社・全部門で実施する小集団活動"ACTION21"をキックオフした。

4.6.2 導入・推進の目的

サンデンにおける改善・改革活動は、一般社員から係長までを対象とした小集団活動（ACTION21）と管理職以上を対象とした活動（MARP）の2つに大別される（**図4.6.1**）。

これらの活動は、全社・全部門・全階層を対象とした活動であり、STQMの一環として実施されている。なお、STQMとはサンデン独自のTQMで、

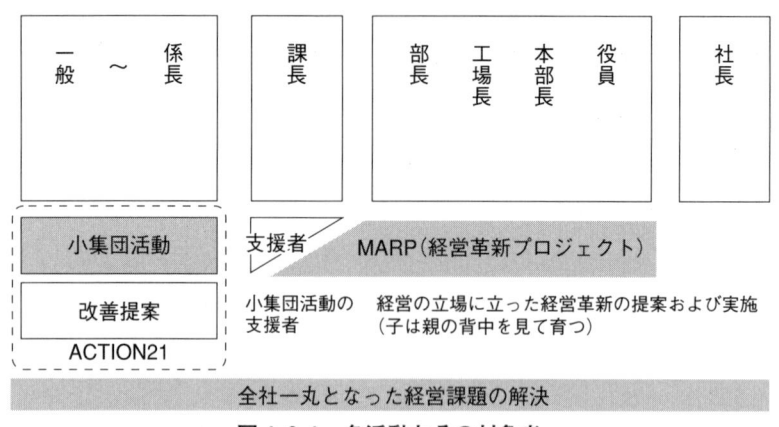

● 第4章　管理間接職場における小集団プロセス改善活動の推進事例　●

```
┌─────────┐ ┌─────┐ ┌───┬───┬───┬───┐ ┌─────┐
│ 一    係 │ │ 課   │ │部 │工 │本 │役 │ │ 社   │
│ 般  ～ 長│ │ 長   │ │長 │場 │部 │員 │ │ 長   │
│         │ │      │ │   │長 │長 │   │ │      │
│         │ │      │ │   │   │   │   │ │      │
└─────────┘ └─────┘ └───┴───┴───┴───┘ └─────┘
┌─────────┐ 支援者  MARP（経営革新プロジェクト）
│ 小集団活動│
│         │ 小集団活動の  経営の立場に立った経営革新の提案および実施
│ 改善提案 │ 支援者       （子は親の背中を見て育つ）
│ACTION21 │
└─────────┘
        全社一丸となった経営課題の解決
```

図4.6.1　各活動とその対象者

「個々のマネジメント品質（プロセス）、および結果品質（結果）を徹底的に向上させて、21世紀に繁栄する会社を創り上げるため、毎日、毎日の創造改革努力を積み重ねる行動」と定義している。

ACTION21は、小集団活動と改善提案からなり、小集団活動は"仕事のプロセスの改善"、"改善提案は仕事の結果の改善"と車の両輪に位置づけ、継続的な改善により、会社の発展、体質改善に貢献することをねらっている。

小集団活動のねらいは、次の5項目である。

① 常に問題意識をもち、これを自主的に改善する（改善意欲の育成）
② 自己啓発ならびに相互研鑽を習慣化する（問題解決能力の向上）
③ 互いに信頼を深め、チームワークを向上する（モラールの高揚）
④ みんなの力で活気ある働きやすい職場をつくる（職場の活性化）
⑤ 全員の創意と工夫によって現状を改革する（発展する企業創り）

他方、MARPは、経営革新プロジェクトの略称であり、トップが気づかない経営上の問題・課題を発見し、それを解決する（もしくは解決のための具体策を提案する）部門横断型の管理職や役員によるチーム活動である。

4.6.3 推進組織

　ACTION21やMARPのための推進組織は、特別には用意せず、原則として通常の会社組織を活用して推進している。これは、会社組織とは別に組織を用意すると、仕事とは別の活動であるという印象を与えてしまうことによる。「仕事が忙しいから小集団活動ができない、やらない」といったことをなくし、小集団活動＝仕事そのもの、を明確にするための方法でもある。

　ただ、活動の節目である、各部門での発表会、工場・事業所での大会、全社大会などの実施にあたっては多くの運営委員を必要とすることから、各工場・事業所などで運営の事務局機能を担当している人たちに参画を要請している。

4.6.4　チーム編成およびテーマ選定の考え方と方法

　ACTION21のサークル編成は、同一職場の互いの仕事内容が見える範囲の5～8名による編成を基本としているが、製造部門ではそれよりも若干多めの編成となっている。また、MARPにおいては、課長層によって編成されたチーム、部長層以上で編成されたチームをそれぞれミドルMARP、MARPと呼び、区分しているが、いずれも同階層の人たちによる組織横断の編成を基本としている（**図4.6.2**）。

　テーマの選定は、小集団活動では部門や上司の方針を受け、その方針を必達するためのテーマをサークルと上司のキャッチボールによって決定したり、自分たちの仕事における困りごとや後工程での満足度向上をねらったテーマを上司の承認の下で選定している。いずれにしても、サンデンでは小集団活動は業務であるとの位置づけから、業務に直結したテーマの選定を行っている。

　また、MARP活動におけるテーマの選定は特に制約はないが、「経営トップが気づかない経営課題の発見・解決」という活動のねらいに沿ってテーマ選定が行われている。ある意味では方針管理でフォローしきれないことを補う活動であるともいえる。

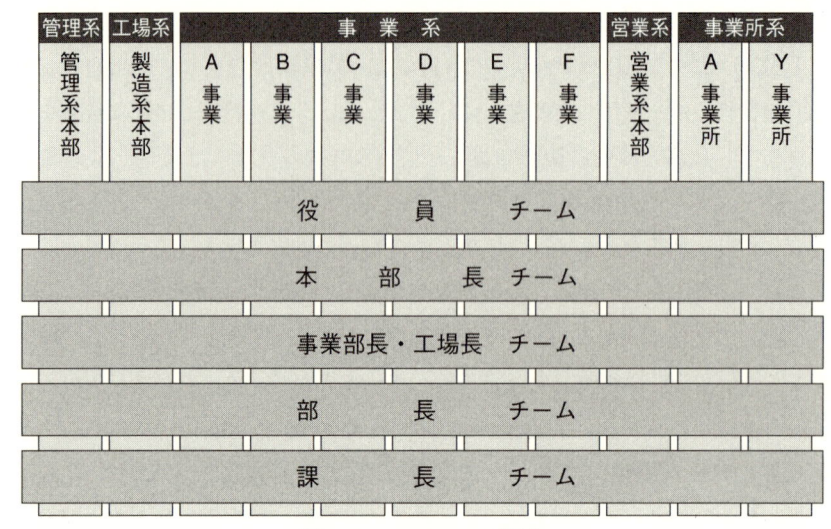

● 第4章　管理間接職場における小集団プロセス改善活動の推進事例 ●

管理系	工場系	事業系						営業系	事業所系	
管理系本部	製造系本部	A事業	B事業	C事業	D事業	E事業	F事業	営業系本部	A事業所	Y事業所

役　　員　　チーム

本　部　長　チーム

事業部長・工場長　チーム

部　　長　　チーム

課　　長　　チーム

図 4.6.2　MARP の編成

4.6.5　運営の工夫

　小集団活動運営の特徴としては、すべての職能で画一的に活動を行うのではなく、職能ごとに、例えば製造部門においては"TPM"、技術部門は"GKS"、事務・管理部門は"J-UP"、営業部門は"SPM"のように活動の柱となる"手法"を策定し、職能ごとに特徴をもたせた活動としてスタートしていることである（**図 4.6.3**）。

　次にワールド・コンベンション（世界大会）がある。これは、自分たちの活動のレベルを確認する機会であり、モチベーションを向上する機会と位置づけ、"みんなで STQM を考えよう"を合言葉に、日本・アジア・ヨーロッパ・米国と世界四極持ち回りで隔年開催している。ただ単に小集団活動の世界大会ではなく、STQM ワールド・コンベンションとして、環境世界会議、品質世界会議などを同時開催し、グローバルな視点で考え、議論する機会としている。また、世界四極で開催を持ち回ることで、世界各地のワールド・コンベンション主催現地法人が、グローバルな規模での行事運営のノウハウを蓄積でき、オリ

● 4.6 サンデンにおける ACTION21 活動と MARP 活動 ●

図 4.6.3 改革・改善活動の体系

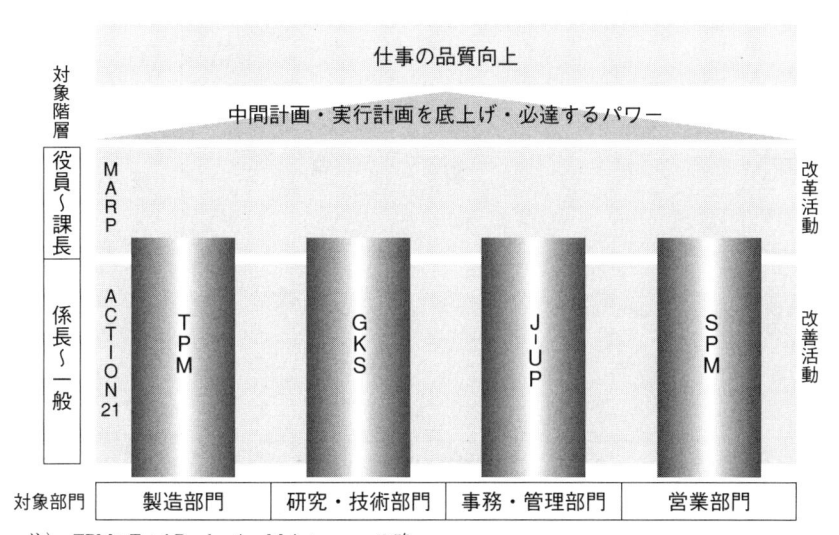

注) TPM：Total Productive Maintenance の略
GKS：技術基盤整備活動(Gijyutu Kiban Seibi)の略
J-UP：事務部門(J)の生産性向上(UP)活動の略
SPM：Sanden Sales Power-up Management の略

ンピック同様、開催国としての意地や名誉から活動のさらなる活性化もねらっている。換言すれば、日本に頼りっきりでない、自分たちが主体となった活動にするための仕掛けであり、活性化の機会を与える仕掛けである。世界大会を開催している多くの他社が、開催地を日本とするなか、海外現地法人のサークルのモチベーションアップだけでなく、日本人のモチベーションアップも同様に図れるよう、世界大会の開催地をグローバルで持ち回りとしている。

　もう一つの運営の工夫に小集団番付がある。これは毎期末にその期の活動を各サークルが自己評価し、その評価結果を使って、大相撲の横綱・大関・関脇・小結・前頭・十両・幕下などの番付のどこに相当するかを判断し、それを社内 Web に公開することで、各サークルが自分のレベル・位置を確認できる仕組みである。活動の評価は、サークルの活動レベルと企業貢献度の2軸で評価し、その結果がマトリックス上のどこに位置するかで番付が決まる仕掛けに

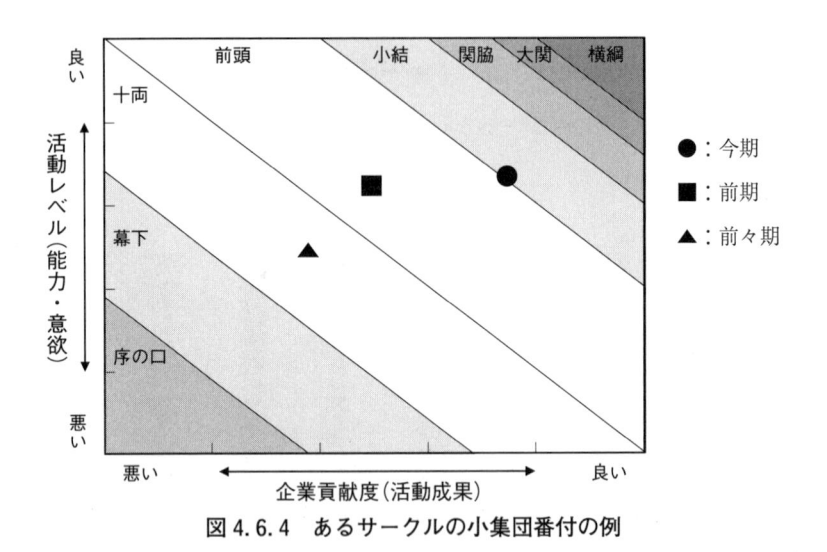

● 第4章 管理間接職場における小集団プロセス改善活動の推進事例 ●

図4.6.4 あるサークルの小集団番付の例

なっている。

　各サークルはその実績を確認したあと、次はどの番付の位置を目指すかを決め、次の活動のターゲットとして具体的な目標を設定する。また、管理者・推進者は、自部門のサークルが番付上のどの位置にいるかをWeb上で確認できるため、自部門にはどのくらい実力の力士がどれくらいいるかを常に把握することができる。このため、指導・支援の重点をどのサークルに置くべきか一目瞭然となる(**図4.6.4**)。

　なお、最高位の横綱へは、自己評価だけではなれないように設定し、社外大会への出場やそこでの成績(第三者評価)が必要な仕組みとなっている。その評価結果を横綱審議会が承認することで晴れて横綱になれる。言い換えれば、横綱には大相撲同様、品格をも求めている。これにより、社外大会へ出場することをトップダウンで要請するのではなく、サークルが自主的に出場の意思を示すようにモチベーションアップすることも狙っている。

4.6.6 活動事例
(1) ACTION21の活動事例
管理間接部門の活動事例として、経理部門の活動例を以下に示す。

> テーマ「支払い業務のコスト削減」
> サークル名「キャプテン守彦」サークル（男性3名、女性1名、計4名）
> 活動期間：6カ月、会合回数：19回、過去のテーマ解決件数：5件

　本サークルは、本社経理本部会計グループに所属しており、その業務内容は大別すると、①支払いに関する業務、②出納に関する業務、③決算に関する業務、④その他の業務、である。その業務のなかで、経費の発生が一番多い業務が①の支払いに関する業務である。部門目標達成のためには、支払いに関する業務の経費削減が最大の課題であった。そこで、「支払い業務のコスト削減」をテーマとして取り上げた。

　支払い業務にかかる経費の内訳をパレート図に表してみると、支払いにかかる経費の85％以上が「印紙代」と振込手数料などの「諸手数料」で占められ、両者はほぼ同額であった。また、支払い方法には、「現金支払い」「一括支払い」「手形支払い」の3つの形態があり、各々条件や支払いにかかる費用の単価が異なるため、一覧表で見える化を図り比較した。その結果、振込手数料は当社が負担することで発生し、一括支払いは支払いにかかる費用の固定費が大きく、支払い額が大きいほど支払いにかかる費用の単価は安くなることを確認した。さらに、支払い方法別に支払いにかかる費用の単価を比較するため、100万円当たりの支払いにかかる費用の単価を算出して比較したところ、一括支払いによる支払いにかかる費用の単価が最も安く、一番高い現金支払いにかかる費用の約1/70であった。

　次に、支払い方法はどのように決まるのかを調査したところ、一定額以下であれば現金で支払い、一定額を超えると支払先の希望により、一括支払いか手形支払いかを決定してもらうことになっていることが確認できた。この支払先

● 第4章 管理間接職場における小集団プロセス改善活動の推進事例 ●

が決定する一括支払いと手形支払いの違いを比較してみると、①支払い条件は、一括支払いでも手形支払いでも同期日、②支払い先としても、費用面、工数面で一括支払いのほうが効率的であることが判明した。また、振込手数料の現状を調べてみると、振込手数料は商習慣上、特別な支払い代金を除いて、支払先が負担することが一般的であることを再確認できた。そこで、目標値を部門方針に則り、「総支払い業務コストの10%削減」と設定した。

連関図により「なぜ支払いに経費が発生するか」を体系的にまとめ、対策案の立案に着手した。立案した対策案は、いずれも過去に実施しながら目立った効果を上げてこなかった内容であるため、「なぜ目立った効果が上げられなかったのか」をサークル全員で議論した結果、外部（支払い先）への働きかけが弱かったり、効果がなかったことへの原因追究がおざなりであった（真にPDCAが回っていなかった）ためと結論づけるに至った。

具体的な対策として、次の3つを立案し実施した。

① 支払い先への一括支払いシステムへの加入依頼を支払い先の担当者にとどめず、経理担当者までお願いするとともに、面談および電話にて説明を行い、以後のフォローを実施
② 支払い先の口座が開設されている銀行にも、直接説明を行い、支払先の一括支払いへの変更をスムーズに行える側面サポートを実施
③ 振込手数料負担の商習慣という曖昧な判断基準を社内外にわたり明確化

実施にあたっては、社外や銀行との関係からトラブルや障害が発生する可能性もあるので、事前にトラブル・障害の予測とその防止策・解決策をフローチャート化し、万が一発生する障害やトラブルに対し、確実に対応が図れるように準備した。

その結果、総支払い業務コストの削減額は目標値の117％を達成するとともに、100万円の支払いに必要な単価は、当初比30％の削減を図ることができた。

今回の活動で、それまであまり脚光を浴びる経験のなかった経理部門が、「経理も結構やるね」と賞賛され、以後連続して全社大会へ出場するに至って

表 4.6.1 MARP 活動のテーマ例一覧

分　類	テ　ー　マ
マネジメント	● 新商品開発システムの提案 ● マネジメントツールの刷新 ● 改革業務の工数管理ツール ● 外部知識の効果的活用
経営戦略	● ユニバーサル商品づくり ● 特許取得戦略～実践 ● 法規制にともなうビジネスチャンスの拡大 ● 新子会社経営革新
顧客満足	● 環境保全活動 ● 顧客満足度向上
人材育成	● 技能系従業員満足度の向上 ● 製造監督者の育成と実践 ● 派遣技術者の活用
グローバル戦略	● Eメール活用によるグローバルコミュニケーション ● グローバルスタンダード ● 危機管理体制の見直し ● マザー移転対価のあり方

いる。

(2) MARPの活動事例

表 4.6.1 に MARP の代表的なテーマ例を紹介する。

4.6.7 成果と課題

1989(平成元)年から継続的に実施してきたサンデンのこれらの活動の最大の成果は、社内における改善・改革は特定の人だけが実施するものではなく、全社全部門全階層で実施する活動であることが、社内に広く定着し、誰もが STQM の真髄である挑戦・改革の心をしっかりともち、毎日毎日の創造改革努力が継続できるようになってきたことといえよう。具体的には、サンデン本

● 第4章　管理間接職場における小集団プロセス改善活動の推進事例 ●

体だけでなく、国内外のグループ会社各社が積極的にデミング賞に挑戦し、その経営品質の向上に経営トップが率先垂範で臨んでいる状況が当たり前の状況となってきている。改善・改革活動のレベルも年々向上し、社外での発表大会でも高い評価を得るに至っている。

　しかし、全社・全部門・全階層の活動として約20年が経過し、職能ごとに設定した活動の"柱"は、今の経営環境に照らしたとき、はたして最適な運営方法であるかどうか、積極的な議論が必要な時期にきている。

　また、グローバルに活動を展開することに重点を置き、国内の活動に対する意識が低下したことによる国内活動の停滞感をどのように払拭するか。さらに製造部門以外の活動のさらなる活性化を図るための具体策をどのように導き出すかが今後の課題である。

4.7 日産自動車における V-up プログラム

4.7.1 会社概要

日産自動車㈱は、日米欧を始めとして世界各地に事業所を有し、グローバルに事業を展開している。主な事業内容は、自動車、フォークリフト、マリーン、およびそれぞれの部品の製造、販売である。

- 設立：1933年
- 本社所在地：東京都中央区銀座(2009年夏に横浜へ移転予定)
- 売上高：10兆8,242億円(2007年度)
- グローバル販売台数：377万台(2007年度)
- 従業員数：18万人(連結ベース)

4.7.2 V-up プログラムの導入経緯と目的

日産自動車は、1999年にフランスの自動車会社ルノーと提携するとともに、経営トップを迎え入れた。提携後まず行ったことは、全社横断の CFT (クロスファンクショナルチーム)を9つの課題領域ごとに編成し、経営再建に必要な抜本的な改革案の策定、ならびに新たなビジネス機会の創出にあたらせたことである。

同時に、会社の体質を基盤から改善・強化する目的から、2000年より管理間接業務を対象としたさまざまな課題解決を、より現場に近いレベルで促進する日産自動車独自のマネジメントツール(V-up プログラム)の開発を始めた。開発にあたっては、先進企業のベンチマーキング結果、従来より行っていた TQM での体験、前出の CFT に象徴される経営再建過程での学びを取り入れ、2001年度より本格的に導入を始めた。

CFT と V-up の役割の違いは、CFT が経営・全社レベルの比較的大きなテーマを取り扱うのに対し、V-up は各ラインマネジメントが抱える個別課題を取り扱う点にある。その意味では、両者は相互補完関係にあるといえる。会社全体における V-up プログラムの位置づけを**図 4.7.1** に示す。

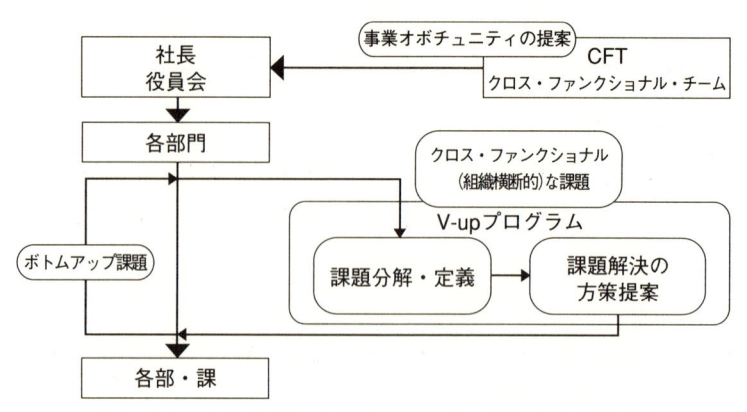

● 第 4 章　管理間接職場における小集団プロセス改善活動の推進事例　●

図4.7.1　会社全体におけるV-upプログラムの位置づけ

4.7.3　推進組織

V-upプログラムの推進組織の中核は、日本本社のV-up推進・支援チームで、約20名が在籍する。主な業務は本プログラムに関するグループグローバル活用促進計画の策定と実行、研修・ツールの開発、研修の実施、課題解決支援である。また、難易度の高い課題は自らがその解決にもあたっている。

本プログラムは、当社の主要な事業所がある世界24カ国で既に導入されており、各国にPMO（Program Management Office）が存在している。PMOの主な業務は、活用促進計画の実行、各種研修の実施である。

日本においては社内の部門、関連会社ごとに推進事務局を設置し、プログラムに参加するチームとの月1回の連絡会の開催をはじめとして、密接な連携をとりながらプログラムの活用促進を図っている。

4.7.4　V-upプログラムの概要

V-upプログラムの基本的な考え方は、以下のとおりである。
　① Right Project：適切な課題を選定する。
　　経営課題達成に貢献する重要でかつ緊急性の高い課題に取り組む。また、定量的で効果測定が可能なことが重要である。

② Right Person：適切な人財が解決する。
部門、部署、階層、会社を超えたチームで課題解決に取り組む。
③ Right Method：適切なツールを使って解決する。
従来使ってきたツール、手法にこだわらず、世の中で有効性が実証されているツールも積極的に活用する。

これらの考え方は、V-up プログラムのなかで一貫しており、研修・ツールの開発、課題解決の実践のなかでも常に適用されている。

V-up プログラムは、課題設定プロセスと課題解決プロセスで構成され、どちらも V-up ツールが活用される。当社では課題設定プロセスを IDEA プロセスと呼ぶ。また、課題解決プロセスは DECIDE プロセスと V-FAST という呼び名で 2 つに分かれている。本プログラムの全体像を**図 4.7.2** に示す。

(1) IDEA プロセス

IDEA プロセスは解決すべき課題を定義するプロセスで、次の手順で行われる。

① IDENTIFY：課題発掘
企業業績に直接貢献する定量化可能な課題を抽出する。
② DEFINE：課題分解と定義

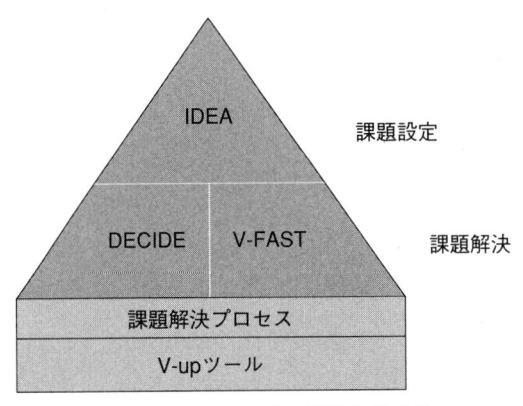

図 4.7.2 V-up プログラムの全体

解決するにふさわしいサイズ(取組み範囲、解決期間など)に分解し、目標を設定して課題を定義する。
③ EFFECT VALIDATION:予測効果確認
効果を極力金額で把握する。
④ APPROVE/ACCEPT:承認/合意
設定された課題を「課題定義書」というテンプレートにまとめ、課題解決チームに渡す。

課題定義がうまく行けば50%解決できたも同然との考え方の下、IDEA プロセスを重要視している。

(2) 課題解決プロセス
(a) DECIDE チーム

IDEA プロセスを経て定義された課題は、課題解決チーム(DECIDE チーム)に渡される。このチームでは組織横断的にメンバーが招集され、その課題の解決に一番ふさわしいチームが編成される。このチームの中心的役割を担うのはVパイロットと呼ばれる課題解決推進者であり、延べ10日間の研修を経てその任にあたる。チーム構成および役割を図4.7.3に示す。

このチームは、各種有効なツールを使いながら、課題解決の標準プロセスであるDECIDEプロセスをたどり、解決方策を導き出す。以下にDECIDEプロセスの流れを示す。

① Define and Estimate:課題の定義と予想効果の評価
IDEA プロセスを経て作成された「課題定義書」をVパイロットが受け取り、プロジェクトがスタートする。
② Create a Team:チーム編成
組織横断的に、課題に関して知見を有するメンバーを招集する。
③ Improve/Innovate:改善/革新の方策立案
現状把握、原因の特定、改善策立案の手順でチーム活動を行う。
④ Deploy:方策の展開と実行

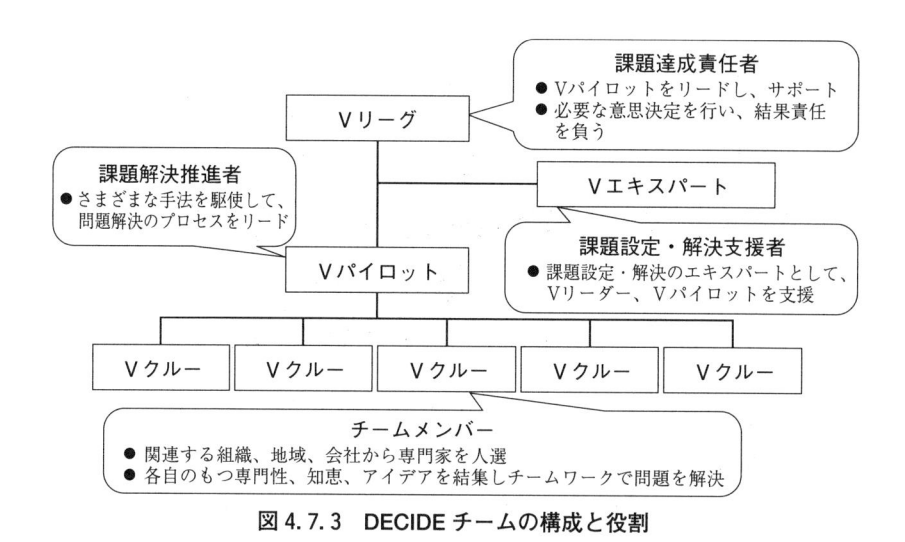

● 4.7 日産自動車における V-up プログラム ●

```
                          ┌─────────────────────┐
                          │ 課題達成責任者       │
                ┌─────────┤ ●Vパイロットをリードし、サポート │
          ┌─ Vリーグ       │ ●必要な意思決定を行い、結果責任 │
          │               │  を負う              │
          │               └─────────────────────┘
┌──────────────┐  │
│ 課題解決推進者│  ├── Vエキスパート
│●さまざまな手法を│  │   ┌─────────────────────┐
│ 駆使して、     │  │   │ 課題設定・解決支援者│
│ 問題解決のプロセスをリード│  │   │●課題設定・解決のエキスパートとして、│
└──────────────┘  │   │  Vリーダー、Vパイロットを支援│
          └─ Vパイロット   └─────────────────────┘
             ┌──┬──┬──┬──┬──┐
           Vクルー Vクルー Vクルー Vクルー Vクルー
                      │
           ┌─────────────────────────┐
           │ チームメンバー          │
           │ ●関連する組織、地域、会社から専門家を人選│
           │ ●各自のもつ専門性、知恵、アイデアを結集しチームワークで問題を解決│
           └─────────────────────────┘
```

図 4.7.3　DECIDE チームの構成と役割

立案された改善策を実行部署に展開し、方策の実行を促進する。

⑤　Evaluate：目標達成の確認

DECIDE チームの活動期間は、最長でも 4 カ月程度である。課題解決期間中、Vパイロット経験者から選ばれたVエキスパートが解決の進め方、ツールの使い方などを指導・支援する。

(b) V-FAST

DECIDE チームによる活動のプロセスでは、課題に関連するデータを取得し、綿密に解析して要因特定から解決策の立案まで至る。それに対し、V-FAST のプロセスでは、主にその課題に深い関連をもつメンバーの問題意識や知識、経験を活かして、短期間に方策提案に至る。つまり、DECIDE は比較的難しい課題、V-FAST は比較的身近な課題を対象とする。

V-FAST の特徴は、1 日の集中討議で方策を決定することにあり、集中討議の進行は研修を受けたファシリテーターがその任にあたる。ファシリテーターは、参加者全員の意見・アイデアを最大限に引き出すとともに、時間どおりに期待されるアウトプットを出すことに努める。V-FAST での課題解決プロセス

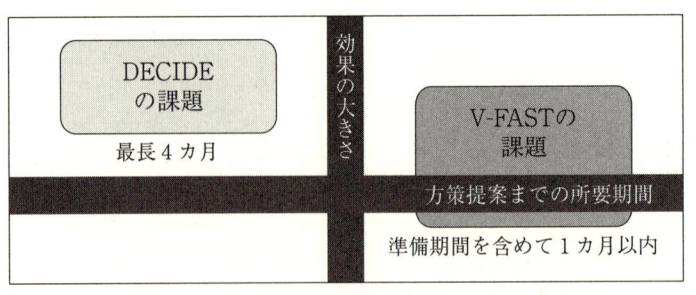

図 4.7.4　DECIDE と V-FAST で取り扱う課題

の流れを以下に示す。

① 課題設定

上位者から課題が提示される。

② チーム編成と集中討議の準備

③ 集中討議

通常1日の集中討議をファシリテーターの司会進行の下に実施し、討議終了時に一つひとつの提案方策ごとに、Go／No go（採用／不採用）が課題達成責任者によって決定される。

④ 方策実行

方策実施部署により実行される。

⑤ 定着と評価

DECIDE と V-FAST の取り扱う課題の領域イメージを図 4.7.4 に示す。

4.7.5　運営の工夫

（1）経営トップ層のかかわり

V-up プログラムの導入当初より、経営トップを議長、主要な部門・地域の役員をメンバーとするステアリングコミッティを定期的に実施しており、2008年度時点で開催回数は延べ30回を超えている。本コミッティではグループグローバル活用進捗確認、活用促進策の審議・決定が行われ、V-up プログラムの PDCA を回す会議体として機能している。

（2）研　修

　V-up プログラムの導入初期段階では、V パイロット、ファシリテーターなど課題解決の中心人物を対象とした研修を主体に開発、実施していた。その後、本プログラムの日常の業務での活用をさらに促進するため、マネージャー層、一般層への研修も開発・実施し、裾野を広げてきた。各種研修は本プログラムの浸透に有効に機能している。V-up プログラムに関する主な研修の概要を表 4.7.1 に示す。

表 4.7.1　V-up プログラムに関する主な研修

研修名	ねらい	主な研修内容
役員研修	V-up プログラムを自ら活用し、部門内での活用促進を図るための知識、スキルの修得	● 課題設定・解決方法と役割 ● 主な手法ツール
V リーダー研修	V リーダーの役割と責任の理解	● IDEA プロセス、DECIDE プロセス ● 課題定義書の作成方法
V エキスパート研修	V リーダー、V パイロットへの支援に必要な知識、スキル修得	● 課題設定、課題解決スキル ● 次世代 V パイロット育成方法
V パイロット研修	集中研修、オンサイトコーチングを通じた DECIDE プロセスの理解と実践	● 課題解決手法、ツール
(V-FAST)ファシリテーター研修	V-FAST の進め方、ファシリテーションスキルの修得	● ファシリテーションスキル、ツール
マネージャー V-up 研修	V-up プログラムにおけるマネージャー層の役割の理解	● 課題設定、課題解決スキル (V-FAST) ● V クルー上司としての役割
V-up 実践研修	身近な課題を発見し、自ら解決できるスキルの修得	● 身近な課題の確認 ● 設定、解決の基本ステップとスキル
V-up 基礎研修	日常の仕事や会議を効率的に進めるのに必要なスキルの修得	● V-up プログラムの基本プロセス ● 基本ツール

(3) 表彰、事例発表会

課題達成優秀賞を設定し、解決が終了した課題のなかから優秀なチームを選抜、表彰している(年2回)。制度が発足した2002年度から現在までに延べ1,100チームほどが表彰されている。また、事例発表会は、部門・会社単位で実施され、課題解決のノウハウ共有化と、従業員のモチベーション向上に成果を上げている。

4.7.6 活動事例

過去に解決された課題のカテゴリーを図4.7.5に示す。幅広い課題に対し、V-upプログラムが有効であることがわかる。

4.7.7 V-upプログラムの成果と今後の発展

V-upプログラムを導入した2001年度時点では、日米欧を中心に展開したがその後、台湾、インドネシア、中国、中近東など他地域にも拡大し、現在ではグローバルに24カ国で本プログラムが活用され、課題解決に貢献している。

V-upプログラムで得られた主な成果には以下のものがある。

- グループグローバルで抱える課題の解決が飛躍的に増えた。
- Vパイロット、ファシリテーター、Vエキスパートなど改善を日常化・

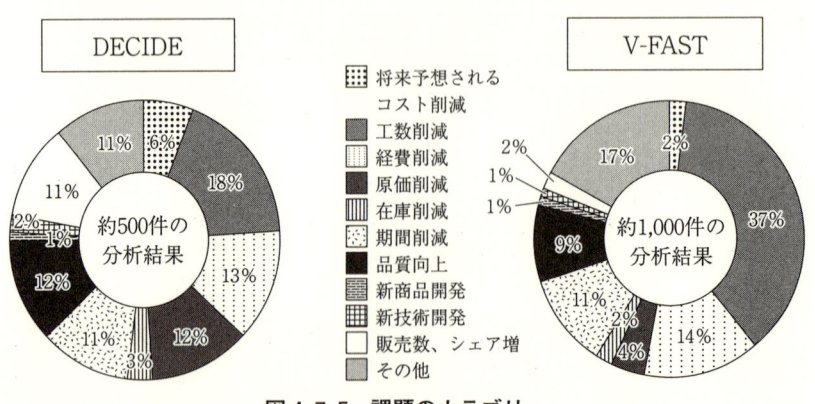

図4.7.5 課題のカテゴリー

4.7 日産自動車における V-up プログラム

体質化するためのリーダーが多数誕生し、会社としての基盤が強化された。
- 共通言語、共通価値軸の醸成により、グループグローバルをまたがる改善・革新が促進された。
- クロスファンクショナルな改善・革新が活性化された。
- 同時に、Ｖパイロット、Ｖエキスパートなどの人的ネットワークがつくられ、これをとおした課題発掘、解決の機会が広がった。

V-up プログラムは現在でもいくつかの課題、要改良点を抱えているものの、この７年間で大きな成果を上げてきた。その主な要因は以下と考える。

① 課題ありき

V-up プログラムでは、集合研修と課題解決の実践を常にセットと捉え、研修参加者は必ず課題を集合研修に持参することを徹底した。

② 目指す姿と武器

V-up プログラムはあくまでも経営の目標を達成するための武器であり、目指す姿（目標）と武器（達成手段、ツール）をセットで提供した。

③ 既製服から自前の普段着へ

V-up プログラム開発当初には、ベンチマーク情報や外部の知見を活用したが、その後は社内の経験値・知見を有効活用することで改良を加え、あてがわれたもの（既製服）ではなく自分たち独自のツール（自前の普段着）として作り上げた。

④ 継続的支援

従来の研修は、学んだ内容の職場での活用は受講した個々人に委ねられる場合が多かった。しかし、V-up プログラムでは、課題解決のプロであるＶエキスパートが常に指導・支援する体制を整えた。

V-up プログラムを日常の業務のなかに根付かせることは未だ道半ばであり、今後さらに活用を促進し、企業文化の一部に昇華させていくことが必要と考えている。

4.8 進化したQCサークル活動

4.8.1 TQMとQCサークル活動

　QCサークルは、第二次世界大戦後の日本において、①技術者・スタッフによる統計的手法の実践・活用、②方針管理などの経営者・管理者による組織的な運営強化、とともに総合的品質管理(TQM)の一角をなすものとして誕生した。QCサークルとは、職場の第一線で働く人々が継続的に製品・サービス・仕事などの質の管理・改善を行うための小グループであり、メンバーの能力向上・自己実現、明るく活力に満ちた生き甲斐のある職場づくり、お客様満足の向上および社会への貢献を目指し、運営を自主的に行い、管理や改善の考え方・手法などを活用し、創造性を発揮して自己啓発・相互啓発を図り活動を進める。

　職場第一線における品質管理の重要性の認識が高まるなかで、1962年に監督者と作業者を対象とした『現場とQC』誌(後に、『FQC』を経て『QCサークル』と改題)が発刊され、その創刊号でQCサークル結成の呼びかけがなされた。QCサークル本部が日本科学技術連盟内に設置され、1963年には第1回QCサークル大会が開催、翌年にはいくつかの地方でQCサークル支部が結成されるなど、日本国内において急速な広がりを見せた。また、この活動がJ. M. Juran博士によって1966年にストックホルムで開かれたEOQC大会(欧州品質管理大会)で紹介され、世界中から注目を浴びることとなった。1970年代に入って、アジア、米国、次いでヨーロッパの各国でQCサークルまたはそれに類似の小集団プロセス改善活動の導入がなされ、1978年には第1回世界QCサークル大会が開催された。今日、70以上の国・地域でQCサークル活動が実践されるに至っている。

　製造部門のQCサークルからスタートした小集団プロセス改善活動であるが、現在では営業部門、技術・企画部門まで含めた活動となっている。また、病院、銀行、ホテル、小売業などのサービス業にも広がっている。このようななか、特定の課題の解決を目指すプロジェクト型の活動、複数の職場にまたがる問題

● 4.8 進化した QC サークル活動 ●

に取り組むタスクフォース型の活動などの新しい活動形態も生まれている。

図 4.8.1 は、品質マネジメントシステム規格検討委員会の一環として、自動車部品、電機、医療機器、航空宇宙、建築、ソフトウェア、電力、通信、医療、ホテルの10分野における TQM の実施状況について調査し、共通する要素と関連をまとめたものである。この図を見ると、中央の「改善・改革を推進する」という要素が、①戦略を実践し、②顧客価値を創造し、③組織のパフォーマンスを向上させ、④ベストプラクティスを実践し、⑤経営基盤を充実させるうえでの中核となっていること、その主体が、機能別委員会活動、部門長・責任者による重点課題への取組み、タスクチームやプロジェクトチームによる活動、QC サークルやワークアウトなどの職場の課題解決、現場監督者による TQM 分野別改善活動、技術者による SQC 改善活動など、いろいろな形態の「小集団プロセス改善活動」に他ならないことがわかる。まさに、Juran 博士の "All improvement takes place project by project ... and in no other way (すべての改善はプロジェクトごとに行われ、それ以外の方法はない)" という指摘どおりともいえる。

このように TQM の推進において重要な役割を占める QC サークル活動であるにもかかわらず、近年、職場の環境が従来と大きく変わるにつれて、これらに適した新しいスタイルの活動形態を生み出すことができず、次第に活動が形骸化し、改善力を失い、TQM が機能しなくなっている企業・組織も少なくない。ここでは、このような背景を受けて、QC サークル本部・支部・地区が2002年より進めている「進化した QC サークル」(evolution QCC：e-QCC) について紹介する[1][2]。

4.8.2 進化した QC サークル活動——e-QCC とは

表 4.8.1 は、「職場・組織の環境変化」を軸にして、「環境変化にともない QC サークル活動として従来の延長ではうまくいっていないこと」と QC サークル本部の示している 3 つの「e-QCC のビジョン」を対応づけて整理したものである。

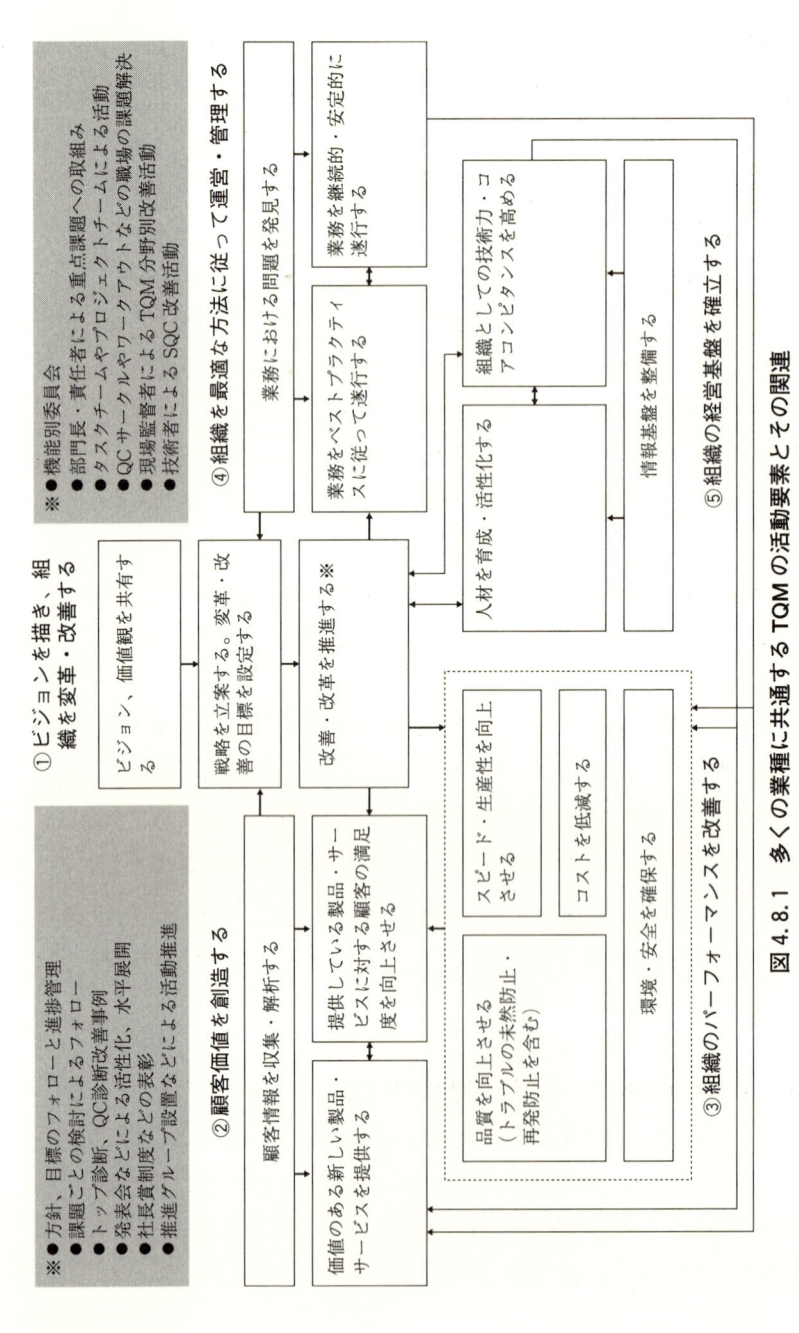

● 第4章　管理間接職場における小集団プロセス改善活動の推進事例 ●

図 4.8.1　多くの業種に共通する TQM の活動要素とその関連

表 4.8.1 職場の環境変化と e-QCC のビジョン

職場・組織の環境変化	環境変化にともない QC サークル活動として従来の延長ではうまくいっていないこと	e-QCC のビジョン
● 従来に比べると短期間で成果を出すことがより強く求められる。	● 全社の活動・管理者の活動と一体化できていない。 ● TPM などに比べて即効性のない活動と見なされ、経営者・管理者の熱意がなくなっている。	業務一体の活動のなかで自己実現を図る活動
● ニーズ多様化による商品ライフサイクルの短期化 ● 職場異動、パート・アルバイト・派遣社員の増加	● 継続的な形で小集団(サークルやチーム)を編成・育成することが難しくなっている。 ● 従来の考えにとらわれた標準化しかなされておらず、改善の成果が長続きしなくなっている。	個の価値を高め、感動を共有する活動
● 開発部門、営業部門の経営における重要性の増加 ● 生産部門の海外移転・分社化による間接比率の増加 ● 社会における第三次産業の比重の増加	● 顧客ニーズにもとづいて価値創造や変革を行う活動が求められているが、これらの課題に対して既存のツールや手順ではうまく対応できない。 ● 製品の質の改善のイメージが強く、製造部門以外に広げるのに抵抗がある。	形式にとらわれない、幅広い部門で活用される活動

　QC サークル活動は、直接の成果もさることながら、この活動をとおして個人の能力、職場のチームワークが向上し、さらなる課題の解決、業績貢献へとつながる長期的効果がある。しかし、最近では短期的な経営成果が問題にされる場面が多く、経営者・管理者の QC サークル活動に対する関心が薄れ、これにともなって実務と遊離した形骸化した活動になっている職場も少なくない。経営者・管理者と一体となった、スピードのある、確実な成果を生み出せる活動に変えていくことが強く求められている。

　また、QC サークル活動をうまく回すためには、個人の継続的な能力とともに、活動成果が職場・組織のノウハウとして蓄積・活用されることが重要である。しかし、最近では人・製品の変化が激しく、単に今行っている仕事の標準

書を改訂しているだけでは活動の効果が長続きしなくなっている。変化の激しいなか、着実な能力向上、ノウハウの蓄積・活用が図られる形に変えていくことが求められている。

さらに、現在の社会はどんどん複雑化・スピード化する方向にあり、単純な理論やルールで割り切れない問題が多くなっている。このようななか、営業部門、設計開発部門、管理間接部門、サービス業などの職場においても技術・技能の伝承がうまく行われなくなってきており、結果としてさまざまなトラブルを引き起こしている組織も少なくない。しかし、働いている人や仕事の特性が違うため、製造部門で行っていたQCサークル活動をそのままこれらの部門に展開してもうまくいかない。QCサークル活動の本質を活かしながら、各々の職場に合った形に変えていくことが強く求められている。

4.8.3　職場の特性に応じた e-QCC のモデル

新しい活動を展開する場合、その理想的な形を「モデル」として書き表すことは重要である。しかし、あらゆる職場に共通するQCサークル活動のモデルをつくろうとすると、各々の職場のもつ特徴を無視した、役に立たないものとなる。共通する本質を押さえながら職場ごとに必要な変形を行う必要がある。**表4.8.2**は「経営の重要課題と結びついたテーマ選定」「ノウハウの組織的な蓄積と活用」「個人の能力開発との連携強化」、「経営から見た活動全体の評価とその活用」の4項目を取り上げ、特徴の異なる5つの職場でそれぞれどのようなことを行うべきかを整理したものである。

職場としては「製造」「営業」「サービス」「設計開発」「管理間接」の5つを取り上げた。ただし、「サービス」といっても、行政、電力・通信、運輸、教育、医療・介護などさまざまであり、各々で「職場の特徴」も異なる。ここでは、「サービス」については医療・介護を主体とする職場を、「営業」についてはシステムの販売や卸業などの受注型営業職場をイメージしている。また、「設計開発」についてはソフトウェア開発を行っている職場を、「管理間接」は全社の品質保証部門や生産管理部門、人事部門や情報部門のようなところをイ

4.8 進化したQCサークル活動

メージしている。その意味では、すべての職場を網羅しているわけではなく、実際の職場ごとに「職場の特徴」がどうなるかを考えて新しいモデルをつくるためのベースを与えるものである。例えば、同じ工場でもルーチン的な検査・保守・事務などを行っている職場は「製造」のモデルに近く、工程設計や設備設計、工事設計を行っている職場は、「設計開発(ソフトウェア開発)」のモデルに近い。また、スーパーや小売店などの職場は「営業(受注型営業)」と「サービス(医療・介護)」との中間的な性格をもっているものと位置づけられる。

製造職場では、経営成果との関連づけや変化への対応が強く求められており、方針管理と小集団プロセス改善活動を連携させ、そのなかで個人の成長や自己実現、職場の活性化が図られる推進が強く求められている。グループの作り方を流動化させるとともに、それに合わせて個人別の能力評価を進める必要がある。管理者・監督者の果たす役割が従来にもまして重要になってきており、そのような役割を果たせる管理者・監督者の意識変革と育成が成功の鍵となっている。

営業職場では、業務目標達成のための最適な小集団が既に構成されているが、そのような組織を母体とする活動を通じて、プロセスの改善、個人の成長が図られる取組みが求められているといえる。ここでは、業務目標とプロセス・個人別能力の現状の両方を踏まえたテーマの選定と得られたノウハウの共有・活用がポイントである。後者については管理者に加えて推進部門の果たすべき役割が大きい。推進部門には新しい営業のプロセスや手法をまとめ、これらを現場に伝えることのできる能力をもった人が求められているともいえる。

サービス職場では、複数の専門職種が協力して業務を遂行しており、この職種間の壁が経営成果を上げるうえでも、プロセスの改善を図るうえでも大きな障害となっている。ここでは、トップや各専門職種の責任者によるリーダーシップの発揮が不可欠である。これらの人がCS向上や事故防止など、全職種が納得できる目標をねらいとし、テーマ選定とチーム編成、さらに得られたノウハウの共有・定着に積極的にかかわることが求められる。また、求められる

表 4.8.2　e-QCC（進化した QC

モデル	代表的な適用職場	職場の特徴	経営の重要課題と結びついたテーマ選定
変化対応型	製造	● 直接業務に携わる人数が多く、規模が大きい。 ● 新製品開発から見た場合、下流部門である。 ● レベルの改善よりも目標の達成・維持が重要である。 ● アルバイト、派遣社員等が増えており、職場ローテーションが頻繁である。 ● 教育よりも実務が優先される。	● 管理者は上位方針にもとづいて当該部門の課題一覧表を作成する。 ● 課題一覧表から、グループが取り組むべきテーマを選定する。 ● テーマの選定にあたっては、管理者・監督者、グループが一緒になって擦り合わせをする。 ● 継続的なグループとテーマグループを組み合わせる。
組織直結型	営業	● 成果が見えやすく、成果で個人が評価される。 ● 景気などの影響を受けやすく、プロセスという考え方が弱い。 ● 担当の顧客・市場による特殊性が大きい。 ● 小集団プロセス改善活動に対する理解が十分でない。	● 管理者は経営成果と密接に関連するプロセス系管理項目を準備し、課題を抽出する。 ● 営業員は担当顧客の視点から課題を抽出する。 ● 成果に直結し、スキルの向上、営業プロセスの改善と結びつくものをテーマとして選ぶ。 ● 業務組織に応じてグループを編成する。
専門職統合型	サービス	● 対話・コミュニケーションが質に大きく影響する。 ● ばらつきが奨励される世界で、業務の標準化、数値化が遅れている。 ● 職種の専門化・分化が進んでおり、異なる勤務時間、人の流動化が当たり前になっている。 ● 安全管理、行政要求事項への適合が求められる。	● CS向上や事故防止など、組織の目標達成をねらいとし、トップのリーダーシップの下に全職種が集まって議論し、問題を顕在化させる。 ● 苦情や事故・ヒヤリハットのデータを活用する。 ● 各職場では方針・目標を起点に日常業務を見直し、課題を顕在化させる。 ● 職種横断グループと職種別グループを組み合わせる。
コミュニティ形成型	設計開発	● 新規性が高く、同じことを繰り返し行わない。 ● 専門性が評価され、プロ意識が強い。 ● 反面、成果を出すためには総合力が求められる。 ● 新しい技術の導入に積極的な反面、プロセスの考え方が弱い。 ● 計画どおり進まないことも多く、業務が忙しい。	● 解析チームがデータの収集・解析を行い、市場品質や開発生産性・スピードの阻害要因を明確にする。 ● 結果を職場の全員で共有し、トップのリーダーシップの下に重点を絞る。 ● テーマに応じたフレキシブルな改善チームを編成する。
組織横断型	管理間接	● 経営者との協力が求められる。 ● 直接職場の連携がうまくいく仕組みを考え、改革することが仕事である。 ● 他の複数の職場との協力で成果が得られる。 ● 非定型業務であり、個人のスキル・能力に依存している。 ● 問題意識・達成感をもちにくい。	● トップの立場からあるべき将来像と現状を明確にし、組織としての重要課題を明確にする。 ● 重要課題を各人が担当するテーマまでブレイクダウンし、部門横断チームを編成する。 ● 重要課題とさまざまな小集団プロセス改善活動の関連をマトリックスで整理する。

サークル活動)の職場別モデル

ノウハウの組織的な蓄積と活用	個人の能力開発との連携強化	経営から見た活動全体の評価とその活用
● 日常業務をとおしてノウハウを文書化し、活用する仕組みをつくる。 ● 事例集・発表会による改善の進め方を共有する。 ● ノウハウの上位の技術標準・管理規定への反映は管理者・監督者が責任をもつ。 ● 技術分野ごとに標準化すべき技術を発見するための発表会を開催する。	● 階層別・分野別体系による計画的な能力開発を行う。 ● 個人別の能力評価を行う。 ● 能力評価の結果とグループ編成、テーマ選定を結びつける。 ● 管理者・監督者が各グループのニーズにもとづく育成計画を作成する。 ● 管理者・監督者の指導力を育成する。	● 方針管理を軸にした活動板に活動内容を集約して公開 ● QCDなどの目標達成ラインによる推進の評価 ● グループ育成計画書にもとづいた推進の評価 ● アンケートなどによる活動に対する管理者・監督者・従業員の意識の評価
● グループの活動の結果は報告書に要約する。 ● 管理職の会合などで報告し、成果をアピールする。 ● 推進部門は各活動の結果を横断的に収集し、事例集やガイドなどとしてまとめ、普及・教育する。 ● 他職場事例の応用展開・水平展開に関する目標を設定し、表彰する。	● 個人別の能力評価を行う。 ● 活動前に目標達成に必要な能力を明確にする。 ● ケーススタディやグループディスカッションによる実践的な研修を行う。 ● 管理者は営業員一人ひとりの活動状況・能力を把握し、密接なコーチングを行う。	● 売上目標達成・顧客満足向上の評価 ● 営業プロセスの確立の点からの評価 ● 自己診断シートを使って、各人がその役割をどの程度果たせているかの評価 ● 直接のヒアリングをとおして議論を促進し、営業員の意見を反映
● グループの活動の結果は報告書に要約する。 ● トップが参加する職種横断の発表会を開き、活動を共有する。 ● 得られたノウハウについては、トップを長とする標準化委員会などでの議論を経て、組織内で共有・活用する。	● プロセスフロー図などの標準化手法、FMEAやエラープルーフなどの信頼性工学手法の実践的な研修を行う。 ● 職種横断グループのリーダーやメンバーになれるコア人材の育成とその資格認定を行う。 ● 長期的な計画にもとづく無理のない教育方法を行う。	● ビジョンの達成度を測るための尺度を用意して評価 ● 従業員満足度の評価 ● アンケートなどによる活動に対する職種ごとの意識の評価
● 開発設計プロセスを定めた標準に反映させる。 ● 製品の開発・設計を担当するプロジェクトチームは、これを参考に、個別の事情に合わせた開発設計計画書を作成する。 ● ノウハウの技術ライブラリーへの登録と活用をする。 ● 成果物を見ることのできる展示会や展示コーナーをつくる。	● 各チームによる検討と報告会を交互に繰り返す(実践を通じた個人の管理技術の向上)。 ● 報告会にはトップ、職場の他メンバー、外部の専門家も参加する。 ● ニーズに合わせた当該職場での研修を行う。 ● 職場全体を再点検してプロセスや開発設計方法における問題を議論する。	● 市場品質、開発生産性・スピードの評価 ● 設計開発プロセスの改善・革新、技術ノウハウの蓄積の評価 ● 個人の技術能力向上の評価 ● ITを活用し、工数をかけずに活動の評価を見える化
● 結果についてはトップ、各部門の責任者が参加する会合で報告・共有する。 ● 得られた仕組みを文書化し、改訂する。 ● 仕組みが継続的に守られるよう教育訓練を計画し、実施する。 ● 各部門における仕組みの定着度を監査・評価する。	● 担当領域の固有技術、管理技術の面に加えて部門横断チーム運営の能力評価を行う。 ● 個人別目標設定と能力開発、人事考課への反映を行う。 ● 経営層と密接に議論できる場を設ける。 ● 将来担当予定の人もチームに含める。	● 経営成果の評価 ● 将来像や現状がどれだけ明確になったかの評価 ● 仕組みの組織への定着の評価 ● 部門横断チームを運営できる人の育成を評価

● 第4章　管理間接職場における小集団プロセス改善活動の推進事例 ●

改善手法が製造職場とは若干異なっているために、業務に共通する各々の課題に適した手法をパッケージ化して教育することが改善を加速し、個人の成長を促すうえで有効である。

　設計開発職場では、新製品ごとに新しいプロジェクトチームが形成され、その開発終了と同時に解散することを繰り返している。ここでは、一人ひとりが独立した存在となりがちで、これがプロセス改善やノウハウの共有、個人の能力開発を図るうえでの障害となっている場合が少なくない。市場品質や開発生産性に関する中長期的な目標を明確にしたうえで、必要なチームを適宜編成しながら職場全体でその達成のために必要な課題を共有し、解決に取り組み、得られたノウハウを継続的に活用していく推進の仕掛けが求められているといえる。

　管理間接職場では、経営成果を目指した部門横断チームによる活動が中心となるが、そのような実践のなかから着実な経営成果が得られ、将来より大きな課題に挑戦できる人材の育成が図られる取組みが求められている。

　上で述べた5つの e-QCC の職場別モデルの関係を模式的に表すと**図 4.8.2**のようになる。「営業」のモデルと「管理間接」のモデルは形成される小集団

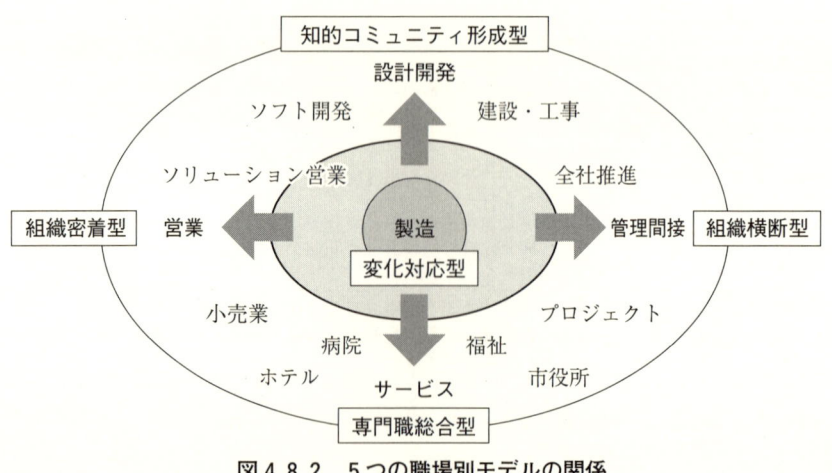

図 4.8.2　5つの職場別モデルの関係

と業務組織の関係で見ると対照的な位置にある。また、「設計開発」のモデルと「サービス」のモデルは、専門職種に対する帰属意識から見ると対照的な位置にある。これらの各々のモデルにもとづく活動の具体的な推進方法についてはまだ明確になっていない部分も多い。各々の企業・組織においては、既存の枠にとらわれることなく、幅広い部門・業種において、小集団プロセス改善活動の本質と職場の特徴を理解した推進を展開することが必要であろう。

4.8.4 実 践 例

多くの企業・組織では、各々の職場の特性に合った新しい推進の方法を日々工夫している。ここでは、2004年の『QCサークル』誌の「推進者のページ」に掲載された推進事例のいくつかを抜粋して紹介する[3]。なお、これらの事例は2004年当時のものであり、現在ではさらに進化・発展した形になっている。2005年および2006年の同誌でも多くの実践例が紹介されている。こちらも併せて参照されたい[4][5]。

(1) 方針管理と小集団活動を結びつける

富士電機デバイステクノロジー㈱では、TQM活動とQS-9000品質システムの2つの活動を全社活動の柱にした上で、小集団活動を「活動は業務と一体だ！」の考えのもと、方針管理と密接に連動をはかりながら「個の価値を高め、経営に貢献できる活動」を目指して推進している。

毎年度の初め（4月）に社長から「年度方針」（事業運営方針）が提示される。これを受けて、各本部長は社長方針にもとづき「本部長方針」を策定し、各部門長に展開する。また、各部門長（部長）はこの方針にもとづき自部門の方針を「部門長方針」として策定、さらに各課長は自課の「方針実施計画」を展開して実行内容を具体化する。

直接部門の小集団プロセス改善活動は、固定メンバーによるQCサークル活動を基本にしている。各サークルは、期の初めに「部門長方針」および各課の「方針実施計画」にもとづき、該当年度1年間あるいは半年間に取り組むべき

● 第4章 管理間接職場における小集団プロセス改善活動の推進事例 ●

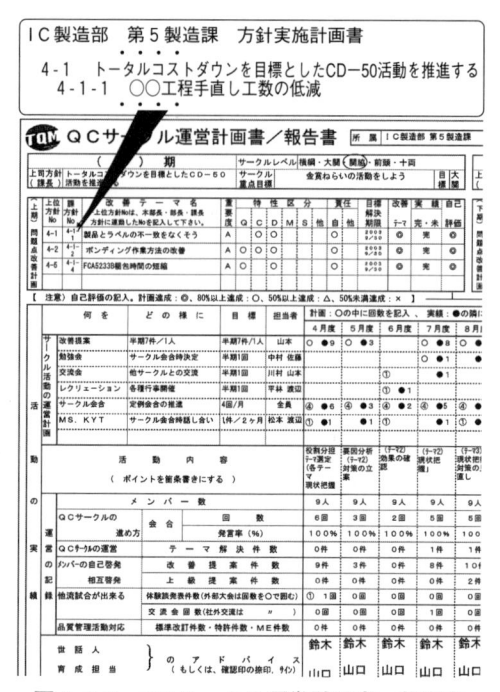

図4.8.3 QCサークル運営計画書・報告書

　テーマを決定する。決定したテーマは、問題改善計画として運営計画などとともに、「QCサークル運営計画書／報告書」にまとめる。この際、部門長方針No.および課長方針No.と関連づけて記入する。また、世話人である課長はこの計画書に記入された内容を確認し、コメントを入れて承認する(図4.8.3)。サークルは決定したテーマ1件ごとに、世話人(課長)の助言を受け活動を開始する。

　方針で求められていることを固定メンバーによるQCサークル活動だけでカバーしようとすると明らかにムリが生じる。間接部門では、各部門の部門長(部長あるいは課長)自身が自部門の「部長方針」「方針実施計画」からテーマを選定し、優先順位の高い順にチーム活動に取り組んでいる。チームはテーマごとに、従来のサークル編成や部門にとらわれず、関連部門のメンバーも入れ

た構成とすることができるようにしている。

(出典:新井悦男・市原富美敏(2004):"方針管理と小集団活動を結びつける"、『QCサークル』、No.510より抜粋)

(2) グループ編成を柔軟に行う

㈱コーセーでは、サークル活動の導入から十数年が経過したころから、雇用形態の変化や活動のマンネリ化、間接部門サークルの不活発さが、大きくクローズアップされるようになった。そこで、活動のスタイルをリニューアルさせ1994年からアルバイトも含めた活動をスタートさせた(図4.8.4)。

アルバイトへの負担を和らげるため、今まであった数値ノルマを見直し、テーマ完了1件／年以上のみとした。また、アルバイトの加入により、全体レベルを下げないこと、同時に間接部門の活性化をねらいに、今までのボトムアップのサークル活動に加え、トップダウンのチーム活動を導入し、個人改善も認め、人事考課にも反映させるものとした。

その上で、具体的な進め方は、サークルとチームで分けた。ATMサークルは、人材育成をねらいに正規社員・パート・アルバイトのメンバーが主となり、同じ職場内のメンバーで活動を進める。他方、ATMチームの活動は、正規社員の役職者や間接部門の正規社員を中心に、方針直結テーマに合わせメンバー構成を行う成果重視型の活動を行う。各人は年初にサークルかチームのどちら

```
┌─────────────────────┐      ┌─────────────────────┐
│ ATMサークル(メンバー型)│      │ 同じ職場内のメンバーで│
│    問題(改善)        │ ──▶ │ 構成され自分たちで取り│
│ 正規・嘱託・パート・アルバイト │      │ 組みたいテーマを選択し│
│  ボトムアップの活動    │      │      進める。         │
└─────────────────────┘      └─────────────────────┘
                                    ↕  両方に所属可能
┌─────────────────────┐      ┌─────────────────────┐
│  ATMチーム(テーマ型)  │      │ 方針からのテーマに合わ│
│    課題(改革)        │ ──▶ │ せたメンバーが選出され│
│    正規・嘱託        │      │ 進める。人事評価へ反映│
│  トップダウンの活動   │      │      される。         │
└─────────────────────┘      └─────────────────────┘
```

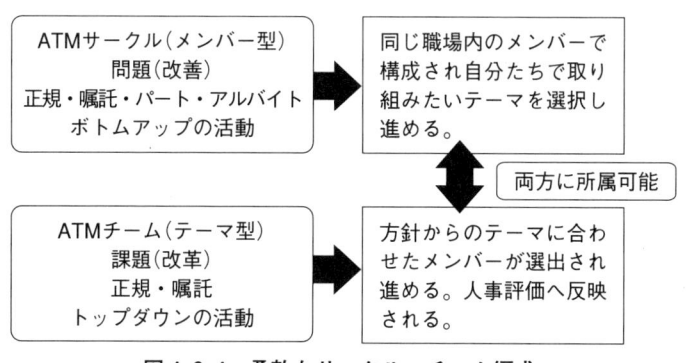

図4.8.4　柔軟なサークル・チーム編成

かに必ず登録をしなければならない。両方に属することも可能である。これにより状況に応じた柔軟な編成ができる。

　年初に展開される方針は、最終的に職場ごとに実施項目として降ろされ、アルバイトも含めた全員に方針説明会が実施される。これにより職場の期待に沿った適切なグループ編成がなされるようになっている。また、チームだけでなくサークルも自発的に方針テーマに取り組むことが多くなっている。

（出典：須藤ゆかり（2004）："グループ編成を柔軟に行う"、『QCサークル』、No.510より抜粋）

（3）　階層ごとの業務直結型活動を組み合わせる

　スーパーマーケットの原信では、「HTS（原信トータルサービス）活動を展開している。これは、社長以下全部署全従業員が、お客様の満足度向上を目指し、これにつながる活動に全員参加で取り組むものである。

　HTS活動の柱は方針管理、SUM活動、QCサークル活動、プロジェクト活動である。SUM活動は「サービスアップのためのマネジメント活動」の頭文字を組み合わせた造語で、店長や、マネージャーなど管理者が中心となって行うQC活動のことである。これに対して、QCサークルは、青果部門、精肉部門などといった部門別に1サークルずつ編成している。リーダーは部門チーフが務めることが多く、メンバーも同じ仕事の担当同士なので、リーダーシップとメンバーシップが普段から培われており、サークル運営は円滑に行われている。さらに、全社で新たな取り組みを導入したり、緊急に着手すべき課題が生じた場合は、プロジェクトチームを編成し解決する。この場合は、さまざまな部門・役職からメンバーを集め、全社をあげて取り組むために、PERT図を作成したうえで、PDSA、すなわちPlan-Do-Study（勉強・学習）-Actionを回し、実験と検証を繰り返し、テーマを解決する。テーマが解決されればプロジェクトは解散し、そのプロセスが全店で展開される。このように、全社方針に関係する重要課題は、業務直結型の3つの活動によって互いに補い合う形で達成されている（**図4.8.5**）。

　各店長は、上位の数値目標を受けて、店の現状分析をもとに店方針を策定す

● 4.8 進化したQCサークル活動 ●

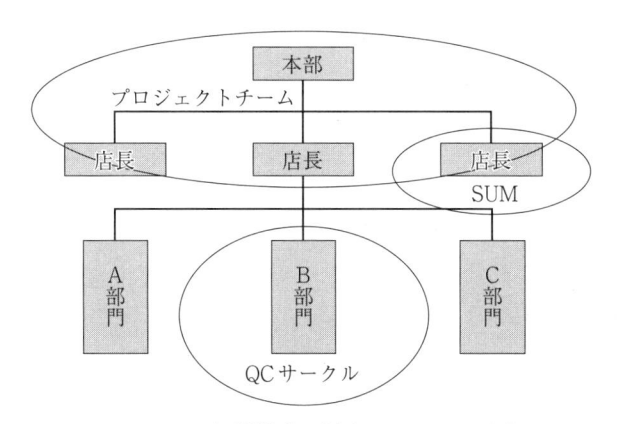

図4.8.5 組織構成に対応した3つの活動

る。各部門のサークルは年間に取り組む4件のテーマを年度初めに話し合い、年間活動計画として登録するが、これに先だって店長と部門チーフ(サークルリーダー)が参加するミーティングで全社方針とそれにもとづく店方針が報告され、これらを達成するうえでの各部門の課題が話し合われる。これを受けてサークルはテーマを検討するので、各部門の重要課題をテーマにあげるサークルがほとんどである。また、SUM活動との連携・切り分けも適切に行われている。

これに加えて、全社で同じ時期に同じテーマに取り組む「統一テーマ制度」を導入している。これは、全サークルが全社方針の実現につながるテーマに取り組もうとする発想からスタートした。四半期ごとにテーマを決定し取り組んでいるが、同じテーマでもサークルが取り組む具体的な問題・課題は仕事の内容によりさまざまとなっている。

(出典:五十嵐典子(2004):"階層ごとの業務直結型活動を組み合わせる"、
『QCサークル』、No.511より抜粋)

(4) 市場情報の問題をキーに個別から共有へ

コマツの設計開発部門では、QCサークル活動を含め、さまざまなニーズにもとづくプロジェクト活動を行ってきた。各活動は全社方針を受けて展開して

291

いたが、小集団活動に対する抵抗感が強く、全社で取り組むべき重要課題をそれぞれしっかりと捉えた上で相乗的に機能し合っているとはいえなかった。

設計開発は市場からのクレーム情報や営業情報などを元に進めていたが、いずれの情報も期間が限定され、商品の耐久性や経年変化を把握できるものではなかった。そこで、市場における品質情報の共有化とその対応の迅速化をねらいに、1998年に電子媒体でデータベースを構築し、イントラネットでいつでもどこでも関係者が見られるようにした。しかし、情報を収集し、閲覧するだけでは有効な手段とはなりえず、情報をどう設計開発に結びつけるかという原点に立ち返り、見直す必要に迫られていた。

このような状況を踏まえて、市場情報の問題をきっかけに仕事の仕組みの悪さを明らかにし、これを全員で共有し、1）技術革新や革新的業務が永続的に可能な開発基盤の確保、2）その基盤とすべき技術・技能・知識・業務のやり方の定着、3）顧客満足度の向上、をはかることをねらいに、新たな全社活動を2002年から開始した。この活動は、大きく「製品プロセスの改革・改善」および「販売サービスプロセスの改革・改善」の2つに分かれているが、設計開発部門は前者に取り組んだ（図4.8.6）。

市場情報の分析は、本社品質保証部が事務局となって、データベースから得られた情報を各部門長と関係者で分析・討議し、それぞれが取り組むべき課題

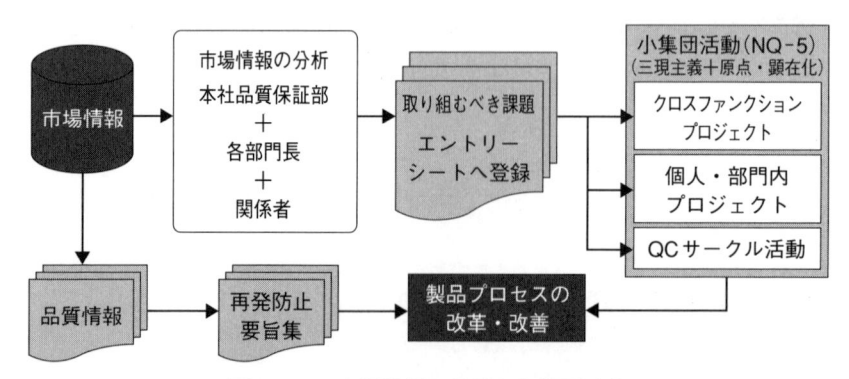

図4.8.6　市場情報の分析と小集団活動

を「エントリーシート」で事務局に登録する。登録されたそれぞれの課題の解決・達成については、小集団活動で取り組むが、これらの活動は、個人・部門内プロジェクト・他部門にまたがるプロジェクト・QCサークル活動などの形を問わず、活動の目的に見合うものであれば、自由に登録できる。活動の名称も「NQ-5」に改めた。NQ-5とはNew Quality5の略で、従来の三現主義にコマツ独自の「原点」と「顕在化」を加味したものである。

このような取り組みを行うことで、従来は、バラバラだった個人・部門・プロジェクト・サークルが、市場情報の問題をキーに密接に連携し合えるようになり、ベクトルが合った、相互に活性化し合える活動へと発展した。

(出典：吉田元昭(2004)："市場情報の問題をキーに個別から共有へ"、『QCサークル』、No.512より抜粋)

(5) 標準化委員会による標準化

那須黒羽ゴルフクラブでは、各部門の責任者で構成される決定権を有した標準化委員会を組織し、実施の決定と水平展開の迅速化と徹底をはかっている。標準化委員会の組織図は、**図4.8.7**のようになっており、総支配人を委員長として事務・営業・プレーといった各セクションの長で構成されている。

改善活動の好事例は、上司のセクション長から委員会へ推薦される。委員会は、推薦された、事例のノウハウを、マニュアルに落とし込み教育訓練で水平展開をはかるものと、設備投資を行って水平展開をはかるものに区別して審査し、実施するかどうかを決める。

教育訓練による水平展開を承認されたノウハウは、マニュアルに落とし込ま

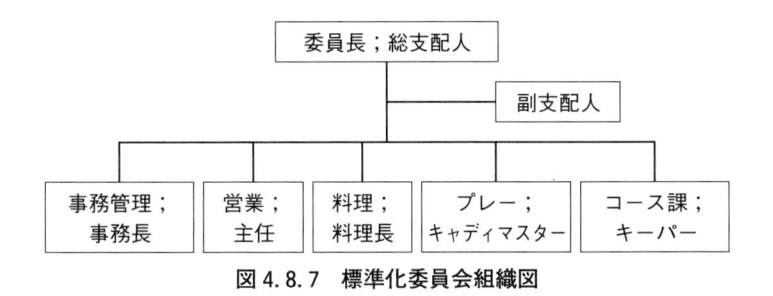

図4.8.7 標準化委員会組織図

表 4.8.3　マニュアルの体系

キャディマニュアル	業務マニュアル	A	基礎編 (キャディとしての基本的なこと)
		B	応用編 (お客様層によって応用でき、ハプニングにも対応できる)
		C	コースガイド (コース内を詳しく解説、また地域観光もできる)
	サービスマニュアル	A	喜ばれる集 (これをしたらきっと喜んでくれると考えられること)
		B	当然やるべきこと集 (これだけは最低限してもらいたいと思っているに違いないこと)
		C	ベカラズ集 (これをしたら間違いなく不満に思うであろうしてはならないこと)

れるが、サービスマニュアルのどの区分のどの部分へ入れるか、セクション長とサークルリーダーの間で何度もすり合わせが行われる。サービスマニュアルは、業務の中で実際に活用され役立つよう、その内容に応じて携帯するもの、掲示するものなどに分けて作られる（表 4.8.3）。改訂されたマニュアルを使って、セクションごとに教育が行われ、全体への徹底がなされる。とくに 1〜3 月に冬季教育訓練期間として重点的に実施する。

　設備投資を伴う事例の水平展開の事例としては、ゴルフカートに取り付ける雨対策用のビニールシートの改善がサークルから提案された。コースに出た途中での急な雨降り時に、ゴルフバッグにビニールシートを被せるのは大変な仕事だった。改善案はカートにカーテンのようにビニールシートを取り付けるもので、瞬時に簡単に雨よけができる。当初は手作りだったが、水平展開が決定されてから業者の協力も得て、乗用カートに採用するとともに外販する商品として製品化した。

（出典：菊池タマ子(2004)："標準化委員会による標準化"、『QC サークル』、No.514 より抜粋）

（6） 応用展開と水平展開を分けたノウハウの標準化と活用

スーパーマーケットの原信では、活動の結果、大きな成果を出した好事例のノウハウは、店長やエリアマネージャーの推薦により、幹部会議で発表し紹介される。これらのノウハウは内容により応用展開と水平展開に分けて活用される（**図 4.8.8**）。

原信のような小売業の場合、店によってお客様が違い、店の大きさが違い、売上げが違い、扱う商品も違うから、ある店で効果的な活動であっても、それを他店に同じように導入しても同じような効果が得られるとは限らない。自店に合うように応用しながら導入する必要がある。

幹部会議などで紹介された好事例をほかのサークルが導入するときには、自店の現状を調査したうえで PDSA を回し、自分たちの職場に合わせた形で取り入れる（原信では PDCA の C（Check）を、さらに勉強するステップと考え、Study の S に置き換えている）。

例えば、ある店舗の惣菜部門でトンカツを14枚単位で製造すると作業効率が上がり、作業時間の短縮につながったという事例があり、何店舗かで展開することになった。展開する店舗では、導入を前提に、4M について現状データを集め、効果の上がった店舗との比較調査を行う。そのうえで、自店に合った最

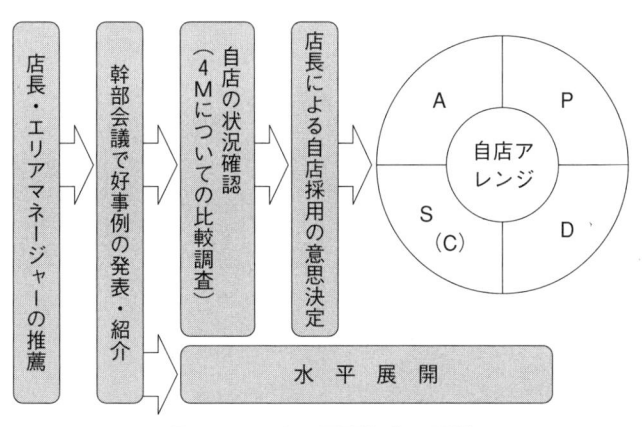

図 4.8.8　応用展開と水平展開

適な単位枚数を決める。このように自店に合った方法へアレンジして展開するのが「応用展開」である。

　一方、データ収集方法や調査方法などは全社共通で展開・実施される。例えば、レジでのチェックアウト時間などは、全店が同じ条件で調査し比較できるよう、20品目の商品を特定し、測定方法を標準化した。その後、その20品目チェックアウトの社内標準時間が設けられ、パートタイマーの技能検定項目として採用された。

　また、作業場内の無駄な動きを発見するための作業動線調査などに関しても、全社に水平展開され、作業を問題にするときの、人(手)の動きを調査する共通の測定方法として標準化された。

（出典：五十嵐典子(2004)："応用展開と水平展開を分けたノウハウの標準化と活用"、『QCサークル』、No.514より抜粋）

（7） 標準化する技術を発見するための発表会

　コマツでは各事業所および主だった関係会社のQCサークル活動をはじめ、スタッフや管理・監督者による部門別のQC改善発表会を2001年より新たにスタートさせた。この発表会の開催の目的は、大きく分けて、

- 複数の事業所間の同じ業務を担当する者同士の情報交換および改善内容のオールコマツでの水平展開を実施し、業務の効率化と質の向上、不具合の再発防止を図る
- 本音でザックバランな討議の場とする

ことにある。ここでいう部門とは、機械加工、熱処理、溶接、保全、組立・塗装、検査、開発、量産製造管理、営業・サービスなど専門領域を指す。1回の発表会に1部門を充て1～3会場に分かれて改善発表と討論会をもつ。

　プログラム例を表4.8.4に示す。事例発表は1件当たり発表時間15分、質疑応答25分を充て、その改善の本質を討議する。発表終了後に水平展開のための討論を80分前後行い、各事業所で水平展開内容を整理し持ち帰るとともに、各部門の基本作業標準の織り込みを合わせて検討する。

　参加者は、単に聴講参加ではなく、討議に参画でき事業所内で水平展開でき

4.8 進化した QC サークル活動

表4.8.4　プログラムの例

時　　間	内　　容
8：30～9：00	開場・受付
9：00～9：10	開会宣言と注意事項
9：10～12：00	改善事例発表(前半4件)
12：00～12：50	昼食・休憩
12：50～14：10	改善事例発表(後半2件)
14：20～15：40	水平展開のための討論会
15：40～15：50	表彰式
15：50～16：10	コメント／締め挨拶
16：10～16：15	閉会宣言

注) 1) 会場は事業所持ち回りで行う
　　2) 表彰に順位づけはしない

ることが条件で、必然的にその部門のベテラン(管理・監督者や品質マスタなど)が中心となる。

　発表会の目的を達成するため、数々の工夫がこらされている。
　① 形式を排除
　　● 改善の中身がわかればよい(QCストーリーにまとめる必要はなし、飾りは不要)
　　● 結論を最初に述べる(歯止めと他への水平展開のポイント)
　　● 発表資料はパワーポイントで作成(準備や水平展開の効率化)
　② 上司と部下の関係を絶った議論
　　● 本音の議論をしよう
　　● 職場を守るではなく、自分が何をしたいかを語ろう、将来を語ろう

　2002年度には56件の発表があったが、発表後の専門家集団での討議の結果、30テーマの発表内容について全社的に標準化すべき事項があるとの結論に達し、標準化推進グループで検討すべく課題が与えられた。その結果、侵炭焼き入れ熱処理炉充填効率改善やバーチャル評価試験の標準化などの標準類が作成・改

訂された。

(出典：山田佳明・吉田元昭(2004)："標準化する技術を発見するための発表会"、
『QCサークル』、No.513より抜粋)

(8) 技術ライブラリーで標準化を推進する

　東海旅客鉄道の名古屋信号通信区は在来線の信号、通信設備の保守、工事設計・施工管理を受け持っている職場で、代表的な設備には、信号機、踏切、マルス端末(きっぷを発売する機械)、無線などがある。区内では約50名がさまざまな保守・工事に携わっており、以前は、人によってかなりの技量差が存在していた。

　ノウハウの標準化にはスタッフ部門の積極的な推進が重要になるが、当区が所属する工務部では「技術的な課題の標準化」を目的に、技術の図書館的な存在としてライブラリー(社内ネットワーク内での公開ホームページ)を設置した(図4.8.9)。

　各職場におけるサークル活動の中から、「作業方法の変更」や「作業治具の開発」など、技術面において大きな成果が出たものについては、工務部へ申請

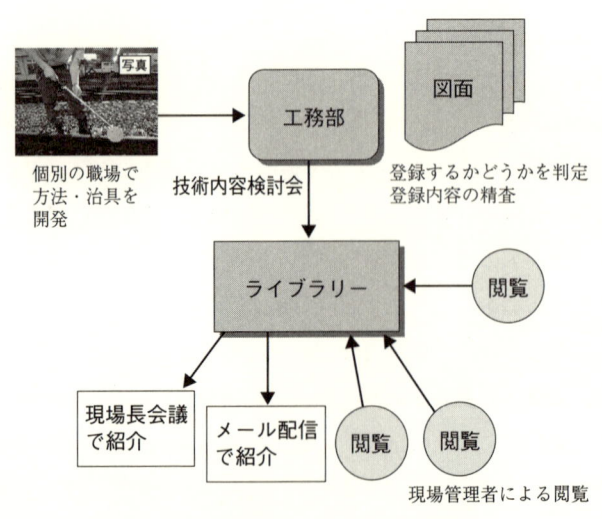

図4.8.9　技術ライブラリーの仕組み

もしくは発表会での推薦を経て、工務部内で標準化するかどうかの検討が行われる。

技術的にも有意義であり標準化が認定されると、工務部内の担当課（信号通信課）にて内容の精査が行われ、ライブラリーに掲示される。掲示された内容は毎月行われる現場長会議やメールにて関係箇所に紹介されるなど水平展開が行われる。

また、現場管理者はいつでもこれを閲覧することができるため、自職場における他業務で応用可能なものについては、さらに改良を加えるなどして取り入れるようにしている。

活動成果の一つとして、設備の工事設計を行うためのレール上の距離を正しく短時間で測定するための測定具がある。これは、何度も検証・改良を繰り返して使いやすい設計が完成した例である。これらの設計図面、取扱説明書などがライブラリーに登録されることで業務におけるノウハウを目に見える形で紹介することができ、他職場でも応用することが可能になった。

また、もう一つの活動成果に電気転てつ器検査時間短縮用器具がある。この器具は、新たな発想により考案された器具で、試行錯誤の結果「製品化」されることになった。この器具を使用した検査方法はライブラリーに登録され、水平展開することとなった。

このように成果を公表する場をつくり、サークルとスタッフが一緒になって、繰り返すことで完成度の高い成果物を作り上げることができるようになった。また「活動で得られたノウハウ」を共有化することで技量差が解消されるとともに全体のレベルが格段に向上した。

(出典：堀雅和(2004)："技術ライブラリーで標準化を推進する"、『QCサークル』、No.515より抜粋)

(9) 推進担当者によるサークルニーズに基づく育成

コーセーでは、小集団活動を通じて個人の能力育成を重要な目的に位置づけている。そのベースはQC教育体系にもとづく段階的な教育実施だが、サークル活動ではサークル内教育として、担当推進者がサークルの状況に応じて行う

「ミニ研修会」が成果を上げている。

図4.8.10にミニ研修会の仕組みを示す。サークルごとに担当推進者が年初に登録され、それぞれのサークルの実情を踏まえた育成計画を作成する。推進者は自分が考えたこの育成計画にもとづいて、日常活動におけるサークルへの支援・推進を行うとともに、メンバーの能力育成における指導者の役割を果たす。

活動中に知識不足が判明すると、そのレベルアップのため、推進者自らが講師となってミニ研修会を行う。ミニ研修会で使用する教材は、サークルの現在の能力を加味したものを推進者自らの手で作成する。また、これらの研修教材は似たようなケースへ展開するためにストックされ、有効活用する。

活動実態を知った推進者による研修は、各サークルのレベルに応じた育成のための有効な手段として定着している。また、アルバイトや派遣社員が増加する職場環境の中で、メンバー間のレベル差が大きくなっている。推進者の中にはサークル育成計画をさらに一歩進めて、個人別育成計画を作っている人もお

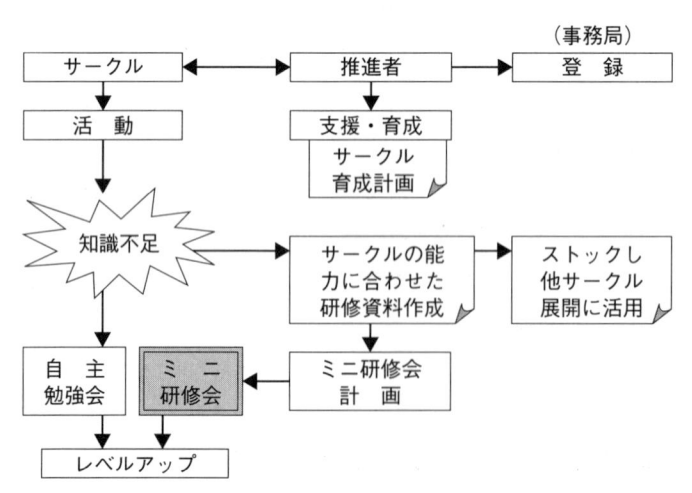

注）サークル育成計画には、サークルの現状の問題点、テーマ完了や教育・研修などに関する目標、目標達成のための推進者としての具体的な行動の計画が記されている。

図4.8.10　ミニ研修会の仕組み

4.8 進化したQCサークル活動

り、メンバー一人ひとりの能力育成の重要な手段ともなっている。
　　　（出典：須藤ゆかり(2004)："推進担当者によるサークルニーズに基づく育成"、
　　　　　　　　　　　　　　　　　　　　『QCサークル』、No.516より抜粋）

(10) 個人別保有技術評価にもとづく計画的育成

富士電機デバイステクノロジーでは、QS9000の品質システムの教育・訓練および資格認定体系にもとづき、年度ごとに個人の能力を「個人別技術水準管理表」(図4.8.11)で評価し、これを部門ごとに「個人別保有技術一覧」にまとめ、部門および個人の不足技術を明確にしている。

不足技術に対しては、充足化計画にもとづき教育実施や自己啓発により、不足技術の充足と資格認定、さらに小集団活動における「個」の能力育成をはかっている。図4.8.12に全体の仕組みを示す。

小集団活動においては、「QCサークル運営計画書」に教育・勉強会のアイテムを設け、自主的に学ぶべき事項を計画し、実活動の中で実施する。

実施結果の自己評価とともに、世話人による評価ならびにアドバイスにより

評価は下表に基づき実施する。

水準	水準の定義
5	学会・業界等で専門技術者として通用する技術と実績を持ち、また社内ではその技術分野での指導者としての能力(実力)を充分に発揮できる。
4	その技術をもって日常的な業務を充分こなし、かつ下級者の指導育成が充分できる。
3	その技術をもって日常業務はこなせるが、下級者を指導育成するには不充分である。
2	入門的な知識(技術)はある。
1	全く知識(技術)がないに等しい。

作成 2004年4月1日
作成部門 デバイス開発部
氏名 富士　太郎 ㊞

●印部門が対象				年度別	2003年度			2004年度			2005年度		
対象部門		技術		水準区分	年初水準	年度末期待水準	実績評価	年初水準	年度末期待水準	実績評価	年初水準	年度末期待水準	実績評価
設計開発	製造												
●	●	Q1A000	内部品質監査員										
		Q1A010	監査員教育終了 有:○ 未:×		×	○	○	○	○				
		Q1A020	QS-9000要求事項		2	3	3	3	4				
		Q1A030	半導体補足要求事項		2	3	3	3	4				
		Q1A050	レファレンスマニュアル (APQP、PPAP、FMEA、MSA、SPC)		2	3	3	3	4				
評価者 所属 氏名		デバイス開発部長　松本　次郎			〈松本〉			〈印〉			〈印〉		

図4.8.11　個人技術水準管理表

● 第4章　管理間接職場における小集団プロセス改善活動の推進事例 ●

```
個人保有技術 ──→ 個人別技術水準管理表
    ↓
個人保有技術と不足技術明確化 ←── 個人別保有技術一覧
    ↓
部門内個人別保有技術と不足技術明確化 ←── 不足技術充足化計画
    ↓                              QCサークル運営計画書
教育計画・実施
    ↓
[技術充足] [資格取得] [小集団活動]
```

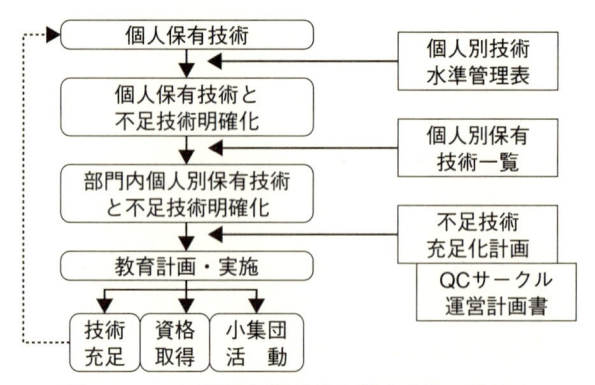

図4.8.12　不足技術明確化と教育実施の仕組み

教育内容の充実をはかる。また、このような自主勉強会とともに、「リーダー研修会」などの社内外の研修会をうまく活用することで、小集団活動に必要な能力がさらに伸ばされるよう工夫している。

(出典：新井悦男・市原富美敏(2004)："個人別保有技術評価に基づく計画的育成"、
『QCサークル』、No.516より抜粋)

4.8.5　今後の展開に向けて

　QCサークル本部、支部・地区では、各々の組織におけるe-QCCへの取組みを促進するために、どのような支援を提供すべきか検討を始めている。e-QCCの理解や適用を促進するための行事、e-QCC推進のための方法論・ツールの開発・提供、支援組織体制の整備など、さまざまな面からの議論が進んでいる。

　このような各企業・組織での取組みやQCサークル本部、支部・地区での検討によって、わが国のQCサークル活動が新しい時代を迎えることを期待したい。

4.9 Brand-New World

4.9.1 背景と目的

日本で誕生したQCサークル活動は40年余の歴史を経過し、その活動がもたらした産業界への貢献については相当に大きいことは誰もが認めるところである。

しかし、昨今の企業を取り巻く環境変動の激しさは、組織のなかでなければ生きていけないQCサークル活動のあり方にも少なからず変化を要求してきている。例えば、いろいろ背景があるにしても、業務に対するQCサークル活動の位置づけが不明確になったり、成長したサークルの力を伸ばしきれなくなったり、QCサークル活動への期待感が低下している。また、QCサークル活動そのものも一部には形骸化の傾向を示すものもある。このような状況を打開するには新しい発想で「進化したQCサークル活動」を展開することが、一人ひとりの自己実現、職場活性化、企業への貢献の観点から重要である。

本節では、QCサークル東海支部が提唱した「Brand-New World」[1]について概説する。これは、組織活動のなかにおけるQCサークル活動の位置づけを明確にし、QCサークル活動が能力の向上・能力の拡大へ向けてあらゆる部署でその力を発揮し、職場の活力を向上させ、自己実現を促進し、結果として業績に貢献できるものとなることを目指している。

4.9.2 小集団活動における Brand-New World の位置づけ

企業・組織内では非常に多くの形の活動が展開されている。これらを活動の形態ではなく、実際に実施されている活動のあり方によって分類してみると、図4.9.1のようになる。この図において職場活性化の部分がBrand-New Worldに相当する。次にBrand-New WorldとQCサークル活動との関係を図4.9.2に示す。Brand-New Worldは、3つのフェーズからなり、そのなかでQCサークル活動は網掛けの部分、すなわちBrand-New Worldのフェーズ1、フェーズ2、およびフェーズ3の一部に相当する。このように、今まで包括的に展開

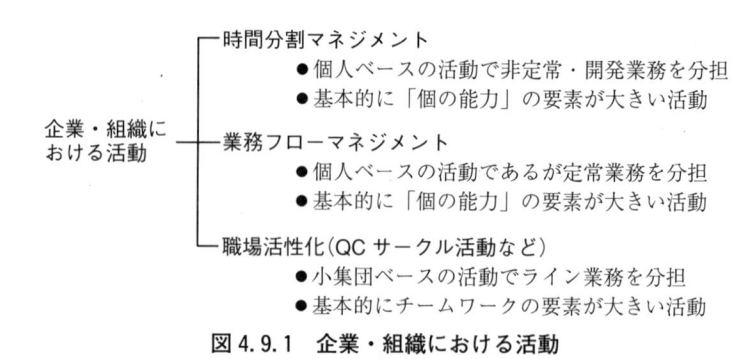

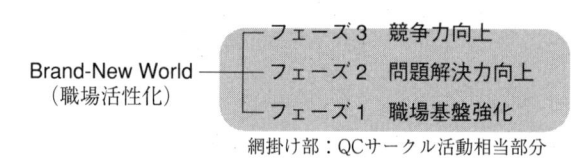

● 第4章　管理間接職場における小集団プロセス改善活動の推進事例 ●

```
企業・組織に     ┬─時間分割マネジメント
おける活動       │    ●個人ベースの活動で非定常・開発業務を分担
                 │    ●基本的に「個の能力」の要素が大きい活動
                 ├─業務フローマネジメント
                 │    ●個人ベースの活動であるが定常業務を分担
                 │    ●基本的に「個の能力」の要素が大きい活動
                 └─職場活性化(QCサークル活動など)
                      ●小集団ベースの活動でライン業務を分担
                      ●基本的にチームワークの要素が大きい活動
```

図 4.9.1　企業・組織における活動

```
Brand-New World ─┬─ フェーズ3　競争力向上
(職場活性化)      ├─ フェーズ2　問題解決力向上
                  └─ フェーズ1　職場基盤強化
```
網掛け部：QCサークル活動相当部分

図 4.9.2　Brand-New World と QC サークル活動

されていた QC サークル活動をフェーズ1、フェーズ2、フェーズ3と分けることで、それぞれの果たす役割が明確となり、さらに質的に高い活動がしやすくなる。

4.9.3　Brand-New World が目指すこと

(1)　Brand-New World の要点

　QC サークル活動を含む小集団活動には、**図 4.9.3** に示すように変わってはいけない経営要素や活動要素がある。したがって、それらを見失わないようにしながら、現在もっている QC サークル活動の問題点を解消できる方法が求められる。

　ここで3つの慢性的問題点について若干ふれておきたい。「形骸化」の原因は、初期の QC サークル活動ではたいへん有効である「QC サークル活動のモデル」「QC ストーリー」などが必要以上に強調され、それらに縛られてしまうこと、必要のない場合で内容の薄い使われ方がされることにある。

4.9 Brand-New World

```
┌─────────────────────────────────────────────────────────┐
│  ╭─────────────────────╮  ╭─────────────────────╮       │
│  │ 変わってはいけない経営要素 │  │ 変わってはいけない活動要素 │       │
│  │   質(品質)第一       │  │   ものづくりの意義    │       │
│  │   人材育成          │  │   改善意識・創造性     │       │
│  │   職場活性化         │  │   仲間意識・協調性     │       │
│  ╰─────────────────────╯  ╰─────────────────────╯       │
│                   を見失うことなく                          │
│         ╭─────────────────────────────╮                  │
│         │  QCサークル活動の慢性的問題点      │                  │
│         │    形骸化                    │                  │
│         │    閉塞感                    │                  │
│         │    期待感の低下                │                  │
│         ╰─────────────────────────────╯                  │
│                      を解消し                             │
│     ╭─────────────────────────────────────────╮          │
│     │  Brand-New World が目指すこと              │          │
│     │  ① 「個」の価値を高め、感動を共有する活動        │          │
│     │  ② 業務一体の活動のなかで自己実現を図る活動      │          │
│     │  ③ 形式にとらわれない、幅広い部門で活用される活動  │          │
│     │  ④ 適切なタイミングとスピーディーな活動         │          │
│     ╰─────────────────────────────────────────╯          │
│                 を実現するとともに                          │
│               旺盛な職場の活力を維持する活動                  │
└─────────────────────────────────────────────────────────┘
```

図 4.9.3 Brand-New World の要点

「閉塞感」については、その一番大きな原因は自主性の誤解による QC サークル、QC サークル活動の放任である。これによって QC サークル活動が目標を見失ってしまうことになる。また、QC サークルが問題を取り上げる際、「共通」テーマにとらわれすぎ、「共有」テーマを見つける努力が欠けてしまうことで、身近な問題だけに収斂してしまうことによっても引き起こされる。

「期待感の低下」の原因は、自主性という言葉の誤解から組織として、管理者として成果を期待してはいけないように考えられていること、一番大きいのは全社活動のなかでの位置づけが不明確なことである。

（2） Brand-New World が目指すこと

Brand-New World が目指すことは次のとおりである。
　① 「個」の価値を高め、感動を共有する活動
　② 業務一体の活動のなかで自己実現を図る活動
　③ 形式にとらわれない、幅広い部門で活用される活動
　④ 適切なタイミングとスピーディーな活動

①～③は、QC サークル本部が提唱する進化した QC サークル活動のビジョンと同じである。Brand-New World では、これらに「適切なタイミングとスピーディーな活動」を追加している。

①は、固有技術の向上を推進し、自分が楽になる活動を目指すことで「個」の成長につながることを指している。こういった活動を継続することが"5 カン"（存在感・連帯感・参画感・達成感・満足感）を共有することになり、結果として感動を共有することにつながる。しかし、感動条件は常に変化しているので、高い目標と困難に負けない努力を続けることが必要である。

②は、参画意識を醸成し、問題意識を共有することで業務のなかで自他ともに認識し合える活動を目指すということである。また、こういった活動を通じて自分の能力を活かし成果を得るということである。

③は、QC サークル活動、TPM、シックスシグマなどの定義に固執しない活動を目指すということである。しかし、初期の活動では問題解決の手順をしっかり身につけておく必要がある。そのうえで、幅広い分野や部門の活動に適用しやすい共通要素をもった活動、方法論ではなく理念の実現を目指す活動に取り組むのがよい。

④は、組織や企業の要求に合わせた適切なタイミングでスピーディーな活動を行うということであり、積算型の計画をもった活動を行うという意味ではない。活動の展開は QC 手法などを活用した最短距離の活動であることが望ましく、途中のプロセスを省略することではない。

4.9.4 Brand-New World の基本的な考え方

(1) Brand-New World の全体像

図 4.9.4 に Brand-New World の概要を示す。この図の左側の点線で囲った部分全体が Brand-New World と呼ばれる活動である。Brand-New World は、三角の図中の P1、P2、P3の活動をとおして人材育成、職場活性化、業績貢献を達成する活動である。ここでPはPhase（フェーズ）、すなわち局面、側面を表し、レベルや活動のプロセスを示すものではない。図の中央部は各フェーズの考え方を示し、図の右側の線で囲った部分は各フェーズの役割・目指すところを示している。

P1(フェーズ1)は、標準をつくって維持する活動である。守れる標準をつ

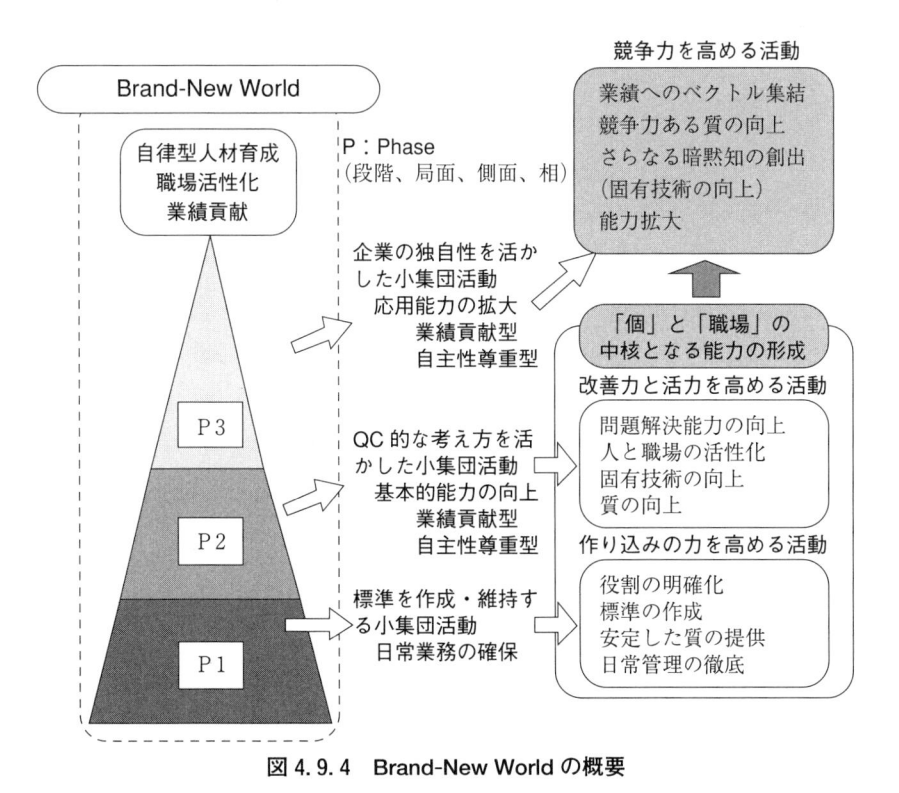

図 4.9.4 Brand-New World の概要

くり、それを守り、安定した質の提供を目指す活動である。企業・組織の基礎体力を確保し、活動の善し悪しを判断する標準を維持するうえで重要なフェーズである。

　P2（フェーズ2）は、QC的な考え方を活かした活動であり、基本的能力を高めることがねらいである。自主性尊重型の活動の結果として業績に貢献する方向を指向しており、継続的な改善活動を通じて問題解決能力を高め、自主性尊重型の活動を通じて職場の活力を高めることがねらいである。この活動をとおして固有技術が向上し、全体としての「質」の向上が可能となる。

　P1、P2が小集団活動の根幹をなす活動であり、「個」と「職場」の中核となる能力を形成する非常に重要な活動である。これらにより企業・組織の風土づくりが進む。

　P3（フェーズ3）は、企業・組織がその独自性を活かした小集団活動で応用能力の拡大をねらう活動である。業績向上へのベクトルの集結、競争力ある質の向上など全社活動に参画することでさらなる暗黙知を創造し、能力の拡大を図る。

（2） 3つのフェーズ
（a） フェーズ1（P1）

　P1について、今なぜ標準かという疑問があろうかと思うが、国土交通省のホームページのデータを見ると、製品事故回収が最近急増する傾向にあり、その原因の約45％は製造現場で標準が守られていれば防げたと思われるものである。また、最近活発に展開されているISO 9001の認証取得活動における指摘事項の多くが文書と実務の不整合であるという事実がある。これは決められたことが守られていない、すなわち標準が守られていなかったケースが多いということである。経営資源を投入してインプットをアウトプットに変える活動（プロセス）で、安定したアウトプットを期待するためには、活動のルール（標準）が必要であることは論を待たないが、前述のようにそれが守られていない事実が多くある。「今、なぜ」ではなく「今、改めて」必要な標準をつくり、

守る活動に取り組むことが重要である。これにより、いかに優秀でも十二分な教育・訓練が実施されなければ、守られない標準となることを理解することができる。

(b) フェーズ2 (P2)

P2のフェーズは従来から実施されているQCサークル活動と重なる部分が多いが、ポイントとなる部分が3つある。

一つめは、活力ある明るい職場をつくるということである。活力については、組織の期待、能力の向上、改革改善の実践の3つの要素が重要であり、これらが重なり合い、活力として現れる。3つの要素の関係は、**図4.9.5**に示すとおりである。この3つの輪が重なり合ったところが、活力が最も大きくなる。組織の期待と能力の向上、組織の期待と改革改善の実践(場の提供)は主として組織が努力する部分であるが、能力の向上と改革改善の実践については小集団の努力が必要である。また、明るい職場の条件として最も重要なことは「永続性のある力強い人間関係の構築」である。人対人では、存在感、参画感、連帯感、達成感、満足感などの"5カン"があり、人対グループでは問題意識の共有化、自主性と支援、チームワークと個人技などが力強い人間関係を左右するものと

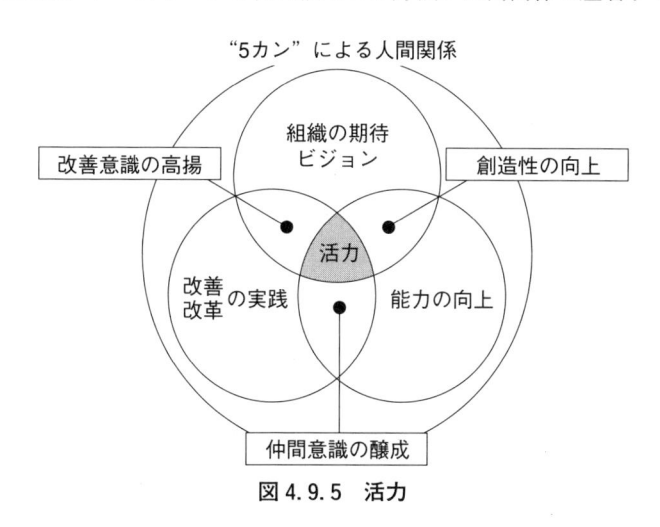

図4.9.5 活力

● 第4章　管理間接職場における小集団プロセス改善活動の推進事例　●

なる。
　二つめは、問題解決能力の向上である。これはともすればQC手法についての知識と考えてしまいやすいが、
　　① 現状打破能力
　　② 異常を認識する能力
　　③ 問題を発見し、解析する能力
　　④ 問題を解決する能力
　　⑤ 標準化し守る能力
の5つ全体で問題解決能力といえる。このうち、特に⑤の標準化し守る能力は問題解決の効果を左右する重要な能力である。
　最後の三つめは、固有技術の向上である。問題解決に成功できるかどうかはこの固有技術によって左右されるといっても過言ではない。固有技術は外部の形式知を活用しながら個、グループの知恵を活用して改善活動を継続することではじめて高めることが可能になる。高められた固有技術はさらに暗黙知と形式知に分けられ、暗黙知は伝承、形式知は水平展開され、組織や企業の財産として蓄えられる。

(c)　フェーズ3 (P3)
　P3のフェーズは、Brand-New Worldのなかで最も特徴的なフェーズである。P3の考え方の概要は、次のとおりである。
　　① 使用される手法にはこだわらない。
　　　●高い固有技術による判断も手法の一つ
　　　●高い固有技術による対策先行も手順の一つ
　　② 小集団の構成にもこだわらない。
　　③ テーマ選定時に根拠を徹底して追究する。
　　④ 能力の拡大につながるテーマに取り組む。
　このフェーズにも3つの大切な要素がある。一つめは能力の拡大である。これは特許などという非常に高度な技術のみを指しているのではない。管理条件

図4.9.6 P3の領域

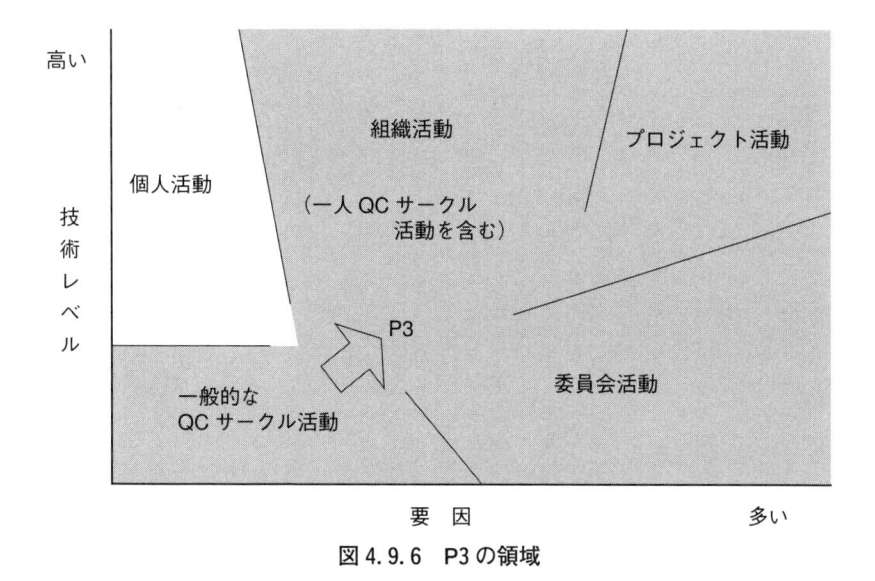

を明確にしたり、新しい仕事ができるようになったり、必要十分条件を明確にしたり、特殊解から一般解への普遍化なども、能力の拡大である。

　二つめは、スピーディーな活動である。環境条件が激しく変化する現在では活動も速さが要求される。その最大の要素は固有技術を高めることで、高度な固有技術をもつことや匠の技を身につけることである。次に、事実にもとづく発想、衆知を集める、外部形式知を活用、異分野の固有技術を活用、といったことが大切な要素となる。

　三つめは、競争力のある質を高めることである。競争力とは、顧客要求事項と暗黙の期待値を満たす力と、ブランド力である。競争力のなかの信頼性の維持については、小集団が十分に寄与できる。

　なお、フェーズ3の活動は**図4.9.6**のP3が示す領域の活動であって、プロジェクトやクロスファンクショナルな活動とは異なる。

4.9.5　Brand-New Worldの手順

　Brand-New Worldの活動は、前掲の**図4.9.4**の左側に示す三角の図形の順

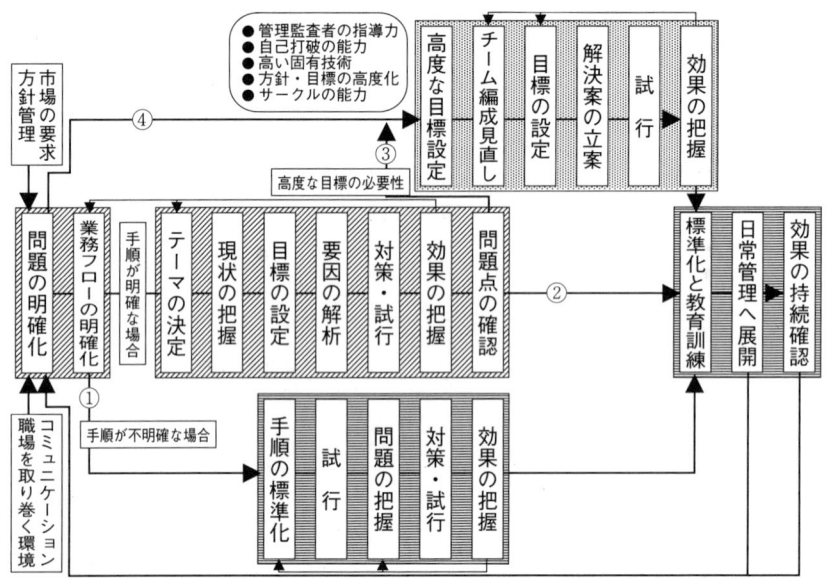

● 第4章　管理間接職場における小集団プロセス改善活動の推進事例　●

凡例） ▓ P1、▨ P2、☐ P3

図4.9.7　Brand-New World の手順の例

番に活動が発生するのではなく、いろいろな発生の状況がある。その一例を**図4.9.7**に示す。

　この図でわかるように活動の発生の仕方には①〜④の4つのパターンがある。重要なことは、このいずれも、フェーズ2（P2）から始まり、右端にあるフェーズ1（P1）のなかにある日常管理に落とし込んで効果が確認され、標準化されるということである。

　各々のパターンで大切なことは、①では、P1の中の手順の標準化〜効果の確認が単独で発生することがほとんどないということである。必ず日常管理のなかで実践され効果の持続が確認される。②では、問題点を包含する業務フローを確認し、検証された要因がどのような手順で導かれているかを確認することが大切である。③と④では、小集団の構成のあり方についてメンバー構成、技術の難易度、期間などについて見直すことが重要である。

　フェーズ1〜3の報告に際して特に明確にしたい内容を、**表4.9.1**に示す。

表 4.9.1　各フェーズの活動において報告すべき内容

Brand-New World "P1" Report　(Reportの中で特に明確にしたい内容)	
1．困っていることは何か(定量的に、具体的に)	
● どのような不具合現象が発生しているか	● 複合プロセスか単位プロセスか
● 対象となる業務、作業、活動は何か	
2．原因・対策	
● 不具合が発生した作業(フロー)	● 作業した標準をどのようにオーソライズしたか
● 今までの標準の改善点	● 困っていることは消えたか
● 手順・管理条件の明確化	● 該当する人たちへの訓練
3．効果	
● どのような成果が得られたか	● 確立された標準と管理条件
● 成果の評価尺度は何か	● 職場活性化は期待できるか(社会的欲求の充足)
4．標準化と教育訓練(効果の持続)	
● 部門に対する標準化内容(該当部門、源流部門)	● 管理条件の維持
● 教育訓練、特に、必要な訓練実施	● 効果の持続の確認
● 作業時間との整合性確保	

Brand-New World "P2" Report　(Reportの中で特に明確にしたい内容)	
1．テーマの選定(定量的に、具体的に)	
● 十分な層別と現状把握	● 業務フローの明確化
● 明確な職場の問題点	● 職場活性化、人材育成への期待
● サークルの総意と適切な役割分担	
2．原因・対策	
● 論理的な原因追求(Q7、N7)・検証	● 個々の対策に対する効果(尺度)
● 原因に対する最適な対策と含まれる創意工夫	● サークル運営上の工夫
3．効果	
● テーマに対する効果(尺度)	● 自我の欲求の充足
● 職場的活性化、人材育成に対する効果	● 問題解決能力
● 上位目標に対する貢献度	
4．標準化と教育訓練(効果の持続)	
● 部門に対する標準化内容(該当部門、源流部門)	● 管理条件の維持
● 教育訓練、特に、必要な訓練の実施	● 効果の持続の確認
● 作業時間との整合性確保	

Brand-New World "P3" Report　(Reportの中で特に明確にしたい内容)	
1．問題解決の明確化(定量的に、具体的に)	
● 徹底した現状把握	● どのようにしたいのか、どうあるべきか
● 組織との整合性の確保	● 方針管理・日常管理項目との関連
● 今、何が、なぜ、どれくらい問題か	
2．原因・対策・効果	
● 新規性・進歩性のある効果的な対策の実施	● 問題点の根拠は消えたか
● 新しい分野を含め幅広い固有技術の活用	● 組織(職場)の活性化
● 総合的な効果の確認(プラスとマイナス)	● 効果は目で見てわかること
3．得られる知識・見識(技術、技能、システムの確かさ)	
● 得られる確かな知識・見識の明確化	● 能力向上・拡大の内容
● 技術的、技能的、システム的論理の確認	● 特徴ある解析方法
4．標準化と教育訓練(効果の持続)	
● 部門に対する標準化内容(該当部門、源流部門)	● 管理条件の維持
● 教育訓練、特に、必要な訓練実施	● 効果の持続の確認
● 作業時間との整合性確保	

4.9.6 Brand-New World で得られること

前項までのことを理解し実行することでどのようなことが得られるのであろうか。経営者としては、形骸化、閉塞感、期待感の低下など不活性化の兆しを見せている小集団活動のベクトルを揃え、今一度全体の意識改革ができることが大きい。初めて小集団活動を経験する場合はその効果はさらに大きい。これは職場第一線に至るまでコミュニケーションが充足した結果と考えることができる。このことは方針管理の徹底や比較的短期のテーマへの具体的貢献を可能にする。また、継続的改善を維持することで変化に強い体質づくりが可能となり、全体としての「質」の向上につながる。さらにこの活動は職場活性化、人材育成の面でも大きく寄与する。職場活性化については、**表4.9.2**に示すような現れ方をする場合が多い。

組織（管理者）として得られることは、第一に、業務と改善のベースとなる標準が明確となることである。これにより、日常管理がしっかりし、結果としてクレームや工程内不良の減少につながる。フェーズ１～３の活動により高度な固有技術が向上し、業務のスピード向上、競争力の向上が確実に期待できる。

表 4.9.2　職場活性化の現れ方

第5ステップ	● ビジョンをもち自らの意志で目標に向かって行動する。 ● グループをまとめて行動する。 ● 自分の資質・能力の確認とさらなる向上を目指す。
第4ステップ	● 強調して行動する。 ● 得られた能力を仲間のために役立てる。 ● 組織への貢献を自覚する。
第3ステップ	● 提案する・計画する。 ● 自ら考えて行動する。 ● 期待されていることを理解する。
第2ステップ	● 参加する・発言する。 ● 言われたことを確実にやる。
第1ステップ	● 参加しない・発言しない。 ● 言われたことはやる。

また、長期的な目で見てうれしいのは、継続的改善の風土ができることである。さらに、忘れられがちであるが、こういった一連の活動が職場運営に寄与する。

職場第一線で活動する人たちにとって一番大きいのは、個人に対して次のポータブルスキルが身につき、さらに拡大することである。

① 変化(異常)を感じて処置できる。
② 問題を解決できる。
③ 目標に向かって努力できる。
④ 困難に立ち向かえる。
⑤ あるべき姿を描き、挑戦できる。
⑥ チームワークを構築できる。
⑦ 良い人間関係を構築できる。

ポータブルスキルとは、その人自身のもつ特殊な技術・技能であって、その人が継続的改善を続けることで無意識のうちに蓄えたものである。例えば、ゴルフのボールを打つことを考えてみると、ボールを打つという論理は頭の中で容易に理解できるのであるが実際に打ってみると思うように打てない。しかし、何度も練習をして独自の感覚を得て、打てるようになる。この独自の感覚はその人にしかない、その人だけがもっている技術・技能で、それをポータブルスキルと呼んでいる。このポータブルスキルは持ち主の環境がいかに変化しても、その人から離れることはない。次に、標準が明確になりそれを確実に守ることで自分の仕事に対してその正しさに確信がもてる。これは仕事の質にはもちろんのこと精神的にも大きな効果を期待できる。フェーズ2および3と改善を積み重ねていくと固有技術も一段と向上し、改善効果が目に見えてくる。そして、組織や企業への貢献度を確認することができ、モチベーションという点で大きな効果を発揮することになる。職場という環境で大切なことは仲間意識であるがチームで協力し合うことで仲間意識は醸成され、連帯感が高まることになる。

4.9.7 Brand-New World の特徴と今後の展開

Brand-New World の特徴は次のとおりである。

① フェーズ1〜3の3つの活動があることを明確にした。
② フェーズ1を業務の基盤と位置づけた。
③ 各職種、各分野の活動に適用できる。
④ 新しい視点で従来の活動を見直すものである。
⑤ 業務の進め方と密接に結びついている。

　Brand-New World は、QC サークル活動の基本理念を否定するものではない。むしろ、思想的には基本に戻り、さらに発展させる活動といえる。変わってはいけない経営要素としての質（品質）第一、人材育成、職場活性化、変わってはいけない活動要素としてのものづくりの意義創造性、仲間意識、協調性などを見失わないようにしながら、過去の小集団活動の慢性的な問題点について若干なりとも解消すること、それぞれの企業や組織に適合させながら積極的に展開することが肝要であると考える。

第5章 管理間接職場における
　　　　小集団プロセス改善活動の
　　　　今後の課題と発展

5.1 小集団プロセス改善活動の推進の基本

　第3章では、管理間接職場において小集団プロセス改善活動を推進する場合の9つの基本について述べた。これら9つの基本は、重みは異なるものの、どのような管理間接職場においても、小集団プロセス改善活動の推進にあたって注力すべきものである。

　ⅰ　コミュニケーションの基盤をつくる
　ⅱ　プロセスを意識し、ノウハウの共有と一体になった活動を進める
　ⅲ　業務プロセスおよびその進捗・質を見える化・数値化する
　ⅳ　職場に合った適切なテーマを選ぶ、選び方を示す
　ⅴ　職場・継続型の活動と横断・時限型の活動を同時に進める
　ⅵ　管理間接職場に適した改善のステップやツールを活用する
　ⅶ　改善能力・運営能力を評価し、その向上を図る
　ⅷ　相互学習により活動を活性化する
　ⅸ　全社における小集団プロセス改善活動の位置づけを明確にする

　上記の9つの基本は相互に密接に関連しており、一つの基本を徹底することが他の基本の実践を容易にする。例えば、「ⅸ全社における小集団プロセス改善活動の位置づけを明確にする」ことは、「ⅰコミュニケーションの基盤をつ

● 第5章 管理間接職場における小集団プロセス改善活動の今後の課題と発展 ●

くる」ことを容易にする。逆に、「⑥コミュニケーションの基盤をつくる」ことができれば、「⑨全社における小集団プロセス改善活動の位置づけを明確にする」ことが容易になる。また、「⑧業務プロセスおよびその進捗・質を見える化・数値化する」ことができれば、「⑦プロセスを意識し、ノウハウの共有と一体になった活動を進める」ことが容易になる。逆に、「⑦プロセスを意識し、ノウハウの共有と一体になった活動を進める」必要が理解されれば、「⑧業務プロセスおよびその進捗・質を見える化・数値化する」ことに対する抵抗がなくなる。したがって、これら9つの基本は一つひとつ個別に浸透させようとせず、総合的に推進するのがよい。すなわち、一つの基本がなかなか浸透しない場合、急がば回れで他の基本を浸透させる努力をするとよい。これによって、当該の困難さを軽減できる場合が少なくない。

　9つの基本は一般的な表現にしてあるため、製造や検査などの職場における従来の活動と変わらないように感じるかもしれない。ただ、その内容は、**第3章**で説明したように管理間接職場の特性を踏まえてかなり踏み込んだものになっている。字面だけを見て「全部同じだ」とか、事例だけを見て「多種多様だ」と短絡的に理解せず、その本質を捉えて適切に活用してほしい。組織において特定の活動を推進しようとする場合、一つの型にこだわることは、共通の理解を容易にし、スピードのある展開を可能にする。ただし、各職場の多様性を無視した押しつけの推進になりやすく、不要な反発を招きやすい。他方、型をまったくつくらず、それぞれの職場で自由に行いなさいというのは、反対派をつくらない意味ではよいが、各職場が試行錯誤しながら個別に型を見つけなければならないため、展開のスピードが遅く、途中で挫折する職場が多く出てくるという意味でよくない。**3.2～3.10節**を読むと、そこには管理間接職場に適した典型的ないくつかの型があることがわかる。また、**第4章**を読むとこれらの型が実際の推進においてうまく活用されていることがわかる。職場の多様性を認め、一つの型ではなく、複数の型を用意し、それらを適切な比率で混ぜて推進を行うことが大切である。

5.2 自職場の環境を調べ、それに合った推進方法を選ぶ

(1) 推進の基本の重み付けの手順

3.1節で述べたように、9つの推進の基本と、第2章で述べた管理間接職場の5つの職場特性および小集団プロセス改善活動を推進する場合の13の困難さ

管理間接職場の特性	小集団プロセス改善活動の実践の困難さ	推進の基本
ⓐ 担当が専門化・細分化されている	① 自分の役割・質を認識できない	ⅰ コミュニケーションの基盤をつくる
	② 他の人と課題・成果が共有できない	ⅱ プロセスを意識し、ノウハウの共有と一体になった活動を進める
	③ 上司と担当者がうまく協業できない	
ⓑ 業務が非定型・同時並行的である	④ 忙しくて挑戦できない	ⅲ 業務プロセスおよびその進捗・質を見える化・数値化する
	⑤ プロセスのノウハウが見える化されていない	
	⑥ プロセス改善に対する理解・能力が不足している	ⅳ 職場に合った適切なテーマを選ぶ、選び方を示す
ⓒ 業務が横断的である	⑦ 成果が見えない（自工程完結でない）	ⅴ 職場・継続型の活動と横断・時限型の活動を同時に進める
	⑧ プロセスや成果が自分以外の人に左右される	
ⓓ 人の入れ替わりが激しく、個人主義の人が多い	⑨ 相互のコミュニケーションが不足している	ⅵ 管理間接職場に適した改善ステップやツールを活用する
	⑩ 小集団活動に対する理解・能力が不足している	
ⓔ 成果・技術を重視する人が多い	⑪ 経営者・管理者を含め、改善に対する関心が薄い	ⅶ 改善能力・運営能力を評価し、その向上を図る
	⑫ プロセスや人材育成が評価されない	ⅷ 相互学習により活動を活性化する
	⑬ 他の人とノウハウを共有したくない	ⅸ 全社における小集団プロセス改善活動の位置づけを明確にする

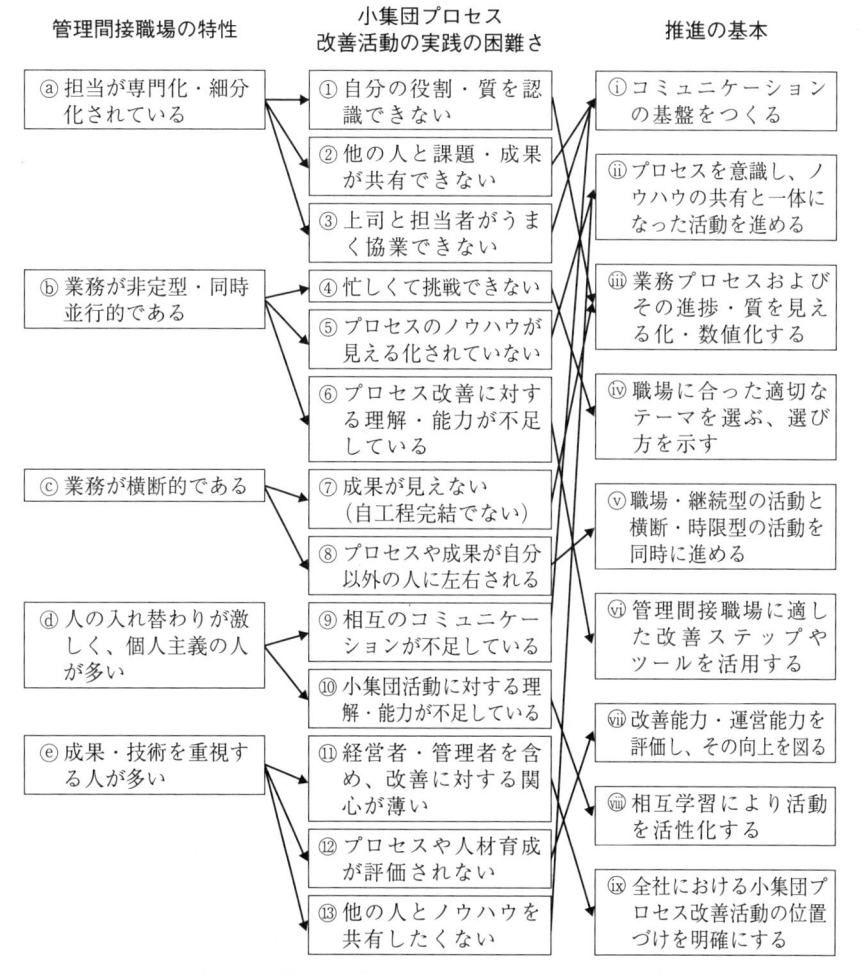

図5.1 職場特性－困難さ－推進の基本の関係

319

は密接に関連している(**図5.1**)。9つの推進の基本はどれかを疎かにしてよいというものではないが、職場特性および推進の困難さに応じて重みを変えた取組みを行うのがよい。

重みを決める場合の一般的な手順は、以下のとおりとなる。

　手順1　職場特性のⓐ～ⓔについて、自職場(小集団プロセス改善活動を導入・推進しようとしている職場)に当てはまるかどうかを5または7段階で評価する。

　手順2　小集団プロセス改善活動の困難さの①～⑬について、当てはまるかどうかを5または7段階で評価する。

　手順3　手順1および手順2の結果を踏まえ、**図5.1**を活用して推進の基本のⅰ～ⅸの重みを決める。

(2) 推進の基本の重み付けの典型例

以下に、いくつかの典型的なタイプを示しておく。

　① 担当が専門化・細分化されており、他の人と課題・成果が共有できなかったり、上司と担当者がうまく協業できなかったりする傾向が見られる。また、人の入れ替わりが激しく、個人主義の人が多いため、相互のコミュニケーションが不足している。このような職場の場合には、**3.2**節で述べた「コミュニケーションの基盤をつくる」取組みに重点を置くとよい。

　② 担当が専門化・細分化されており、自分の役割・質を認識できない人が多い。また、業務が横断的で、成果が見えづらい。このような職場の場合には、**3.3**節で述べた「業務プロセスおよびその進捗・質を見える化・数値化する」取組みに重点を置くとよい。

　③ 業務が非定型・同時並行的であり、プロセスおよびノウハウが個人に帰属している。また、成果・技術を重視する人が多く、他の人とノウハウを共有したくないと思っている人が多い。このような職場の場合には、**3.4**節で述べた「プロセスを意識し、ノウハウの共有と一体になった活

動を進める」取組みに重点を置くとよい。

④ 業務が非定型・同時並行的であり、忙しくて挑戦できないという気持ちを多くの人がもっている。また、プロセス改善に関する理解不足や能力不足が見られる。このような職場の場合には、**3.5節**で述べた「職場に合った適切なテーマを選ぶ、選び方を示す」取組みや**3.7節**で述べた「管理間接職場に適した改善のステップやツールを活用する」取組みに重点を置くとよい。

⑤ 業務が横断的であり、成果が自分以外の人に左右される。このような職場の場合には、**3.6節**で述べた「職場・継続型の活動と横断・時限型の活動を同時に進める」取組みに重点を置くとよい。

⑥ 人の入れ替わりが激しく、個人主義の人が多いため、小集団活動に関する理解不足や能力不足が見られる。このような職場の場合には、**3.9節**で述べた「相互学習により活動を活性化する」取組みに重点を置くとよい。

⑦ 成果・技術を重視する人が多いため、プロセスや人材育成が評価されない。また、改善に対する関心が薄い人が多い。このような職場の場合には、**3.8節**で述べた「改善能力・運営能力を評価し、その向上を図る」取組みや**3.10節**で述べた「全社における小集団プロセス改善活動の位置づけを明確にする」取組みに重点を置くとよい。

5.3 新しい時代の小集団プロセス改善活動への期待

QCサークル活動、部課長・スタッフによる部門重点課題への取組み、CFTによる改革などの小集団プロセス改善活動は、経営環境の急速な変化によって生じるさまざまな経営課題を迅速に解決し、活力ある企業・組織を築き上げるうえで大きな役割を果たしてきた。従来、これらの活動は別々の活動と見なされてきた。しかし、より広い見方からすれば、その背後には共通性があり、統一的に捉えることができる。従来の活動をそのまま続けるだけなら、個別に捉

えようが、統一的に捉えようが違いはない。しかし、経営環境が大きく変化するにつれて、新しい小集団プロセス改善活動を生み出さなければならなくなったとき、両者の間に大きな違いが生じる。本書では、さまざまな小集団プロセス改善活動を総合的に捉える視点を与え、実践の場となる管理間接職場の特性に応じて小集団プロセス改善活動を変えるためのガイドを示した。

　現代における経営環境の変化は激しく、これを乗り越えるための新たな全社的活動が望まれている[1]。しかし、どのような全社的活動を導入・展開するにしろ、その効果的な実践には多種多様な能力をもった経営者・管理者・従業員の参画が必要なことは論を待たない。その意味では、全員参加を実現するための方法論が組み込まれていることが重要であり、TQM、TPM、ISO、シックスシグマなどの全社的活動の下で従来実践されてきた方針管理、日常管理、小集団プロセス改善活動、品質管理教育などの要素を発展的に取り込んで構築することが必要である。これらの要素の中でも小集団プロセス改善活動は最も職場特性による影響を受けやすく、その自己変革に成功できるかどうかが新たな全社的活動の導入・展開に成功できるかどうかの大きな鍵となる。

　本書で示したガイドがこのような自己変革のための一助となり、新しい時代に適した小集団プロセス改善活動、全社的活動のスタイルが生まれてくることを期待したい。

参考文献

第1章
[1] 日本ものづくり・人づくり質革新機構第7部会(編)(2003):『職場第一線の人づくり実務ノート』
[2] 石川馨(1981):『日本的品質管理』、日科技連出版社
[3] 狩野紀昭(編著)(1997):『現状打破・創造への道』、日科技連出版社
[4] 國澤英雄(2006):『勤労意欲の科学』、成文堂
[5] 中條武志(2007):"経営を支える現場力"、『クオリティマネジメント』、Vol.57、No.7、pp.10-17
[6] 進化したQCサークル活動特集小委員会(2003):"500号記念特集　進化したQCサークル活動 − e-QCCって何？−"、『QCサークル』、No.500、pp.12-33

第2章
[1] 中條武志(2004):"職場の特性に応じた小集団改善活動"、『クオリティマネジメント』、Vol.55、No.11
[2] 推進者のページ編集小委員会(編)(2004):"事例に学ぶ職場環境に適した進化した小集団活動の推進"、『QCサークル』、No.510〜521
[3] 推進者のページ編集小委員会(編)(2005):"職場特性に対応する進化した小集団活動　e-QCC −ヤル気、ヤル腕、ヤル場の3づくり−"、『QCサークル』、No.522〜533

第3章
3.2節
[1] QCサークル本部(編)(1996):『QCサークルの基本』、日本科学技術連盟
[2] QCサークル本部(編)(1997):『QCサークル活動運営の基本』、日本科学技術連盟
[3] 中條武志・山田秀(編著)、㈳日本品質管理学会標準委員会(編)(2006):『マネジメントシステムの審査・評価に携わる人のためのTQMの基本』、日科技連出版社
[4] 細谷克也(編著)(2000):『すぐわかる問題解決法』、日科技連出版社
[5] 細谷克也(2005):「QCサークル推進者のための指導・支援実践力強化コーステキスト」、日本科学技術連盟

3.3 節

[1] 遠藤功(2005):『見える化』、東洋経済新報社
[2] 石橋博史(2005):『可視経営』、日経BP企画
[3] 長尾一洋(2008):『すべての「見える化」で会社は変わる』、実務教育出版
[4] 鴨志田晃(2004):『数値化経営の技術』、東洋経済新報社

3.4 節

[1] ナンシー・M・ディクソン(著)、梅本勝博・遠藤温・末永聡(訳)(2003):『ナレッジ・マネジメント5つの方法』、生産性出版
[2] 推進者のページ編集小委員会(編)(2004):"事例に学ぶ職場環境に適した進化した小集団活動の推進"、『QCサークル』、No.510〜521

3.5 節

[1] 中野寧・羽田源太郎(2005):"相互研鑽で感性と想像力を磨く"、『QCサークル』、No.529、p.31
[2] 杉浦忠(編著)(2004):『打つ手は無限 視野を拡げて改善活動』(品質月間テキスト327)、品質月間委員会

3.6 節

[1] 中條武志・山田秀(編著)、㈳日本品質管理学会標準委員会(編)(2006):『マネジメントシステムの審査・評価に携わる人のためのTQMの基本』、日科技連出版社
[2] 細谷克也(2006):『QCサークル リーダー・メンバーマニュアル』、日科技連出版社
[3] 吉澤正(編)(2004):『クォリティマネジメント用語辞典』、日本規格協会

3.7 節

[1] 杉浦忠・山田佳明(1991):『QCサークルのためのQCストーリー入門』、日科技連出版社
[2] 杉浦忠・山田佳明(1999):『続QCサークルのためのQCストーリー入門』、日科技連出版社
[3] 大藤正(2008):『品質管理セミナー係長・主任コーステキストNo.5』、日本科学技術連盟
[4] 杉浦忠(2002):『ExcelとPowerPointを使った問題解決の実践』、日科技連出版社

[5] 杉浦忠ほか(編著)(1999)：『こんなにやさしいアイデア発想法』、日科技連出版社
[6] 吉澤正・大藤正・永井一志(編著)(2004)：『持続可能な成長のための品質機能展開』、日本規格協会
[7] デミング賞委員会(編)(2007)：『デミングレビューレポート2007』、日本科学技術連盟
[8] 田中健二(2006)：『品質管理と標準化セミナーテキスト』、日本規格協会
[9] 中條武志(2008)："ヒューマンエラーによるトラブル・事故を防ぐ"、『QCサークル』、No.560～562

3.8節

[1] 細谷克也(編著)、新倉健一・西野武彦(著)(2002)：『品質経営システム構築の実践集』、日科技連出版社
[2] 日本ものづくり・人づくり質革新機構第7部会(編)(2003)：『職場第一線の人づくり実務ノート』
[3] Atsumi Nakamitsu(1996)："Progress Of KAIZEN Activities By SQC TEAM", Proceedings of ICQCC'96, pp.941-946
[4] 青木一浩・須加尾政一ほか(2002)："3つの改善ストーリーで厳しい時代をのりきる"、『クオリティフォーラム2002報文集』、pp.165-170
[5] 細谷克也(編著)(2000)：『すぐわかる問題解決法』、日科技連出版社
[6] 山口茂・須加尾政一ほか(2005)："小集団プロセス改善活動支援のための演習問題ラリーとその効果"、『クオリティフォーラム2005報文集』、pp.209-214

3.9節

[1] 木暮正夫(1988)：『日本のTQC』、日科技連出版社
[2] マジョリー・F・ヴァーガス(著)、石丸正(訳)(1987)：『非言語コミュニケーション』(新潮選書)、新潮社
[3] 山崎秀夫(2001)：『成功する会社は「知恵市場」から生まれる』、徳間書店
[4] ヒューマンバリュー(編著)(2000)：『コーチングの技術』、オーエス出版社
[5] 濱口恵俊・公文俊平(編)(1982)：『日本的集団主義』(有斐閣選書)、有斐閣

第4章

4.1節

[1] 今里健一郎・高木美作恵(2007)：『改善を見える化する技術』、日科技連出版社

● 参考文献 ●

[2] 岩越貴子・辻浩司(2007)："「おもてなしの心」を伝える応対への取り組み強化～対応評価点の向上～"、『第4940回 QC サークル全国大会(仙台)体験事例要旨集』、pp.26-27
[3] 仲宗根昌ほか(2008)："沖縄市場におけるエアコン販売台数の拡大～ギネスに挑戦！ 総台数10,000台を目指せ！～"、『第5000回 QC サークル全国大会(東京)体験事例要旨集』

4.2 節

[1] コニカミノルタホールディングス(2008)："企業情報 国内グループ会社情報 コニカミノルタエムジー株式会社"、http://konicaminolta.jp/about/corporate/group/mg/
[2] 中野寧・若松秀明・本田哲(2001)："BaFI：Eu 蛍光体プレートを使用したコンピューティッドラジオグラフィ(CR)システムの特性"、『日本写真学会誌』、Vol.64、No.2
[3] 本田凡・大原弘(2006)："位相イメージングが拓く新しい世界"、『INNERVISION』、Vol.21、No.4
[4] 柳多貴文・笠井恵民・森川修・本田哲(2007)："柱状結晶型マンモ用輝尽性プレート・カセッテ CP 1 M 200 の開発"、『Konica Minolta Medical Network』、Vol.58、No.2
[5] 田口玄一(2005)：『研究開発の戦略 ── 華麗なるタグチメソッドの真髄』、日本規格協会
[6] 吉田耕作(2004)："日本の QC サークルはなぜ衰退したのか"、『日本経営品質学会 H16春季研究発表大会予稿集』、pp.43-50
[7] 中條武志(2004)："職場の特性に応じた小集団改善活動 e-QCC のすすめ"、『クオリティマネジメント』、Vol.55、No.11、pp.18-23
[8] クレイトン・クリステンセン(著)、伊豆原弓(訳)(2000)：『イノベーションのジレンマ』、翔泳社
[9] 中野寧・羽田源太郎(2005)："相互研鑽で感性と想像力を磨く"、『QC サークル』、No.529、p.31

4.3 節

[1] 尾辻正則・青野洋己(2004)："トップとボトムの融合による小集団活動"、『クオリティマネジメント』、Vol.55、No.11、pp.43-50
[2] 尾辻正則・辰巳雅昭(2004)："実践的活動を通じた個人の管理技術のレベルアップ"、『QC サークル』、No.518、p.28

4.4節

[1] 中條武志・山田秀(編著)、㈳日本品質管理学会標準委員会(編)(2006):『マネジメントシステムの審査・評価に携わる人のためのTQMの基本』、日科技連出版社
[2] 細谷克也(1989):『QC的問題解決法』、日科技連出版社
[3] 前田顯治(1992):『TQC実践録』、日科技連出版社

4.5節

[1] デミング賞委員会(編)(2007):『デミングレビューレポート2007』、日本科学技術連盟

4.8節

[1] QCサークル本部(2002):"QCサークル活動改革計画(e-QCC2002)決まる"、『QCサークル本部ニュース』、2002年度第1号
[2] 進化したQCサークル活動特集小委員会(2003):"500号記念特集 進化したQCサークル活動－e-QCCって何？－"、『QCサークル』、No.500
[3] 推進者のページ編集小委員会(編)(2004):"事例に学ぶ職場環境に適した進化した小集団活動の推進"、『QCサークル』、No.510〜521
[4] 推進者のページ編集小委員会(編)(2005):"職場特性に対応する進化した小集団活動 e-QCC－ヤル気、ヤル腕、ヤル場の3づくり－"、『QCサークル』、No.522〜533
[5] e-QCCのページ編集小委員会(編)(2006):"e-QCCのページ－推進と運営の実践"、『QCサークル』、No.534〜545

4.9節

[1] 佐藤越郎(2004):"QCサークル東海支部における新しいQCサークル活動"Brand-New World""、『クオリティーのひろば』、No.22

第5章

[1] 圓川隆夫(2008):"「次世代TQMの構築」プロジェクトについて"、『JSQCニューズ』、No.283

索　引

［英数字］

Brand-New World　303
　　——の手順　312
CFT　2, 53, 269
e-QCC　279
　　——のビジョン　281
　　——のモデル　282
FMEA　60, 134
PDCAサイクル　50
QC検定　158
QC工程表　140
QCサークル活動　2, 53, 106
QCサークル推進者コース　170
QC診断　169
QCチーム　106, 232, 236
SDCAサイクル　50
SPK　2

［あ　行］

当たり前品質　4
ありたい姿の設定　122
異常の検出・処置　46
運営能力　144
営業職場　16, 88, 206, 283
横断型　103, 286
応用展開　64, 295
お客様第一　50

［か　行］

解決策アイデア評価シート　137
解決策の実施　127

解決策の立案　127
解決要件シート　134
解析　126
改善能力　144, 147
改善の機会　60
改善のステップ　116, 120, 235
改善のためのツール　116
開発職場　16, 213, 286
会話時の脚の組み方　175
課題達成型QCストーリー　118
課題のブレイクダウン　96
価値観　49, 50
活性度評価　202
活動計画の策定　125
活動状況の見える化　201
活力　309
管理間接職場　2, 20, 286
　　——の特性　15, 319
管理技術　144
管理項目　70, 79, 140
管理者の役割　11, 98
管理水準　70, 79, 140
技術・技能の伝承　58
技術ライブラリー　298
気づき　177
教育訓練の重視　51
教育体系　199, 226
業績評価　185
業務　68
業務直結型活動　290
業務展開シート　129
業務の質　70

329

● 索　引 ●

──の数値化　70, 79
──の見える化　70, 71
業務の進捗の数値化　71, 84
業務の進捗の見える化　71, 83
業務フロー　58, 69, 72, 121
　──図　58, 245, 253
　──の達成度　80
業務プロセスの見える化　122
業務マニュアルシート　137
業務モニタリングシート　138
グリーンベルト　158
グループ編成　289
クロスファンクショナルなテーマ
　　　　　　　　　　　　96

経営　3
経営者の役割　11
経営方針の理解と展開力　148
継続型　103
系統図　142
言語データ層別法　142
研修　245, 249, 275
効果把握　127
顧客価値の創造　3
コミュニケーション　38, 48
固有技術　144
コラボレーション　114, 225
コンピテンシー　134

［さ　行］

作業標準書　138
サークル育成計画　300
サブテーマ　108
支援指導者（メンター）制度　159
資格認定制度　157
時限型　103

自己啓発　173
自己実現　7
施策実行型QCストーリー　118
自主性　40
シックスシグマ　106, 157, 220
実践教育　157
社内教育　153
重点課題　44
重点志向　51
上司の指導の下に行われる担当者の
　改善活動　2
小集団　9
小集団プロセス改善活動　2, 8
　──の位置づけ　178
　──の実践の困難さ
　　　　　　　　20, 34, 319
　──の目指す姿　9
　──の目的　38
商品知識と活用力　146
上流標準への反映　64
職場型　103
職場課題検討会　49, 94
職場活性化　304, 314
職場のミッション　121
職場力　6
事例集　170
新QC七つ道具　140
進化したQCサークル活動　278
人材育成の仕組み　239
親和図　142
推進組織　52, 214, 237, 261, 270
推進体制　193, 222
推進担当者の役割　13
推進の基本　33, 317, 319
　──の重み付けの手順　319

水平展開　55, 64, 295
数値化　67, 80, 81, 88, 90
図解プロファイリング　140
スキルマップ　134
全員参加　51
潜在トラブル・潜在ロスの顕在化
　　　　50
全社への働きかけ　182
専門能力　146
相互学習　115, 162, 163
　——の場　166
相互啓発　173
組織運営能力　147

[た 行]

対策事例集・データベース　62
対策選定マトリックス　61
対策発想チェックリスト　62
チーム運営能力　147
チーム運営方法　112
チーム編成　102, 122, 215, 261
　——の手順　105
知恵市場　171
データの種類　118
データベース　170
テーブルでの席とり　176
テーマ　91, 123, 288
　——選定
　　　91, 122, 215, 233, 261
　——の見つけ方　99
テーマバンク制　221
典型的な改善すべき事象の一覧
　　　　60
特性要因図　142
トップ診断　169

トップへの働きかけ　179

[な 行]

日常管理　39, 45, 46
人間性尊重　51
ノウハウ　54
　——の共有　54, 62
　——の標準化　295
能力評価　149, 241

[は 行]

ハーズバーグ　6
発表会　168, 217, 254, 276, 296
反省と今後の課題　129
判断プロセス　67
非定常業務　76, 82
標準　55
標準化　46, 55, 62, 296, 298
標準化委員会　63, 293
標準化と管理の定着　128
標準類の遵守　237
品質管理教育　42, 238
品質管理検定　158
品質保証体系図　131
ファクトコントロール　51
部課長・スタッフによる部門重点課
　題への取組み　2, 53
部門横断チーム　2, 53, 106
ブラックベルト　157
ブレーンストーミング　143
ブレーンライティング　143
プロセス　58, 68
　——改善活動　8
　——重視　50, 54
　——体系シート　131

331

● 索　引 ●

　　——のアウトプット　74
　　——のインプット　72
　　——の構成要素　72
　　——の達成度　80
分野別・階層別教育体系　153
勉強会　167
方策　44
方針　44
方針管理　39, 43, 46, 91, 287

[ま　行]

マイルストーン　76
マーケットイン　50
マスターブラックベルト　157
マズロー　6
マトリックス図　142
マネジメント力　49
まねることを奨励・促進　65

見える化　67, 88, 115
未然防止型QCストーリー　118
魅力的品質　3
メンバー　111
目的指向　50
目標　44
　　——の設定　48, 125
問題・課題整理シート　134
問題解決型QCストーリー　118
問題プロセス抽出シート　131

[や　行]

欲求五段階説　7

[ら　行]

リーダー　110
　　——およびメンバーの役割　12
連関図　142

332

● (社)日本品質管理学会 管理・間接職場における小集団改善活動研究会の紹介
【活動期間】2006～2008年
【主　査】中條武志

　管理・間接職場における小集団活動の推進事例を収集し、これらを深く分析することで、広く活用できる、管理・間接職場における小集団活動のモデルおよび推進のためのガイドラインを作成した。

● 著者一覧（五十音順）

青木　寛	トヨタ自動車㈱
青野洋己	住友重機械エンジニアリングサービス㈱ 品質保証部 主席技師
岩崎正俊	元 サンデン㈱ 経営企画室 G・STEP-1 担当理事
大藤　正	玉川大学 経営学部国際経営学科 教授
尾辻正則	㈶日本科学技術連盟 嘱託（元 住友建機製造㈱）
須加尾政一	コニカミノルタビジネスエキスパート㈱ 社会環境統括部業務部品質推進グループ
杉浦　忠	マネジメント クォルテックス 取締役社長
中條武志	中央大学 理工学部経営システム工学科 教授
中野　至	マネジメント T&K 代表
中野　寧	コニカミノルタエムジー㈱ 開発センター 4開発リーダー
高木美作恵	シャープ㈱ CS推進本部品質戦略室 参事
玉浦賢二	日産自動車㈱ V-up推進・改善支援チーム エキスパートリーダー
寺澤壮一郎	㈱職場活性化センター 代表取締役
羽田源太郎	㈶日本科学技術連盟 嘱託（元 コニカミノルタビジネスエキスパート㈱）
深澤行雄	元 サンデン㈱
藤川篤信	アクティバ研究所 代表
前田義人	トヨタ自動車㈱
村川賢司	前田建設工業㈱ 本店 顧問
山田佳明	コマツユーティリティ㈱ 総務部 アドバイザー
涌田亮一	富士通㈱ ソリューション事業推進本部人材開発部 担当部長

開発・営業・スタッフの小集団プロセス改善活動
全員参加による経営革新

2009年6月29日　第1刷発行

編　者　㈳日本品質管理学会
　　　　管理・間接職場における
　　　　小集団改善活動研究会

発行人　田　中　　　健

発行所　株式会社　日科技連出版社

〒151-0051　東京都渋谷区千駄ヶ谷5-4-2
　　　電　話　出版　03-5379-1244
　　　　　　　営業　03-5379-1238～9
　　　振替口座　東京　00170-1-7309

検印省略

Printed in Japan　　印刷・製本　河北印刷株式会社

© Takeshi Nakajo et al. 2009
ISBN 978-4-8171-9301-8
URL http://www.juse-p.co.jp/

本書の全部または一部を無断で複写複製(コピー)することは、著作権法上での例外を除き、禁じられています。